“一带一路”商业模式与风险管理

BELT AND ROAD BUSINESS MODEL AND RISK MANAGEMENT

王德宏◎著

中国人民大学出版社
·北 京·

前　言

随着“一带一路”倡议进展的不断深入，中国“一带一路”倡议由扩张期逐步转入调整期。调整的主要思路是提高中国在“一带一路”沿线国家进行商业合作的质量，扭转中国部分企业现有的一些思路，正确认识中国在“一带一路”倡议中面对的问题。

这些问题至少包括三个方面：一是如何认识和把握“一带一路”沿线国家中的商业机会；二是如何选择适当的商业模式；三是如何规避或降低其中蕴含的风险。

在“一带一路”倡议推进的早期，“一带一路”沿线国家中的商业活动大都由中国政府或者具有政府背书的机构提供资金支持或担保支持。随着“一带一路”活动逐步进入调整期，中国政府或者具有政府背书的机构能够提供的资金支持或担保支持逐步减少，继续开展“一带一路”沿线国家中的商业活动更需要商业资金提供支持。

这种变化将会对在“一带一路”沿线国家中进行商业活动和风险管理提出更高的要求。由于多数“一带一路”沿线国家属于发展中甚至不发达国家，这些国家的一个显著特点就是经济制度和法律体系不健全，在这些国家从事经济活动很可能具有比较高的商业风险。

因此，本书第1篇侧重探讨“一带一路”沿线国家的商业机会、相应的商业模式和相关风险的识别及其解决方法。作为第一部分的具体细化，第2篇以“一带一路”沿线的一个国家为例，具体探讨中国企业在“一带一路”沿线国家的商业机会、合作模式和风险管理的经验教训。这里选择的是位于中东地区的以色列共和国。

以色列虽然是一个地理和人口小国，却是中东地区的经济大国、科技强国和军事大国，在中国“一带一路”倡议蓝图中，特别是在海上丝绸之路中具有特殊意义。随着中国与以色列经济交流的不断深入，中以之间在项目合作方面出现越来越多的商业机会。中以之间在网络安全、芯片产业、医疗健康产业、基础设施建设、干旱地区农业与水处理等领域具有极强的合作互补性。由于中以两国之间没有历史遗留问题羁绊，近年来在上述领域产生了大量的商业机会和合作项目，这些领域对于中国而言具有巨大的经济和科技利益。然而，受许多因素的影响，诸如文化因素，宗教因素，经济、金融与专利保护体制因素，美国因素及其他第三国因素等，这些项目面临的潜在风险在不断增大。这些因素构成了中以之间深化商业合作的巨大隐患。

如何进一步推进中以之间的商业合作，如何在这些合作中避免或降低风险，就成为极有价值的研究问题。因此，本书第 2 篇侧重于三个方面：一是中国企业在以色列的商业机会研究；二是中国企业在以色列经营活动中的风险分析；三是适应以色列国内及周边环境的商业模式研究。

如今关于“一带一路”沿线国家的图书，大多以政治、外交、文化、宗教和宏观层面为主，关注微观经济方面的比较少。本书第 1 篇仍然从宏观视角出发，第 2 篇则深入微观经济层面进行分析和讨论，其中富含微观经济细节，覆盖了中国和以色列之间几乎所有正在进行合作的和潜在的可合作行业领域，收入了中国企业在以色列和以色列企业在中国的大量合作案例。对于成功的合作案例分析了成功的原因，对于不成功的案例探讨了经验教训。鉴于近年来中国和以色列之间经济贸易技术合作的不断深入，这些内容对于计划在以色列开展商业活动的中国企业具有参考价值。

首先，本书从“一带一路”特别是海上丝绸之路的背景出发，回顾了改革开放以来中国的对外投资状况、中国与以色列政经关系的历史、中国政府对外投资的相关管理政策，分析了以色列政府的经济、金融与投资管理机构和体制，探讨了中以之间在网络安全、集成电路芯片、医疗健康、基础设施建设以及现代农业等领域的商业机遇，总结了中国企业在以色列进行商业合作的经验教训。其次，本书从阿拉伯与犹太文化、美国因素及其他第三国因素等方面阐述了中以之间商业合作的潜在风险。最后，本书提出了关于中国企业在以色列的商业机会与合作模式的若干建设性意见，供我国政府有关部门和企业参考。当然，以色列与许多周边阿拉伯国家之间的关系极为错综复杂，如何平衡中以经贸关系的快速发展与中国在海湾产油国家的重大利益关系仍是值得进一步研究的问题。

需要说明的是，本书的观点完全基于中国和以色列之间经济技术合作的视角，与国内现有的其他关于以色列研究的观点未必完全一致，视角不同，观点很可能有所差异，加之作者水平所限，书中的部分看法难免仅为一家之言，欢迎专家学者进行交流。

王德宏

于北京外国语大学国际商学院

目　录

CONTENTS

第 1 篇

“一带一路”沿线国家的商业合作与风险管理

第 1 章/*Chapter One*

“一带一路”的商业机遇

“一带一路”倡议的提出迅速引起世界各国的广泛关注，更是得到“一带一路”沿线国家的积极响应。“一带一路”倡议究竟具有怎样的历史和时代背景？中国企业在“一带一路”沿线国家的市场中具有哪些商业机遇？已经进行了什么样的商业合作项目？中国企业在“一带一路”沿线国家的商业活动具有哪些挑战？

1.1 “一带一路”的含义

西汉时期，汉武帝派遣张骞出使西域，以首都长安为起点，经亚欧大陆到达地中海，以罗马为终点，开辟了连接亚欧大陆、交流东西方文明的古代丝绸之路。古丝绸之路绵亘万里，延续千年，以和平合作、开放包容、互学互鉴、互利共赢为核心的丝路精神薪火相传，是人类文明的宝贵遗产。

2013 年 9 月和 10 月，国家主席习近平提出共建"丝绸之路经济带"和"21 世纪海上丝绸之路"的重大倡议①。"一带一路"倡议借助古丝绸之路的文化符号，旨在与沿线国家构建以合作共赢为核心的新型国际关系，秉承共商、共建、共享原则，携手应对世界经济面临的新挑战。

"丝绸之路经济带"重点连通中国经中亚、俄罗斯至欧洲大陆、波罗的海；中国经中亚、西亚至波斯湾、地中海；中国至东南亚、南亚、印度洋。"21 世纪海上丝绸之路"重点方向是从中国沿海港口过南海到印度洋，延伸至欧洲；从中国沿海港口过南海到南太平洋。

1.1.1 "一带一路"的历史背景

丝绸之路最早起源于古代中国，是连接亚洲、非洲和欧洲的古代商业贸易路线，最初用来运输古代中国出产的丝绸、瓷器等商品，后来成为东西方政治、经济、文化等多方面的交流通道。

1877 年，德国地质学家李希霍芬在其著作《中国》一书中，把这条西域交通道路命名为"丝绸之路"，这一命名受到学术界和公众的认同并得到正式运用。随后，德国历史学家赫尔曼在其著作《中国与叙利亚之间的古代丝绸之路》一书中，进一步确定了丝绸之路

---

① 推动共建丝绸之路经济带和 21 世纪海上丝绸之路的愿景与行动. 新华网，2015-03-28.

的基本内涵。

根据百度百科中丝绸之路词条的介绍，丝绸之路主要分为陆上丝绸之路和海上丝绸之路。陆上丝绸之路源自古代中国西汉时期，由当时的都城长安出发，经过甘肃河西走廊，到达位于塔克拉玛干沙漠边缘地带的敦煌，经由玉门关，穿过戈壁沙漠，到哈密，穿过吐鲁番盆地的主要绿洲，穿越塔克拉玛干沙漠北边的天山，到达里海海岸而进入西亚再抵达欧洲。这是丝绸之路的主干线，被认为是连接亚欧大陆的古代东方文明与西方文明的交汇之路，丝绸是其中最具代表性的货物。

海上丝绸之路在唐朝开通，又分为东海丝路和南海丝路。东海丝路起航线从山东半岛的渤海湾海港出发，到达朝鲜；南海丝路从广州、泉州等沿海城市出发，经马六甲海峡到达印度洋，经红海抵东非和南欧。自海上丝绸之路成功实践后，从宋元到近代乃至当今时代，中国的海上运输、交流还是以海上丝绸之路为主。

1.1.2 "一带一路"的时代背景

经济全球化是当前世界经济发展的必然趋势，对世界经济发展起到重要的推动作用。在经济全球化的背景下，各国经济相互依存，一荣俱荣，一损俱损。在国家的贸易和商业合作中，一国的态势会对另一国甚至整个世界经济产生影响。一些国家在经济增长乏力的情况下，经济政策内倾化趋势明显，频繁使用反倾销、反补贴等贸易保护措施，滥用贸易救济措施，加剧了世界范围内的贸易冲突和摩擦。经济全球化趋势与贸易保护主义的并存迫切需要新的合作思维来引领世界经济走向，贸易保护主义和逆全球化思潮不能顺应社会生产力和科技进步的发展趋势，只有各国之间互联、互通、共享、共赢才是正确的选择。“一带一路”倡议正是在这种国际背景下应运而生。

改革开放 40 年来，中国对外开放领域不断拓展、程度不断深化，经济实力和国际影响力日益提升。中国经济高质量的增长、广阔的投资市场、强劲的个人消费能力为世界经济贡献了约 30%的增长率。① 在复杂的国际经济形势下，中国积极发展与世界各国的友好合作关系，引领全球治理体系变革，在国际舞台上越来越多地发出中国声音。共建“一带一路”正是中国“参与全球开放合作、改善全球经济治理体系、促进全球共同发展繁荣、推动构建人类命运共同体的中国方案”。

1.2 中国投资概况

1.2.1 “一带一路”重点国别市场和产业

2017 年 12 月 28 日，商务部发布了 2017 年版《对外投资合作国别（地区）指南》文件公布了中国在“一带一路”倡议中重点投资

① 王桂敏，翟璐. 新时代与新理念：“一带一路”倡议的背景分析. 辽宁经济，2018（5）：14-15.

的国别市场。这些国家依照经济及社会发展基础、综合商业运营环境、双边政治及经贸关系基础和“一带一路”政策响应程度这四项筛选依据，最终被确认为我国重点投资的国别市场，如表1-1所示。在东南亚地区重点投资新加坡、印度尼西亚、马来西亚、越南、泰国、文莱等六个国家，在南亚地区重点投资印度和斯里兰卡两个国家，在中亚地区重点投资哈萨克斯坦和土库曼斯坦两个国家，在西亚北非地区重点投资阿联酋、沙特阿拉伯、以色列、卡塔尔、科威特、阿曼等六个国家，在中东欧地区主要投资罗马尼亚、波兰、克罗地亚、捷克、爱沙尼亚、匈牙利、拉脱维亚、立陶宛、马其顿、斯洛文尼亚、斯洛伐克等11个国家，在独联体及其他地区重点投资俄罗斯、白俄罗斯、蒙古和阿塞拜疆四个国家。①

表1-1 “一带一路”投资促进重点国别市场

区域	国别
东南亚	新加坡、印度尼西亚、马来西亚、越南、泰国、文莱
南亚	印度、斯里兰卡
中亚	哈萨克斯坦、土库曼斯坦
西亚北非	阿联酋、沙特阿拉伯、以色列、卡塔尔、科威特、阿曼
中东欧	罗马尼亚、波兰、克罗地亚、捷克、爱沙尼亚、匈牙利、拉脱维亚、立陶宛、马其顿、斯洛文尼亚、斯洛伐克
独联体及其他	俄罗斯、白俄罗斯、蒙古、阿塞拜疆

资料来源：中国商务部．“一带一路”战略下的投资促进研究．

① “一带一路”投资促进研究．中国一带一路网．[2017-06-13]．https://www.yidaiyilu.gov.cn/xwzx/roll/16020.htm.

另外，考虑现有产业优势与对外投资合作基础，结合"一带一路"倡议和"十三五"时期中国对外投资合作战略方向，以及中国与沿海国家对于产业投资与合作的政策优先度，确立了对外投资合作重点产业，如表1-2所示。其中包括新型优势产业——交通基础设施、电力工程建设、信息通信工程与服务、农业、高科技创新；富余产能产业——钢铁、建材、房屋建筑、矿产资源开发、石油化工天然气能源；配套性支持产业——金融、商务服务、交通运输网络和商贸物流中心。[①]

表1-2 "一带一路"对外投资合作重点产业

新兴优势产业	交通基础设施	电力工程建设	信息通信工程与服务	农业	高科技创新产业
富余产能产业	钢铁	建材	房屋建筑	矿产资源开发	石油化工天然气能源
配套性支持产业	金融	商务服务	交通运输网络和商贸物流中心		

资料来源：商务部."一带一路"战略下的投资促进研究.

1.2.2 "一带一路"商业合作现状

2019年4月25日，《中国"一带一路"贸易投资发展研究报告》在北京发布。报告全面总结了"一带一路"建设五年来中国与沿线

① "一带一路"投资促进研究. 中国一带一路网.［2017-06-13］. https://www.yidaiyilu.gov.cn/xwzx/roll/16020.htm.

国家商业合作发展的现状、特点和成果。

从目前形势看，中国在“一带一路”沿线国家和地区的合作伙伴分布比较集中，但也逐渐呈现出多元化的趋势。截至2017年年底，中国在东南亚地区的直接投资额为818.6亿美元，在中国对“一带一路”相关国家投资总额中占比达到56.0%。这其中的主要投资地包括新加坡、越南、老挝、印度尼西亚等。中国在中亚地区以及蒙古、俄罗斯的累计投资额为288.1亿美元，占比为19.7%，其中约一半的投资额集中于俄罗斯，约20%集中于哈萨克斯坦；对西亚和北非地区的投资存量为208.4亿美元，占比约14.3%，主要投资国为阿联酋、以色列、沙特阿拉伯、伊朗等。①

在投资领域，中国对外投资同样显示出集中化的特点。前五位的投资领域分别是制造业、租赁和商务服务业、建筑业、批发和零售业、农林牧渔业。这五个行业合计占投资额的比例达到70%以上。制造业作为对外投资的领头行业，在2014—2017年的累计投资额达到166.2亿美元，占中国同期对“一带一路”相关国家投资总额的25.7%。制造业的投资中不仅包括纺织服装、农副食品加工等传统的劳动密集型产业，也包括汽车制造、化学制品制造等资本和技术密集型产业。

“一带一路”建设既推动了中国优质产能走出去，使中国同时利用多个市场和多种资源，也有利于沿线国家融入全球价值链、产业

① 裴长洪．中国企业对外投资与“一带一路”建设机遇．财政监督，2017（3）：16-22.

链、供应链，为沿线国家经济发展注入新动力。

1.3 "一带一路"背景下中国的对外商业机遇

1.3.1 沿线国家对资本的强烈需求

2008年金融危机后，世界经济复苏缓慢，"一带一路"沿线国家的经济发展遭受了不同程度的打击。发达国家因经济困境而减少了商品进口和资本输出，这使得"一带一路"沿线的发展中国家出口受阻、资本输入大幅缩水，各国政府对外纷纷制定更为宽松的投资政策以吸引外资进入。

与此同时，"一带一路"合作国家的基础设施和基础产业的发展水平大多较为落后，与其丰富的自然资源和人力资源比起来相差甚远。这其中蕴含着巨大的投资机遇。例如，据经济合作与发展组织（OECD）的数据测算，"一带一路"地区每年所需要的基础设施投资额约为1.5万亿美元。

1.3.2 中国政府全方位的政策支持

中国企业虽然自改革开放以来就逐步开展对外投资活动，发展却比较缓慢，直到2000年"走出去"战略实施后，国家对资本的管制逐步放开，中国企业才开始大规模走向海外市场开展投资合作。"一带一路"倡议提出之后，中国政府又相继颁布了一系列政策法规，以保障中国企业更顺利地开展海外投资。例如，2014 年 8 月 19 日商务部审议通过了《境外投资管理办法》，一般性对外投资企业的审批制度由核准制改为备案制，审查环境更为宽松。① 2015 年 12 月正式成立亚洲基础设施投资银行，重点支持基础设施建设，为“一带一路”沿线国家提供了强有力的资金支持。2016 年在杭州 G20 峰会上，中国政府促成了全球首个《G20 全球投资指导原则》，这为中国企业开展海外投资提供了良好的制度保障，同时也为世界各国发展国际投资合作提供了谈判依据。②

1.4 “一带一路”背景下中国对外合作的挑战

1.4.1 政治因素

1. 东道国政治因素

“一带一路”沿线国家中，除东欧地区外，绝大多数处于政治经济动荡的国内环境中，加剧了海外投资的风险。分区域来看：

（1）东南亚。东盟十国整体上与中国保持着较好的外交关系。但其中泰国、菲律宾等国的政治选举往往造成社会局面的动荡，内

① 汪萍．“一带一路”背景下中国对外直接投资的机遇与挑战．当代经济，2017（20）：11-13.

② 李霞，丁宇，汉春伟．“一带一路”倡议下中国对外投资的环境挑战、机遇与建议．世界环境，2017（5）：44-46.

战使得缅甸政治处于不稳定状态。

（2）南亚。南亚八国中最不稳定的是阿富汗。两个大国印度和巴基斯坦不仅国内局势较为混乱，两国之间的问题也由来已久。中印两国近年来同样因为边界问题存在冲突。

（3）中亚。中亚五国受到苏联解体的冲击，多年来地区冲突矛盾不断，其中包括种族问题、能源问题、宗教问题等。部分国家政治法律制度混乱，加大了中国企业在外投资的风险。

（4）西亚北非。西亚北非国家中比较不稳定的国家包括伊朗、伊拉克、土耳其、叙利亚、以色列、巴勒斯坦。其中，巴以之间存在长期冲突。伊朗、伊拉克、埃及内部政局持续动荡，权力更迭。叙利亚、伊拉克受宗教极端势力影响社会陷入持续动荡不安和内战等。

2. 大国地缘博弈

中国积极倡导的多边合作共赢模式将会在美国等传统大国的传统势力范围受到排斥，引发政治风险。近年来，美国为实施重返太平洋战略，积极筹建以美国为主导的战略合作组织，以遏制中国的海上崛起。

为此，美国一方面强化与日本、韩国、菲律宾等国的合作盟国关系，另一方面积极拉拢印度、越南等国家，在中国领海不断挑起争端，且阻挠中国领导的亚洲基础设施投资银行的建立和工作开展。这使得海上丝绸之路的建设充满挑战，增加了中国对沿线国家投资的困难。

1.4.2 经济因素

“一带一路”沿线国家的经济金融制度存在诸多差异，融资方式、条件与国内也大不相同。如果投资目的国的金融体系不稳定，则该国自身的经济风险会对中国企业的投资产生不利影响。

此外，这些国家货币环境复杂、汇率波动较大，中国企业在跨国投资时还容易产生多重汇率变动风险。总体来看，“一带一路”沿线国家经济发展水平差距较大，受到政治环境、地理因素、产业结构等影响，经济风险也有很大的差异。

1.4.3 法律因素

一些东道国的法律环境与中国存在较大差异，贸然进入容易使企业陷入被动甚至面临危机。此外，中国企业在环境、劳工标准、知识产权方面的法律认知尚不健全，容易与投资目的国在这些领域发生争端。

1.4.4 文化因素

“一带一路”沿线国家中存在大量宗教文明的交汇、碰撞现象，其中较大的宗教包括佛教、伊斯兰教、基督教、印度教。当前中国的文化环境不同于这些国家，中国企业在投资的过程中可能出现因宗教文化认知缺乏，进而违反当地风俗习惯的行为。此外，东南亚地区的宗教极端主义还会带来恐怖主义威胁，形成反华势力，这进一步加大了中国企业的投资风险。

小 结

改革开放40余年来，中国对外开放领域不断拓展、程度不断深化，经济实力和国际影响力日益提升。在复杂的国际经济形势下，中国积极发展与世界各国的友好合作关系，引领全球治理体系变革，在国际舞台上越来越多地发出中国声音。共建“一带一路”正是中国“参与全球开放合作、改善全球经济治理体系、促进全球共同发展繁荣、推动构建人类命运共同体的中国方案”。“一带一路”倡议确定了六大重点投资区域和三大重点投资产业，2014—2017年，中国对“一带一路”沿线国家的直接投资由136.6亿美元增加到167.1亿美元，累计达到646.4亿美元，年均增长6.9%，远高于同期中国对外直接投资的年均增速2.4%。尽管面临政治、经济、法律、宗教、文化等多种风险，但在沿线国家对资本的强烈需求以及中国政府的全方位政策支持下，相信“一带一路”会为中国和沿线国家带来更多的发展机遇和合作空间。

第 2 章/*Chapter Two*

中国政府对外投资的监管政策

考虑到中国经济发展的历史和特殊性，中国近半个世纪以来一直奉行较为严格的外汇管制政策，外汇进出中国一般需要国家外汇管理局严格的审批手续，中国企业进行海外投资向海外汇出资金同样需要行政审批。因此，政府可以通过审批外汇进出中国对国内企业的海外投资进行监管。

2.1 中国对外直接投资的发展历程

2018 年是中国改革开放 40 年。由图 2－1 看出，40 年来，中国对外直接投资发展迅速，已经成为全球最主要的对外直接输出国之一，到 2017 年对外投资直接流量已经达到 1 200 亿美元。结合中国对外直接投资的相关政策变化，根据不同时期的发展速度和特征，对外直接投资历程主要可分为起步阶段、快速发展阶段、调整发展阶段、高速发展阶段等。

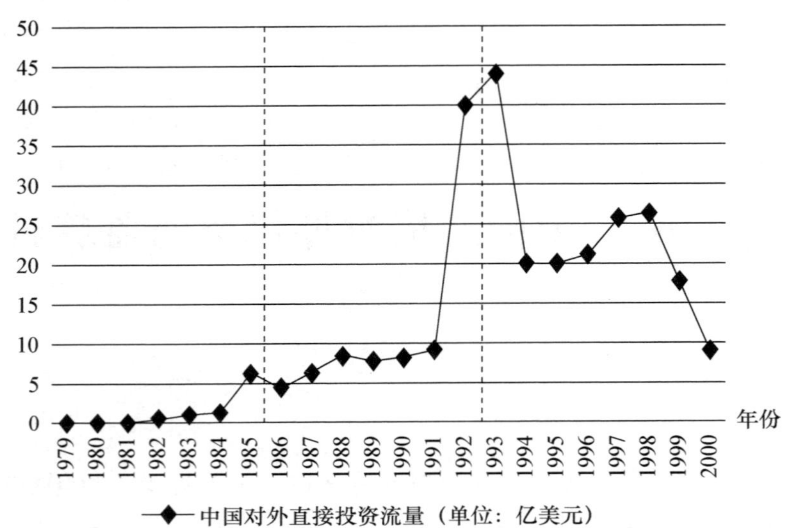

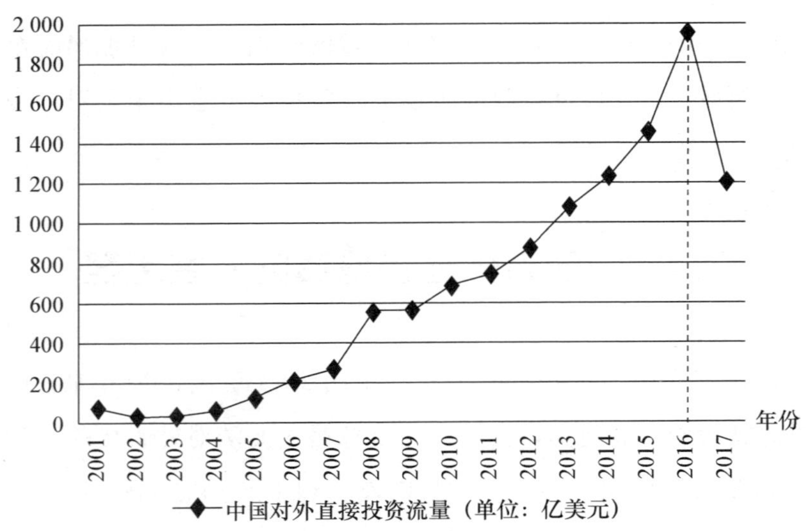

图 2-1　改革开放 40 年以来中国对外直接投资流量

资料来源：中国商务部网站.

2.1.1　起步阶段（1979—1985 年）

1979 年 8 月，国务院提出 15 项经济改革措施，积极鼓励国内经济实体“出门办企业”，由此拉开了中国企业开展对外投资的序幕。原外经贸部于 1984 年出台《关于在境外开办非贸易性合资经营企业的审批程序权限和原则的通知》，鼓励中国相关企业开展对外投资活动。但是，这些政策出台的主要目的是扩大进出口贸易以及增强外资活力，没有对国内企业起到较大的推动和支持作用。此外，中国当时尚处于改革开放初期，企业的海外投资意识不强。

这一时期的对外直接投资发展较为缓慢。改革开放前五年，中国年均对外直接投资流量小于 1 亿美元，1984 年对外投资发展速度有了较大增长，比上一年增长了 44%，到了 1985 年，中国在境外设立的企业达到 189 家，总投资额是上年的 4 倍多，达到 6.29 亿美元。但这一时期的投资整体特征仍然是规模小，投资领域比较单一，基本集中于工程承包、加工生产、资源开发等领域。

2.1.2　快速发展阶段（1986—1992 年）

为了进一步提高企业到境外经营投资的积极性，1985 年原外经贸部颁布《关于在境外开办非贸易性企业的审批程序和管理办法的试行规定》，部分企业境外投资的审批权限得到下放，企业进行境外投资的准入门槛降低，手续较之前大大简化，企业的对外投资因此出现了快速发展的局面。

截至 1992 年，中国对外投资总流量达到 40 亿美元，累计设立的境外企业数量达到 1 000 多家。对外投资区域较之前明显扩大，投资目的地向美国、日本、德国、澳大利亚等地延伸，但是主要投资地仍然局限于新加坡、马来西亚、泰国等亚洲国家和地区，涉及领域逐渐延伸到制造业、交通运输等方面。

2.1.3 调整发展阶段（1993—2000 年）

从 1993 年开始，中国在经历了改革开放初期的快速发展之后，经济产业的结构性矛盾日益凸显，同时随着对海外市场探索的逐渐深入，中国企业面临的市场竞争日益激烈，因此国家进行经济结构调整，实行紧缩的财政政策，对外投资审批更为严格，所以，对外投资进入调整发展阶段。

这一阶段虽然投资速度放缓，但是对战略思路进行了更符合中国国情的调整，国家领导人提出要将“引进来”和“走出去”有机结合，大力鼓励国内具有比较优势的行业先行走出去开展投资业务，充分利用国内优势，拓宽海外市场，中国的对外投资发展上升至国家战略高度。

2.1.4 高速发展阶段（2001 年至今）

2001 年中国加入世界贸易组织，同年，“走出去”战略被写入《国民经济和社会发展第十个五年规划纲要》；2002 年党的十六大提出中国未来要建设一批具有国际竞争力的企业，发挥其引领和示范作用。商务部、财政部等多部门也发布了一系列政策，改革审批制度，简化审批手续，为企业走出去提供更多的政策支持。这一系列事件标志着中国的对外开放进入新时期。中国对外直接投资规模高速扩张，对外投资区域和领域也更加广泛。中国对外直接投资流量从 2001 年的 69 亿美元增长到 2016 年的 1 961.5 亿美元，2015 和 2016 年连续位列世界第二大对外投资国家，“走出去”战略实施效果显著。截至 2016 年年底，中国对外投资的区域分布在全球 190 多个国家和地区，投资产业已经覆盖了国民经济的所有行业类别，并且近年来在高科技领域的投资输出也不断提高。2013 年“一带一路”倡议提出后，对沿线国家的投资也有了明显的发展，截至 2016 年年底，中国在“一带一路”国家的投资存量占到了总存量的 9.5%。①

但是从整体来看，中国对外直接投资过程中还存在一些需要改进的问题。首先，虽然中国已经连续两年成为第二大对外投资国，但从投资存量来看，中国对外投资存量仅占世界存量的 5.2%，与其他排名靠前的国家还存在较大差距。其次，在区域分布上，中国对外投资的区域集中度仍然较高，从总量上来看，投资总量约 80%集中在发展中国家和地区，不利于分散风险。从产业分布来看，近年来投资产业结构出现一些不合理现象，比如房地产业和娱乐业的对外投资过热。最后，从中国对外投资的主体来看，区域分布十分不平衡，地方投资 80%以上来自东部地区，中西部地区与其他地区的投资水平还有较大差距。

---

① 周五七．“一带一路”沿线直接投资分布与挑战应对．改革，2015（8）：39-47.

2.2 中国对外直接投资的影响和作用

2.2.1 对中国经济的影响和作用

总体上看，对外直接投资对中国经济发展产生了四个方面的深远影响：

第一，缓解中国资源短缺的压力。改革开放40余年来，中国的经济发展对资源的需求越来越大，以寻求资源为目的的对外投资已经成为中国战略资源的主要供给来源之一。中国虽地广物博，但人口众多，发展迅速，石油、天然气等资源的储备有限，需要借助外部资源来维持发展动力。进口是弥补中国战略资源短缺的主要方式，但是进口资源的供应容易受到多种来自供应国的因素影响，因此除进口之外，中国积极寻找资源丰富的国家进行战略资源投资，通过对目的国相关产业的投资实现资源稳定供给，弥补进口方式的不足。根据汤姆森SDC并购数据库的统计，1995—2017年，中国并购投资流向的前两大产业是油气开采和金属采矿业，投资总额分别达到了956亿美元和302亿美元，成为资源供给的另一主要方式。①

第二，推动中国产业升级。一方面，通过向发达国家和地区直接投资，中国企业可以从世界领先企业中学习到一流的产品技术和

① 郭凌威，卢进勇，郭思文．改革开放四十年中国对外直接投资回顾与展望．亚太经济，2018（4）：111-121+152.

管理经验，从而推动自身的产业转型升级进程，加快实现建立创新型企业模式的目标。中国近年来对发达国家的投资中并购案例明显增多，对制造业和高科技产业的投资流量也逐渐增多，体现出对外投资的技术寻求特性。另一方面，通过对外投资实现中国企业的去产能目标，有效整合中国比较优势产业的资源，为创新型产业升级提供更大的发展空间和基础支持。

第三，推动中国出口发展。中国企业通过在境外开办企业和实行企业并购活动，可以有效规避各种形式的贸易壁垒，向目的国输出产品，开展生产和销售活动，从而促进中国出口的发展。图 2-2 显示了中国 2007 年以来企业通过境外投资实现的出口额变化，可以看出这一数字呈现出快速增长的趋势，从 2007 年的 248 亿美元增长到 2016 年的 1 392 亿美元。

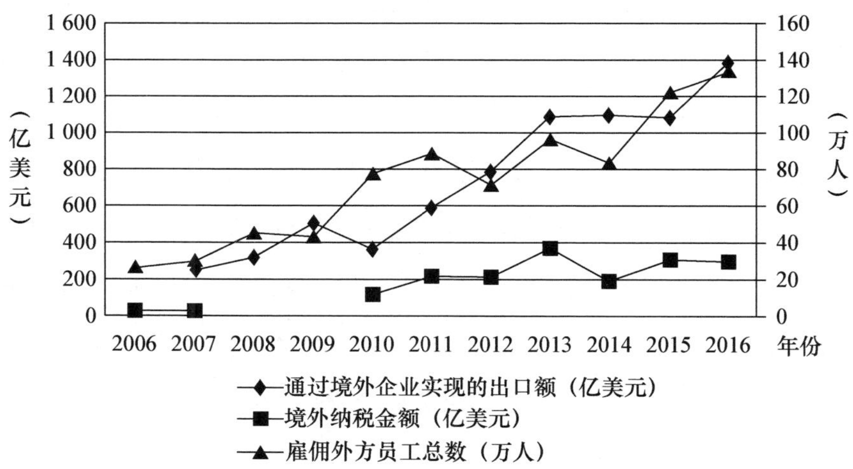

图 2-2　中国对外投资的影响和作用

资料来源：根据历年中国商务部《对外直接投资统计公报》整理.

第四，增强中国的国际影响力。中国对外投资通过快速发展，投资区域已经覆盖全球80%的国家和地区，向世界输出资本的同时传递中国的价值观念，使得中国更加深入地参与到国际分工当中。首先，通过学习世界领先企业的经验，中国企业的世界影响力和国际竞争力快速提升，跨国公司迅速成长，部分企业已经跻身全球企业的中上游。其次，中国在全球治理中的话语权得到提升，有利于在国际事务中更好地发挥大国影响力，为中国企业的发展提供更多的有利条件。

2.2.2 对世界经济的影响和作用

中国对外投资的发展不仅有利于自身的进步，而且对世界经济的发展做出了贡献。中国的对外直接投资，尤其是对一些发展中国家的投资集中在基础设施方面，“一带一路”倡议发出后，中国对“一带一路”沿线国家的基础设施投资估计为每年1.5万亿美元，极大地促进了东道国的基础设施建设。此外，将中国具有比较优势的产业转移到具有比较劣势的国家和地区，可以对东道国产生正向的技术溢出，从而积极推动投资目的地的经济发展。中国通过对其他发展中国家的帮助，提升了发展中国家的整体实力，在世界经济中获得更多的话语权，对于第三世界国家的整体进步有积极的促进作用。

2.3　中国对外直接投资管理体系的演变

2.3.1　管理体制的改变

1. 审批制的确立

1979 年 11 月，经中央允许，北京友谊商业服务总公司和日本东京丸一商事株式会社在东京开办了中国第一家境外合资企业——京和股份有限公司，这是中国企业在海外经营的开端。在改革开放初期，中国对境外投资的国内企业实行严格的个案审批，不论出资金额和投资方式，都要报国务院审批，还没有形成规范的管理方式。

1985 年 7 月，原外经贸部颁布了《关于在境外开办非贸易性企业的审批程序和管理办法的试行规定》等政策性文件，基本实现了从个案审批向规范性审批的转变，形成了中国对外直接投资政策体系的雏形，促进了中国企业的境外投资活动。

2. 从审批制到核准制的变迁

2003 年，为了增强企业对外开放的活力，中国开始简化对外投资管理程序的试点工作，依据《关于做好境外投资审批试点工作有关问题的通知》，在北京、上海、天津等 12 个省市开展审批权限下放的试点工作。2004 年 7 月，国务院发布《关于投资体制改革的决定》，明确将对外投资管理由审批制改为核准制，并且指出由国家发改委负责境内对外投资项目核准，商务部负责境外开办企业核准。

2004 年 10 月，国家发改委发布《境外投资项目核准暂行管理办法》，进一步下放了境外审批权限，将投资项目按照类型和规模差异确定由国家或地方发改委核准，重大项目（中方投资额在 2 亿美元及以上的资源开发类项目和 5 000 万美元及以上的其他大额用汇项目）要在核准后继续向国务院报备核准。此外，文件还初步引入了备案制管理办法，“中央管理企业投资的中方投资额 3 000 万美元以下的资源开发类境外投资项目和中方投资用汇额 1 000 万美元以下的其他境外投资项目”[①]，企业自主决策后报国家发改委备案。2009 年 3 月，商务部发布《境外投资管理办法》，核准权限进一步下放，1 亿美元以下的境外投资项目可以由省级商务部门负责核准，这使得对外投资进一步便利化。

3. 从核准制到备案制的变迁

随着中国对外开放程度不断扩大，开展境外投资的企业数量快速增加。从企业角度出发，各投资主体要求境外投资的审批手续更加简化和便利。国家相关管理部门在多年实践中不断缩小核准制审批的项目范围，2013 年国务院印发的《政府核准的投资项目目录（2013 年本）》将 10 亿美元以下的境外投资审批权限下放，只要不涉及敏感地区和领域，对外投资项目不再需要报送发改委批准，只需要提交材料备案，这使得备案审批范围进一步扩大。

---

① 陈坚．完善中国企业“走出去”政策措施体系之思考．国际贸易，2013（10）：25-31.

2014 年国家发改委发布新修订的《境外投资项目核准和备案管理办法》成为中国对外投资政策的一大转折点。该办法明确对一般境外投资项目普遍施行备案制管理，核准范围及程序得到极大程度的缩小和简化，确立"备案为主，核准为辅"的管理模式。2015 年国务院出台了《中共中央　国务院关于构建开放型经济新体制的若干意见》，该意见指出，除少数有特殊规定的项目外，境外投资项目一律实行备案制管理，进一步推动对外投资便利化发展。国家 2016 年 3 月发布的"十三五"规划纲要指出，将通过实施负面清单制度进一步放宽境外投资限制。中国在 2015—2016 年实现了对外直接投资的净输出，急剧增长的境外投资需求进一步推动了管理制度的改革。2017 年年底，发改委发布《企业境外投资管理办法》。2018 年 1 月，商务部联合多部门发布《对外投资备案（核准）报告暂行办法》。这次调整主要是在原有管理制度的基础上加大了监管力度。一方面，推行"鼓励发展＋负面清单"的管理办法，明确限制类投资领域，加大对企业的鼓励和支持；另一方面，通过建立分级分类的管理模式，对投资最终目的地备案（核准），并且向主管部门定期报告投资关键环节信息，由商务部牵头将报告信息统一汇总，并且结合对信息服务平台的建设，全方位提高对投资活动的监督和管理。

2.3.2　其他管理政策措施的演变

改革开放以来，随着中国对外投资的规模不断扩大，管理体制不断创新，除了主要管理体制的改变之外，其他管理政策也出现了积极变化，管理覆盖范围更加广泛、管理内容更加具体、管理程序更加规范。国家发改委、外汇管理局、商务部作为隶属国务院的管理对外投资相关政策的主要单位，积极引导着中国对外投资的健康发展。下面从五个方面对其他管理政策进行回顾。

1. 外汇管理政策

改革开放前期，由于外汇短缺，国家一直在外汇方面实行严格的管控制度。1989 年国家外汇管理局发布了《境外投资外汇管理办法》，首次规定外汇管理部门要对境外投资外汇来源和风险进行审查，企业需要提供外汇资金来源证明。随着改革开放的深入发展，中国外汇储备大幅增加，人民币不断升值，2002 年以来，国家逐步进行外汇管理制度的变革，目的在于简化手续、放宽管制，为境外投资企业提供更多的便利和支持。

2002 年 10 月国家启动了外汇改革试点，300 万美元以下的外汇审批权限得到下放，允许境外经营企业保留境外利润，不用再汇入国内。2003 年，国家外汇管理局取消了 26 个行政审批项目，解除境外投资外汇风险审查，将已收取的境外投资利润保证金退回给企业，并且允许利用境外企业经营利润进行再投资；同时还简化了外汇管理手续，将 22 个试点省市企业的境外投资前期资金的审批制度改为核准制。

2005 年 5 月国家外汇管理局发布《关于扩大境外投资外汇管理改革试点有关问题的通知》，将试点改革的范围扩大到全国，同时将地方外汇审批权限提高到了 1 000 万美元，将境外投资外汇购汇额度从 33 亿美元提升到 50 亿美元。

2008 年 3 月，中国人民银行发布的《2007 年国际金融市场报告》宣布将取消对中国境外投资外汇资金来源的审查环节，积极支持企业“走出去”。同年 8 月国务院修订通过的《中华人民共和国外汇管理条例》将外汇的强制结售汇制度改为自愿结售汇。2014—2015 年，国家进一步出台政策，继续放开对资金转移的限制，简化登记核准的业务手续。

2. 政府鼓励和引导政策

中国对外直接投资的鼓励政策主要分为两个阶段：1998—2005 年的鼓励政策以资金支持为主；2006 年至今的鼓励政策以系统性支持为主。

以资金支持为主的鼓励政策主要包括四个方面：一是国家开发银行自 1998 年至 2007 年与国内外的金融机构设立的三项投资基金和一项发展基金，分别是中国-东盟中小企业投资基金、中瑞合作基金、中国比利时直接股权投资基金和中非发展基金，为中国企业的境外投资提供基金支持。二是中国政府自 2000 年以来先后推出了多项政府专项资金，如市场开拓专项资金、对外经济技术合作专项资金、矿产资源风险勘察专项资金和走出去专项资金，以促进境外投资。三是 2001 年中国利用出口信用保险风险基金作为资金来源成立了中国出口信用保险公司，负责政策性出口信用保险的具体业务，为境外投资提供政策保障。四是国家发改委和中国进出口银行等机构于 2003 年 5 月颁布的《关于对国家鼓励的境外投资重点项目给予信贷支持有关问题的通知》规定，每年设立“境外投资专项贷款”，对于国家鼓励的投资项目给予出口信贷优惠利率政策。[①] 此外，商务部和中国出口信用保险公司于2005年8月发布《关于实行出口信用保险专项优惠措施支持个体私营等非公有制企业开拓国际市场的通知》，提出要推动非公有制企业“走出去”开拓国际市场。总体来看，政策性金融机构在资金支持上为企业的境外投资提供了很大的帮助，但是这些政策主要面向大型企业，对中小型企业的支持力度明显不够。

以系统性支持为主的鼓励政策主要包括以下三个方面：一是国家发改委等部门2006年7月联合发布了《境外投资产业指导政策》和《境外投资产业指导目录》，明确列出了境外投资的鼓励类和禁止类项目，对于鼓励类项目给予特别的政策支持，包括税收优惠、外汇支持、海关支持等。二是2007年商务部等部门联合发布的《关于鼓励支持和引导非公有制企业对外投资合作的若干意见》规定，要鼓励支持和引导非公有制企业通过对外投资、对外承包工程、对外劳务合作等多种形式，积极参与国际竞争与合作，形成一批有较强国际竞争能力的跨国企业。三是相关政府部门为企业提供了透明、稳定的外部环境。中国目前已经与世界其他国家签订了17个自贸协定，涉及25个国家和地区，通过与各国建立更加紧密的贸易合作关系，中国企业在相关目的国的投资活动会更加便利。

3. 财政和金融支持政策

表2-1列出了中国对外直接投资在财政和金融方面的支持政

① 高晓雪. 入世以来中国对外投资政策的演变. 中国证券期货，2012（7）：65.

策，国家通过为鼓励类投资项目提供信贷、融资支持、金融保险、税收减免等专业服务，为对外投资的发展提供了一系列保障。

表 2-1　中国对外直接投资财税和金融支持相关政策

序号	文件名称	发布单位	发布文号	发布日期
1	关于对国家鼓励的境外投资重点项目给予信贷支持政策的通知	国家发改委、中国进出口银行	发改外资〔2004〕2345 号	2004-10-27
2	关于进一步加强对境外投资重点项目融资支持有关问题的通知	国家发改委、国家开发银行	发改外资〔2005〕1838 号	2005-9-25
3	关于印发《对外经济技术合作专项资金管理办法》的通知	财政部、商务部	财企〔2005〕255 号	2005-12-9
4	关于进一步加大对境外重点项目金融保险支持力度有关问题的通知	国家开发银行、中国出口信用保险公司	开行发〔2006〕11 号	2006-1-18
5	关于做好中国企业境外投资税收服务与管理工作的意见	国家税务总局	国税发〔2007〕32 号	2007-3-20
6	关于企业境外所得税收抵免有关问题的通知	财政部、国家税务总局	财税〔2009〕125 号	2009-12-25
7	关于金融支持经济结构调整和转型升级的指导意见	国务院办公厅	国办发〔2013〕67 号	2013-7-1
8	国家税务总局关于落实“一带一路”发展战略要求　做好税收服务与管理的通知	国家税务总局	税总发〔2015〕60 号	2015-4-21

资料来源：根据各单位官方网站发布的政策整理.

4. 对外直接投资的监管政策

随着对外投资的不断深入，中国的对外投资监管制度不断完善，通过一系列科学、规范的监管方式，为境外投资提供更好的追踪和监督管理。表 2－2 列出了中国对外直接投资监管政策。

表 2－2 中国对外直接投资监管政策

序号	文件名称	发布单位	发布文号	发布日期
1	境外投资联合年检暂行办法	外经贸部、国家外汇管理局	对外贸易经济合作部、国家外汇管理局令〔2002〕第 32 号	2002-10-31
2	中央企业境外投资监督管理暂行办法	国资委	国资委第 28 号令	2012-3-18
3	中央企业境外投资监督管理办法	国资委	国资委令第 35 号	2017-1-7
4	商务部办公厅关于做好“对外投资”监管方式海关申报的通知	商务部办公厅	商办合函〔2017〕422 号	2017-10-25
5	商务部办公厅关于印发《对外投资合作“双随机一公开”监管工作细则（试行）》的通知	商务部办公厅	商办合函〔2017〕426 号	2017-10-26
6	企业投资项目事中事后监管办法	国家发改委	发改委令第 14 号	2018-1-4

资料来源：根据各单位官方网站发布的政策整理.

5. 风险防范相关政策

企业在境外投资活动中面临来自政治、经济、社会、文化等方面的风险，中国政府多年来逐步完善风险防范相关政策，形成一套行之有效的风险防范体系，为企业的境外投资提供保障。表 2－3 列出了中国对外直接投资在风险防范方面的政策。

表 2-3　中国对外直接投资风险防范相关政策

序号	文件名称	发布单位	发布文号	发布日期
1	关于建立境外投资重点项目风险保障机制有关问题的通知	国家发改委、中国出口信用保险公司	发改外资〔2005〕113 号	2005-1-25
2	关于印发《境外中资企业机构和人员安全管理规定》的通知	商务部、外交部、发改委、公安部、国资委、安全监管局、全国工商联	商合发〔2010〕313 号	2010-8-13
3	关于印发《对外投资合作境外安全风险预警和信息通报制度》的通知	商务部	商合发〔2010〕348 号	2010-8-26
4	关于加强中央企业国际化经营中法律风险防范的指导意见	国资委	国资发法规〔2013〕237 号	2013-10-25

资料来源：根据各单位官方网站发布的政策整理。

小　结

40 余年来，中国对外直接投资发展迅速，中国已经成为全球最主要的对外直接投资输出国之一，到 2017 年对外投资直接流量已经达到 1 200 亿美元。结合中国对外直接投资的相关政策变化，根据不同时期的发展速度和特征，对外直接投资历程可主要分为起步阶段、快速发展阶段、调整发展阶段、高速发展阶段等。通过对外投资，可以缓解中国资源短缺的压力，推动中国产业升级，推动中国出口发展，增加中国的国际影响力；对于世界来说，可以极大地促进东道国的基础设施建设，积极推动投资目的地的经济发展，还可以提升发展中国家的整体实力，使其在世界经济中获得更多的话语权。中国对外投资管理体系经历了由审批制向核准制、由核准制向备案制的变迁，同时在外汇管理政策、鼓励和引导政策、财政和金融支持政策、监管政策、风险防范相关政策上有了明显的进步，为投资企业提供了更多的便利和保障。

第 3 章/*Chapter Three*

“一带一路”商业合作的风险识别

由于在国家政治体制、法律体系、经济体系、财政税收体系和社会文化方面的差异，“一带一路”沿线国家的国情与中国有很大的不同。在这些国家从事商业活动，如果不熟悉商业环境，可能使得商业投资活动面临种种挑战，造成种种风险。为了有效应对这些挑战和风险，首先需要正确识别它们。

3.1 主权信用风险

主权信用风险是指一国的主权借款人未能及时、足额偿付其到期债务的风险。其属性主要有三个：第一，偿付意愿的重要性；第二，有限赔偿；第三，缺乏担保。①

① 王稳，张阳，赵婧，等. 2015 年全球主权信用风险评级研究. 保险研究，2016（4）：3-17.

“一带一路”沿线国家的主权信用风险主要表现在以下五个方面：第一，沿线部分国家经济基础薄弱、经济结构单一，经济弹性和韧性差，过度依赖外部市场，容易受区域外经济波动的冲击；第二，沿线部分国家财政实力偏弱，政府财政赤字较高，经常账户逆差，面临一定的财政风险；第三，沿线部分国家对外资本依赖度高，同时面临货币贬值、汇率波动和信贷紧缩压力，资本外逃的风险较大；第四，沿线部分国家债务比率较高，经济增长乏力与财政政策宽松并行，财政赤字恶化，债务负担加剧；第五，沿线国家地缘政治风险和事件敏感性突出，事件风险和政治风险是影响主权信用表现的主要因素。①

基于国际形势的变化和国家经济发展的需要，“一带一路”倡议已成为中国最重要的国家战略之一，将深刻影响世界政治经济格局。② 国家主权信用风险识别是“一带一路”实施的必要前提。尽管“一带一路”倡议蕴含巨大的发展机遇，但由于“一带一路”倡议涉及国家众多、投资周期长，各国国情也不尽相同，真正推动战略落地和执行仍将面临各方面挑战。在目的国特定的政策环境约束下，核心问题仍是巨大的投资和资本运作如何实现收益最大化的问题。资本管理的市场化、资本项目的选择及投资配置都需要先做风险判断和识别。由于沿线涉及国家众多，各国发展水平及投资环境差异巨大，贸易壁垒及准入条件各异，地区安全风险频发，如何制定不

① 中诚信：“一带一路”沿线国家面临五大主权信用风险. 第一财经.［2015-05-27］.

② 胡俊超，王丹丹. “一带一路”沿线国家国别风险研究. 经济问题，2016（5）：1-6+43.

同风险条件下的差异化投资策略成为首要问题。从国内信用评级机构中诚信国际对全球主权评级结果来看，沿线国家主权信用水平存在巨大差异。对“一带一路”沿线国家主权风险评级的动态跟踪，成为推动“一带一路”倡议实施的重要前提。①

3.1.1 “一带一路”沿线各国主权信用风险的特征

在“一带一路”沿线国家中，主权信用风险具有以下四种明显特征。

1. 主权信用级差跨度大

2018 年，在所有“一带一路”沿线国家行列中，既有主权信用评级 AAA 级国家，也有主权信用在投资级（BBB－）以下的国家，其中大部分沿线国家的主权信用处于（CCC－B）级。中亚除哈萨克斯坦、乌兹别克斯坦外，其余三国主权信用均在 BBB－以下；东盟近半数国家主权信用处于 B 级以下；中东、南亚和非洲六国除印度为 BBB 级以外，其他五国大部分为 B＋以下级。

2. 部分国家主权信用评级中次级因素评分差异明显

欧洲国家经济风险较低，但财政风险相对突出；中亚、东盟各国财政风险较低，但经济及债务风险两极分化严重；除荷兰等欧洲四国及东盟新加坡、马来西亚等国家外，整体沿线国家政治风险都较为突出。

3. 部分国家存在主权信用级别下调风险

2014 年以来，中诚信国际先后对希腊、俄罗斯、泰国、土耳其

① 中诚信：“一带一路”沿线国家面临五大主权信用风险. 第一财经.［2015－05－27］.

等国进行了评级和展望下调。其中 2015 年初俄罗斯主权评级由 Ag 下调至 Ag一，评级展望负面；欧元区内部主权债务危机持续了相当长一段时间，尤其是希腊面临严峻的财政和债务局面，主权债务危机和银行危机并行，形成恶性循环，主权债务危机到 2018 年 6 月才得到解决。中诚信国际维持希腊 CCCg 主权评级，评级展望负面，列入降级观察名单。

4. 部分国家事件敏感性和政治风险对主权评级影响突出

除欧洲外，绝大多数"一带一路"沿线国家处于经济转轨的过程中，内部政局不稳，民主进程相对缓慢，政治体制矛盾重重；沿线大多数国家资源丰富、地理位置显要，多是大国拼抢和施加影响的核心区域，地缘政治问题和事件敏感性突出。①

3.1.2 主权信用风险的地区综述②③

在"一带一路"沿线国家中，主权信用风险的分布具有鲜明的地理特征。

1. 东南亚

在东南亚九国中，新加坡因其稳定的政治经济环境和发达的综合经济实力达到主权信用等级的最高等级 AAAi，也是"一带一路"

---

① "一带一路"沿线国家面临五大主权信用风险. 央视新闻. [2015-05-27]. http://m.news.cntv.cn/2015/05/27/ARTI1432733478374623.shtml.

② 毛振华，闫衍，郭敏. "一带一路"沿线国家主权信用风险报告. 北京：经济日报出版社，2015.

③ 联合信用评级有限公司. 2017 年"一带一路"沿线国家主权信用风险展望. 2017.

沿线国家中主权信用风险最低的国家。2017 年 8 月，穆迪发布报告，看好新加坡未来经济发展。穆迪认为，虽然新加坡的内需仍然不振，但该国经济具备多样化和竞争力，强健的财政政策以及外部需求周期性回暖等因素保证了其未来经济发展。2017 年上半年，新加坡 GDP 增速达到 2.7%，预计全年 GDP 增速或将达到 2.5%。

马来西亚发展水平也较高。2017 年 8 月，其国家银行发布的数据显示，由于服务、制造和建筑业的强劲表现，马来西亚第二季度经济增速达到 5.8%，高于预期。在总出口、服务业及制造业保持快速增长的趋势下，预计马来西亚全年经济增速或将超过预期的 4.8%，成为本区域内主权风险仅次于新加坡的国家。

泰国和印度尼西亚处在经济发展的蓬勃时期。泰国商业部发布的出口数据显示，2017 年前 7 个月泰国出口增长了 8.2%，为 6 年来新高，其中，7 月出口增长 10.5%。泰国官方对出口增长形势表示乐观，并调整了 2017 年出口增长目标，由之前的 3.5%～5.5%调升至5%～6%。2017 年 8 月，印度尼西亚中央统计局发布数据显示，印度尼西亚 2017 年二季度经济增长 5.01%，与一季度持平；政府支出同比下降 1.93%；二季度出口和进口仅分别增长 3.36%和 0.55%；投资则成为经济增长的最大动力，二季度同比增长 5.35%，高于一季度的 4.78%。未来印度尼西亚央行将与政府加强协调，出台政策促进消费增长，预计第三季度经济增长将达到 5.2%以上，全年经济增长有望达到 5%～5.4%。综合来看，两国公共债务压力较小，偿债能力较强。

缅甸、柬埔寨和老挝是本地区发展水平较低，主权信用风险偏高的国家。

东南亚地区主权信用评级关键指标如表3-1所示。

表3-1 东南亚地区主权信用评级关键指标

关键指标	2012年	2013年	2014年	2015年	2016年	五年均值	一带一路整体
名义GDP（十亿美元）	267.6	276.6	278.7	270.0	282.2	275.0	404.1
人均GDP（美元）	16 362.0	17 273.1	18 022.6	18 774.5	19 439.5	17 974.3	21 749.0
GDP增速（%，实际）	6.3	6.1	5.6	5.4	5.3	5.7	3.0
通货膨胀率（%）	3.8	4.2	3.8	2.5	2.6	3.4	5.5
国内信贷增长率（%）	18.2	20.0	16.3	13.5	14.8	16.6	15.9
M2增长率（%）	19.9	16.9	14.8	11.4	12.0	15.0	11.4
各级政府财政平衡/GDP（%）	−2.8	−3.2	−2.4	−2.4	−3.0	−2.8	−2.9
各级政府利息支出/GDP（%）	1.7	1.7	1.7	1.7	1.7	1.7	2.3
各级政府初级财政平衡/GDP（%）	−1.4	−1.2	−0.9	−0.6	−1.4	−1.1	0.2
公共债务/GDP（%）	51.2	50.3	49.9	52.5	53.2	51.4	46.0
总外债/GDP（%）	54.0	53.1	54.4	57.0	56.7	55.0	72.8
短期外债/总外债（%）	25.7	26.2	24.4	22.7	21.2	24.0	20.9

续表

关键指标	2012 年	2013 年	2014 年	2015 年	2016 年	五年均值	一带一路整体
经常项目盈余/GDP（%）	1.6	1.2	1.1	−0.4	0.0	0.7	−0.9
国际储备/总外债（%）	72.5	72.4	59.5	60.7	63.5	65.7	128.0

东南亚地区大部分国家政局较为稳定，社会秩序和经济发展环境较好。近年来该地区经济增速发展较快，5 年 GDP 平均增速为 5.7%，高于“一带一路”沿线 57 个国家 3.0%的平均增长速度。金融发展水平较高，银行经营整体较为稳健，为经济发展提供了较好的支撑作用。财政实力普遍接近“一带一路”沿线国家水平，财政赤字率不高，公共债务水平适中，较为充裕的外汇储备和经常项目的普遍盈余对债务偿还的保障力度较大。该地区国家的主权信用风险整体较低，除三个国家外，整体信用级别都较高，也是近年来“一带一路”沿线地区最有投资吸引力的地区。

2. 南亚次大陆

南亚国家中，除印度外，大部分国家信用风险水平接近。根据印度工业政策促进局（DIPP）公布数据，2017 年 4—6 月，印度接收外商投资（FDI）同比增长 37%，达 104 亿美元，而 2016 年同期接收 FDI75.9 亿美元。接受 FDI 最多的行业包括服务、通信、电脑硬件软件以及汽车，FDI 主要来源地是新加坡、毛里求斯、荷兰和日本。印度政府已经宣布了多项措施进一步吸引外资，包括放宽 FDI 投资政策，改善营商环境等。此外，工业政策促进局（DIPP）

还表示，流入制造业的FDI同比增长31%，达41.9亿美元。印度凭借其强劲的发展动力，一枝独秀，成为该地区主权信用风险最低的国家，主权信用等级达到Ai+。

孟加拉国因其充足的外汇储备、稳定的偿债能力，信用风险等级排在该地区第二位，信用风险等级为BBBi−。巴基斯坦、斯里兰卡和尼泊尔在该地区发展偏落后，都面临一定的主权信用风险。IMF近期发布国别修订报告称，由于美元走强、美国提高利率等外部状况影响，斯里兰卡恢复资本外流趋势，经济面临下行风险。斯里兰卡政府2017年财政资金需求相当于全年GDP的19%，其中40%需要从外部融资。

南亚地区主权信用评级关键指标如表3-2所示。

表3-2 南亚地区主权信用评级关键指标

关键指标	2012年	2013年	2014年	2015年	2016年	五年均值	一带一路整体
名义GDP（十亿美元）	378.9	388.8	425.5	443.0	465.9	420.4	404.1
人均GDP（美元）	4 827.6	5 065.7	5 358.2	5 625.1	5 924.8	5 360.3	21 749.0
GDP增速（%，实际）	5.8	4.4	5.8	5.5	5.3	5.4	3.0
通货膨胀率（%）	8.9	8.0	6.7	4.7	5.1	6.7	5.5
国内信贷增长率（%）	16.4	13.7	11.6	15.4	15.9	14.6	15.9
M2增长率（%）	16.8	16.8	15.7	15.8	14.5	15.9	11.4

续表

关键指标	2012 年	2013 年	2014 年	2015 年	2016 年	五年均值	一带一路整体
各级政府财政平衡/GDP（%）	－4.3	－4.0	－3.2	－3.9	－4.3	－4.0	－2.9
公共债务/GDP（%）	50.5	51.8	51.6	53.4	54.2	52.3	46.0
总外债/GDP（%）	28.9	29.4	28.4	28.3	28.2	28.6	72.8
短期外债/总外债（%）	11.5	13.0	13.0	13.2	13.0	12.8	20.9
经常项目盈余/GDP（%）	－1.2	－0.1	－0.5	1.4	－0.2	－0.1	－0.9
国际储备/总外债（%）	54.7	56.9	65.2	76.6	80.2	66.7	128.0

南亚地区人口众多，人均收入水平较低，整体经济发展实力偏低。虽然近年来经济增速较高，但较高的通货膨胀、宏观经济发展结构的不均衡是该地区中长期经济发展的掣肘。金融实力不强，大部分国家的银行资产质量状况堪忧，银行对实体经济的支持有限。财政赤字高于“一带一路”沿线国家的平均水平，政府偿债承压；同时，该地区大部分国家政治风险较大，社会安全面临恐怖主义威胁。该地区达到投资级级别的只有两个国家，整体主权信用水平较低。

3. 中东及非洲

在中东及非洲地区十国中，卡塔尔、沙特阿拉伯、科威特、阿联酋、阿曼和巴林综合经济实力较强，债务偿付能力较强，均获得了较高的主权信用等级。以色列因较高的工业化程度和较强的经济实力得到了 AAi 的主权信用等级。土耳其、约旦和埃及三国均面临较大的政治危机，国内安全和政治局势存在较大的未知因素，制约了其偿债能力的稳定性，因此这三国主权信用等级相对偏低。

中东及非洲地区主权信用评级关键指标如表 3－3 所示。

表 3－3 中东及非洲地区主权信用评级关键指标

关键指标	2012 年	2013 年	2014 年	2015 年	2016 年	五年均值	一带一路整体
名义 GDP（十亿美元）	239.2	251.4	255.0	228.7	221.4	239.1	404.1
人均 GDP（美元）	37 638.5	38 228.2	38 568.3	39 150.1	39 308.7	38 578.8	21 749.0
GDP 增速（%，实际）	3.2	2.1	2.6	0.2	1.0	1.9	3.0
通货膨胀率（%）	7.0	10.6	5.6	6.5	6.9	7.3	5.5
国内信贷增长率（%）	－38.8	15.5	19.4	116.2	18.2	26.1	15.9
M2 增长率（%）	9.3	11.4	9.0	7.4	6.1	8.6	11.4
各级政府财政平衡/GDP(%)	0.4	－0.4	－2.7	－8.8	－10.1	－4.3	－2.9
公共债务/GDP（%）	47.8	49.8	50.2	56.8	66.2	54.2	46.0
总外债/GDP（%）	115.9	119.5	108.5	106.0	89.2	107.8	72.8
短期外债/总外债（%）	34.8	34.0	33.0	36.5	26.4	33.0	20.9
经常项目盈余/GDP（%）	6.2	5.1	3.6	－3.6	－5.6	1.1	－0.9
国际储备/总外债（%）	110.4	105.1	103.4	125.8	74.9	103.9	128.0

中东及非洲地区十国中，作为海外合作委员会以及石油输出国组织（OPEC）成员国就有六个大产油国——卡塔尔、沙特阿拉伯、科威特、阿联酋、阿曼和巴林，依靠原油出口累积的巨大财富为各国国家的债务偿还提供了稳定的保障。该地区人均 GDP 水平较高，整体经济实力较强；受石油价格下跌影响，近几年经济增速在沿线五大地区中倒数第二，5 年 GDP 平均增速为 1.9%。同时，该地区大部分国家面临较高的通货膨胀问题，失业率较高，信贷增速快，金融体系不稳定。大部分国家近两年来财政由盈余转为赤字，财政赤字率较高，外债水平较高，5 年来外债总额占 GDP 比重高达 107.8%，短期外债居高，5 年短期外债占外债总额的比重均值为 33.0%，是沿线五大地区之首。但是，各产油国因石油财富而累积的丰富外汇储备和主权财富基金使得大部分国家的债务偿还能力都较强，但单一的经济结构使该地区国家表现出较强的经济脆弱性，受外部影响较大。该地区除两个国家外，其余都是投资级主权信用级别，其中高级别的占比较多，整体信用风险可控。

4. 中亚及西亚

中亚及西亚八国中，包括七个苏联解体后独立出来的国家（哈萨克斯坦、乌兹别克斯坦、吉尔吉斯斯坦、塔吉克斯坦、阿塞拜疆、亚美尼亚和格鲁吉亚）以及蒙古。哈萨克斯坦因其石油天然气出口优势，经济整体水平在该地区表现突出，主权信用风险达到 Ai。其他六个苏联解体后独立国家信用级别集中在 BBBi 和 BBi 级别，略有差别。2017 年 8 月，国际评级机构穆迪将阿塞拜疆主权信用评级从

Ba1 下调至 Ba2，展望为"稳定"，其主要原因为油价低迷、石油开采产能下降、银行系统疲弱导致阿塞拜疆金融和经济大幅持续衰退。同年 8 月，亚美尼亚中央银行决定将再融资率继续维持 6%不变，认为亚美尼亚经济继续保持增长，国内需求和消费更趋活跃，使 2017 年通货膨胀率逐渐上升。

上述中亚及西亚六国，因共同的政治变革和相似的经济改革历程，经济发展都不同程度地表现出受俄罗斯经贸环境的影响。蒙古债务高企，财政赤字严重，成为该区域主权信用风险最高的国家。

该地区整体经济发展规模较小，经济发展程度一般，依赖度较高，通货膨胀严重。各国政府治理能力偏低，金融水平不高，银行资产中的美元化现象较高，经常项目逆差问题严重，投资级级别的占比较少，大部分国家都面临程度不同的主权信用风险。

中亚及西亚地区主权信用评级关键指标如表 3-4 所示。

表 3-4 中亚及西亚地区主权信用评级关键指标

关键指标	2012 年	2013 年	2014 年	2015 年	2016 年	五年均值	一带一路整体
名义 GDP（十亿美元）	156.0	149.9	135.2	119.7	110.7	134.3	404.1
人均 GDP（美元）	12 250.8	12 834.0	13 554.1	13 512.2	13 682.1	13 166.6	21 749.0
GDP 增速（%，实际）	4.5	6.4	5.2	2.7	1.7	4.1	3.0
通货膨胀率（%）	8.4	9.9	8.3	7.7	7.3	8.3	5.5
各级政府财政平衡/GDP(%)	−1.9	−0.8	−1.6	−1.6	−3.6	−1.9	−2.9

续表

关键指标	2012年	2013年	2014年	2015年	2016年	五年均值	一带一路整体
公共债务/GDP（%）	23.1	23.0	26.8	32.7	42.5	29.6	46.0
总外债/GDP（%）	45.4	49.9	60.9	63.6	80.6	60.1	72.8
经常项目盈余/GDP（%）	−6.4	−4.8	−3.1	−5.3	−4.7	−4.9	−0.9

5. 中欧及东欧

中东欧地区包括11个欧盟成员国，捷克、爱沙尼亚、波兰、斯洛伐克、立陶宛、斯洛文尼亚、匈牙利、拉脱维亚、保加利亚、罗马尼亚和克罗地亚；三个欧盟成员候选国阿尔巴尼亚、北马其顿和塞尔维亚，以及俄罗斯、白俄罗斯、乌克兰和摩尔多瓦四国。该地区欧盟国家主权信用等级相对较高，均处在BBBi以上等级，其中捷克等级达到AAi。2017年8月30日，国际评级机构标准普尔确认维持匈牙利主权信用评级为BBB−，但将展望从稳定提高到正面。评级展望的调整将有助于稳定市场投资者对于匈牙利的投资信心。标普认为匈牙利政府的财政刺激政策、房屋补贴政策以及调高最低工资政策将有助于拉动内需、促进经济增长，并预测匈牙利2017年经济将增长3.5%。欧盟候选国主权信用等级相对较低；以俄罗斯为重要战略伙伴的白俄罗斯和摩尔多瓦信用等级也不高；乌克兰则排名最后，等级为Bi−。

中东欧地区大部分国家的政治稳定性较高，经济发展程度相对较高。同时，大部分国家的经济对外依存度较高，易受外部不确定性因素的影响，近年来 GDP 增速在“一带一路”沿线区域中属于最低的，2012—2016 年均值为 1.5%，远低于沿线 57 个国家 3.0%的发展速度。外资银行占比较高，银行系统的稳定性较低，不利于形成对该地区各国实体经济发展的有力支撑。财政实力适中，大部分已是欧元成员国或观察国，其中 5 个国家采用欧元货币体系，有利于债务的偿还。外债总额占 GDP 的比值相对较高。部分国家还面临欧美国家的经济制裁，但区域内国家绝大部分都维持在投资级信用等级，整体信用风险不大。

中欧及东欧地区主权信用评级关键指标如表 3-5 所示。

表 3-5 中欧及东欧地区主权信用评级关键指标

关键指标	2012 年	2013 年	2014 年	2015 年	2016 年	五年均值	一带一路整体
名义 GDP（十亿美元）	714.8	779.4	798.8	679.7	685.9	731.7	404.1
人均 GDP（美元）	19 086.1	19 915.7	20 758.7	21 361.2	22 173.8	20 659.1	21 749.0
GDP 增速（%，实际）	0.8	1.4	1.5	1.5	2.2	1.5	3.0
通货膨胀率（%）	6.4	3.2	2.5	4.5	2.0	3.7	5.5
国内信贷增长率（%）	5.7	6.1	3.8	8.9	5.4	6.0	15.9
M2 增长率（%）	9.3	8.1	6.6	8.5	8.9	8.3	11.4
各级政府财政平衡/GDP(%)	−2.7	−3.1	−2.5	−1.7	−1.2	−2.2	−2.9
各级政府利息支出/GDP(%)	2.0	2.0	2.0	1.9	1.8	1.9	2.3

续表

关键指标	2012 年	2013 年	2014 年	2015 年	2016 年	五年均值	一带一路整体
各级政府初级财政平衡/GDP（%）	−0.8	−1.2	−0.5	0.1	0.6	−0.3	0.2
公共债务/GDP（%）	41.0	43.0	47.3	49.3	48.8	45.9	46.0
总外债/GDP（%）	77.2	76.0	72.6	80.0	78.8	76.9	72.8
经常项目盈余/GDP（%）	−3.3	−2.1	−1.6	−0.9	−0.5	−1.7	−0.9
国际储备/总外债（%）	40.1	37.6	36.4	38.5	40.7	38.7	128.0

3.2 对外商业合作风险

自 2005 年以来，中国对外直接投资流量连续 10 年持续增长，2015 年达到了 1 456.7 亿美元，是 2005 年的 11 倍多。2016 年是“十三五”规划开局之年，1—6 月中国对外非金融类直接投资达到 888.6 亿美元，同比增长 58.7%。中国企业对外投资迎来“黄金期”。如图 3－1 所示，2005—2015 年间中国对外直接投资流量呈逐年、连续增长态势。

中国企业在“一带一路”沿线国家（地区）的海外投资方面，可以运用中国国家开发银行、中国进出口银行、中国农业发展银行及中国出口信用保险公司这四大政策性银行的融资渠道；在区域合作方面，可以利用中国-欧亚经济合作基金、中国-中东欧投资合作基金、中国-东盟投资合作基金、中拉合作基金和中加基金等。

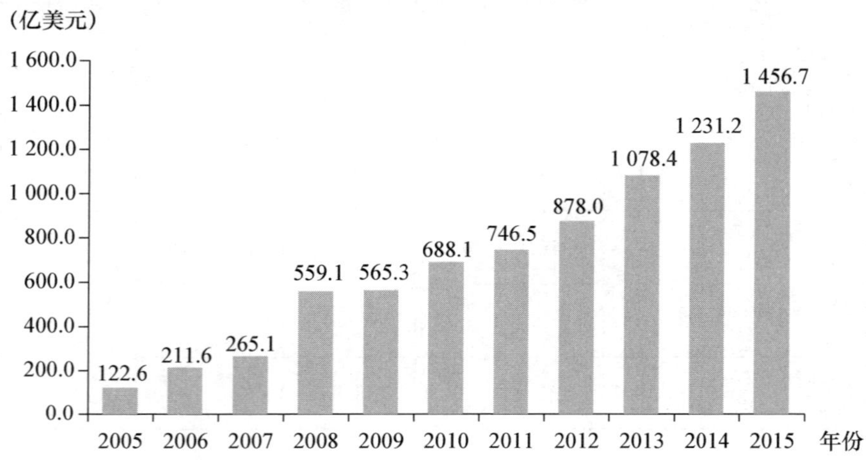

图 3-1　2005—2015 年中国对外直接投资流量持续增长

资料来源：王辉耀，苗绿. 中国企业全球化报告（2016）. 北京：社会科学文献出版社，2016.

但是，由于地区、经济、政治、文化等差异的存在，存在着很多的对外投资风险，比如，投资环境风险、货币金融风险、投资方式风险、长期投资风险等。

3.2.1　商业环境风险

不同国家和地区的经济发展水平不同，其对外开放水平及对待外资的态度也不同，因此中国投资的风险会因投资的区域不同而有所不同。"一带一路"沿线国家经济环境比较复杂，经济发展水平差异较大，经济制度也存在较大差别，在"一带一路"沿线进行投资，投资项目和投资区位的选择既要考虑配合中国对外投资的总体战略和规划，也要充分考虑东道国的具体国情和具体经济需求，这样才能有效实现产能合作和经济共同繁荣的目标。

另外，“一带一路”沿线国家各有不同的经济制度，并且不少国家的经济制度仍处于发展变化过程中，如果投资主体对东道国经济制度没有充分的把握，对东道国的投资法规、资本流动管理措施等相关信息了解不充分，在投资过程中就容易面临不同形式的经营风险或资金风险。同时，东道国的经济政策变动也会造成一定的不确定性，中国企业如果没有针对东道国经济政策变动的应对预案，也可能造成经营上的损失。①

3.2.2 货币金融风险

虽然中国企业在“一带一路”沿线投资的重点都在实体经济层面，但货币金融层面的因素也不容忽视。

“一带一路”沿线国家金融制度有很大差异，融资方式、融资条件与中国也有很大不同，在这样的情况下，无论是中国企业的独资项目，还是其与东道国企业的合资项目，所面临的金融风险都不仅不同于国内投资，而且与中国企业传统海外投资项目也会有所差异。尤其是如果东道国金融体系或国际收支稳定性不高，就很有可能对中国投资企业的资金流产生不利影响。另外，“一带一路”沿线地区

---

① 王凡一．“一带一路”战略下我国对外投资的前景与风险防范．经济纵横，2016 (7)：33-36.

国际货币环境比较复杂，币种繁多、各币种可兑换性不一、各币种间汇率变动幅度较大，中国企业在这一地区投资将面临汇兑风险，尤其是当投资企业在“一带一路”沿线多个国家都有投资项目时，所形成的多重汇率变动风险要引起足够重视。

3.2.3 商业模式风险

近年来，无论是中国总体对外投资，还是对“一带一路”沿线投资，并购越来越成为最重要的投资方式。预计接下来一段时间，中国企业通过并购方式在“一带一路”沿线进行投资的情况还将继续增加。而并购东道国企业不仅会对东道国企业的生产经营活动产生影响，也会对东道国国内市场结构产生影响，因此“一带一路”沿线国家往往会对跨国并购投资给予特别关注，并会采取特殊的限制性措施。对“一带一路”沿线某些并不十分稳定的国家来说更是如此。东道国对中国并购投资可能采取的干预或限制措施，形成了中国对外投资不得不面对的一个风险。

3.2.4 长期合作风险

基础设施建设的投资周期较长，意味着资金投入之后需要经历较长时间才会获利，实际收益与预期收益偏离的不确定性较大，既有可能存在获取超预期收益的可能，也存在收益下降甚至亏损的可能。尽管中国企业与“一带一路”沿线国家已有一些区域合作经验，但沿线国家的投资环境仍不够理想，政府的办事效率不高，投资便利化制度设计存在很大提升空间，这些都可能构成项目运营过程中的阻碍，也随时可能转化为企业投资管理中增加的额外成本或不可控成本。同时，基础设施建设项目的盈利还要以后续经济产业的发展为前提条件。因此，除了常规的长期项目投资风险之外，道路联通的改善、辅助设施的建设对市场培育和激发作用的不确定性也是一个挑战。①

3.3 税收风险②

3.3.1 国际税收协定的遵从风险

国与国之间达成税收协定所发挥的作用，主要在于协调处理国际跨境税收所存在的争议或问题，协助外资企业降低投资风险，提高税收确定性，避免在境内外遭遇双重征税的困境，进而有助于境外涉税争议等问题的解决。为了使中国企业从容应对海外投资风险，避免双重征税，经过多轮双边谈判，截至 2015 年 5 月 21 日，国家税务总局代表中国政府已与 101 个国家或地区，签署了避免双重征税的相关协定和安排。有关数据显示，2014 年以来，中国的税务机关已为跨国纳税人抵免双重征税高达近 200 亿元。仅 2014 年，受理

① 钟春平，潘黎．对外直接投资风险与一带一路战略．开放导报，2015（4）：40-42.

② 陈有湘，董强．构建“一带一路”战略下的国际税收风险应对机制．税收经济研究，2015（6）：49-55.

各类涉及税收协定的案件就多达4 694 件，审批申请税收协定待遇的回执 4 933 件，减免各类涉税款项高达 138.81 亿元。

到 2018 年 4 月，中国税务部门已经与 117 个国家和地区建立双边税收合作机制。尤其值得一提的是，截至 2018 年 4 月，中国已与 54 个“一带一路”沿线国家和地区签署了税收协定，约占国家总数的 80%。在通常情况下，双方协定的税率往往比国内制定的税率还要低。以中俄双边税收协定为例，俄罗斯在国内对特许权使用费一项的标准，预提所得税约在 20%，而根据中俄双边税收协定，中资企业在俄境内的特许使用费的预提税率仅为 6%，这必将减轻中国企业“走出去”的税收负担，增强企业在海外市场的竞争活力。

3.3.2 国际税收的征管风险

国际贸易与金融的多样化，使得跨国企业在组织结构、资产重组等方面呈现出多样性的特点，国际税收征管风险明显加大。具体表现在三个方面：

一是通过搭建离岸体系，力求规避税收管辖权。在税收实践中，中国境内的不少居民企业在海外避税地，诸如英属开曼群岛等，设立多层控股公司，然后再返回中国境内，收购国内企业股权。事实上，这些注册为非居民企业的集团控股公司或上市主体，其企业的经营、人员、财务等方面的实际管控均在中国境内。根据中国税法的相关规定，倘若在境外注册，但实际管理机构在中国境内的企业，应当认定为居民企业，需纳入中国税收征管范围之内。因此，税务机关需谨慎甄别有关情况，对恶意税务筹划，或实际管理机构在境内的，应敦促相关公司主动申请为居民企业，以避免事后调整风险。

二是通过无偿向境外投资目的地输出无形资产，间接侵蚀了国内企业利润。当前，不少面向海外投资的国内企业向境外子公司或关联企业在提供商誉、商标、专有技术和客户清单等无形资产时，不收取相应的费用，进而侵蚀了境内企业利润，损害中国的税收权益。税务机关在经过缜密调查后，可要求境内公司按照独立交易原则向境外企业索取特许使用费。与此对应的是，国内公司应申报补缴企业所得税以及滞纳金等相关税款。

三是在境外具有投资行为的企业不申报或少申报境外所得。目前，不少国内企业在海外投资已颇具规模，但很少有企业面向国内税务机关申报其境外所得或相关利润分配。不少企业为了逃税，试图在全球避税地设立公司，从事以投资、融资为主的经营行为，对这些避税地企业的利润不向境内股东分配或很少分配，以达到利润转移的目的。

按照现行中国税法的规定，在中国境内注册的居民企业，倘若在境外取得利润，理应按章缴纳企业所得税。尤其是在按财务年度申报企业所得税时，应将企业在境外取得的营业利润、股息、红利、特许权使用费、财产转让等所得计入当期收入，并缴纳境外企业所得税，进行申报抵免。但凡持有境外国家或地区企业股份的中国居民企业，理应按照纳税义务，及时申报《对外投资情况表》，并提供境外税收抵免或免于征税的相关证明文件或材料，以便税务机关在事后验证或调询。诸如此类的国际税收征管问题，随着国际贸易的频繁逐渐显现出来，亟需税务机关加强对国际税收的征管力度。

3.4 金融风险

3.4.1 汇率风险

汇率风险是指由于汇率的波动而带来的不确定性和突发性的经济损失。“一带一路”沿线国家多为欠发达国家，不仅汇率的波动较大，而且各国的汇率制度差异也很大。企业在进行境外投资的过程中需要将本地货币汇兑为美元，然后再按照国内的汇率将美元结汇为人民币，因而就产生了双重汇率风险。

因此，境外投资中，企业以美元等其他货币进行计算的资产与负债的增加和减少都会给中国企业对“一带一路”沿线国家进行投资带来巨大的经济风险。

3.4.2 金融衍生品交易风险

截至 2015 年 7 月，“一带一路”沿线国家共有 71 家证券和期货交易所，其中期货交易所 22 家、证券交易所 41 家、期货及证券综合性交易所 8 家。但部分沿线国家依然存在没有交易所的现象。这充分表明“一带一路”沿线国家的金融市场发展水平存在着很大的差异性。尽管衍生品市场未来的交易潜力巨大，但是由于沿线国家在金融产品以及交易场所方面尚不具备竞争力，难以满足境外企业的风险管理需求。①

3.4.3 债务国违约风险

“一带一路”项目耗资巨大，资金问题最为突出。据亚洲开发银行测算，2020 年以前仅亚洲地区每年基础设施投资需求就高达 7 300 亿美元。庞大的投入从何而来将是一大难题，然而更为严峻的考验可能是债务国违约的金融风险。“一带一路”沿线国家的投资环境整体上不如中国与欧美发达国家，中国企业无论是对其投资基础设施建设还是第二产业，投资回报率都不容乐观，其中一部分投资很可能成为坏账。

需要注意的是，部分参与“一带一路”倡议的国家存在着巨额的经常项目赤字、较差的经济基本面，这使其成为高风险债务人。这意味着，如果向这些国家提供资本和融资项目，中国企业将面临更大的违约风险。如果债务国无法偿付银行贷款、项目无法收回投资，则将使中国经济承受额外的巨大压力。

3.4.4 项目泡沫化风险

据有关研究，2015 年中国各省“两会”政府工作报告中关于

① 聂娜. 中国参与共建“一带一路”的对外投资风险来源及防范机制. 当代经济管理，2016 (9)：84-90.

“一带一路”基建投资项目总规模已超过1万亿元人民币。项目分布仍以“铁公机”（铁路、公路、机场）为主，占全部投资的68.8%。此外，“一带一路”也包括不少海外投资项目，从收集到的20多个海外项目统计情况看，累计拟建、在建投资规模高达524.7亿美元，主要集中在中亚、南亚等地区，投资的方向更多以能源、铁路、公路等基础设施为主。除了项目化迹象之外，在中国经济下行压力加大背景下，“一带一路”已成为一些地方政府想抓住的最大一根稻草，寄希望于以此来振兴当地经济。

这里需要关注一系列问题：如此庞大的投资能否落地？众多项目投资资金从何而来？通过何种方式去融资？而海外市场面临着更多的不确定性：“一带一路”沿线国家是否认同和接受中国投资？沿线国家是否同意中国企业换取相关利益？中国企业如何保证海外投资的安全，规避风险？中国投资者如何确保投资收益？对这些问题如果不做认真的对策研究，将是十分危险的。“一带一路”国家战略被项目化、泡沫化的风险值得警惕。①

3.5 文化差异风险②

文化风险是指企业在海外投资过程中，海外投资目的国的文化

① 马昀. “一带一路”：挑战、风险与应对. 经济研究参考，2015（37）：45-52.

② 聂娜. 中国参与共建“一带一路”的对外投资风险来源及防范机制. 当代经济管理，2016（9）：84-90.

环境与中国差异较大，容易引起文化误解、文化冲突甚至宗教纠纷，从而使企业在当地的生产经营难以达到预期的收益目标，甚至存在使经营活动失败的可能性。这些文化环境差异主要包括种族、宗教信仰、文化价值观、社会习俗等各个方面的差异。

“一带一路”沿线多数国家是以宗教为主导的社会，在文化、宗教信仰等方面都各具特色，其中部分国家有很多不为中国企业所了解的文化禁忌，尤其是许多信仰伊斯兰教的国家和地区，由于伊斯兰教派众多，其意识形态差异较大，在进行对外投资合作的过程中不能一概而论。在对外投资过程中，中国企业在认识上普遍缺乏对宗教敏感点、宗教习俗的深刻理解，由此可能引发的文化冲突直接增大了境外投资企业的运营成本，对其经济效益产生了重大影响。综合来看，发展“一带一路”商业合作的文化和宗教风险主要表现在以下七个方面：

（1）宗教矛盾冲突上升。例如，在佛教徒占绝对支配地位的泰国，其南部亚拉省等地区是穆斯林聚居区，这些地区暴力活动频发。这种宗教矛盾甚至演变产生出分裂势力，激化了当地的社会矛盾。

（2）宗教激进主义的影响。宗教激进主义在中东、中亚等地区存在已久，在 20 世纪 70 年代以后逐渐向东传播，传入东南亚等地，对东南亚伊斯兰国家的政治、经济、文化、社会生活产生深刻影响。宗教激进主义甚至演变成极端主义、恐怖主义，冲击所在国的社会制度和政治体制。

（3）难民危机演变成宗教隔阂。当前中东地区由于恐怖主义威胁、内乱战争等多种原因造成大量难民迁移欧洲，引发难民危机。而一些接收难民的国家，内部因宗教信仰不同对难民产生不同的声音，收紧难民移民政策，加剧了不同宗教文明之间的对立和冲突。

（4）新兴宗教运动活跃。除了佛教、伊斯兰教、基督教，"一带一路"沿线国家也存在一些新兴宗教，这些新兴宗教虽然历史短、规模有限，但是往往有特定的信仰群体，而且总体数量不少，不可完全忽视其存在。

（5）宗教性质的政党积极参政。在一些政局稳定的国家，宗教性质的政党通过合法手段获得影响力的趋势日益明显，宗教对整个国家的决策产生了更大的影响。如塔吉克斯坦的伊斯兰复兴党为内战时期的反对派，该党在活动恢复后成为议会中的合法参政党。可以预见，这种通过合法途径取得权益并带有宗教性质的政党在未来将会越来越多。

（6）宗教活动场所成为敏感、危险的地方。近年来，宗教活动场所经常成为恐怖主义分子的袭击对象，对于宗教活动场所安全问题必须提高警惕。2013 年，一名恐怖分子在叙利亚大马士革市中心的希腊一东正教会主教公署发动自杀式袭击。2015 年 8 月，泰国首都曼谷市中心著名旅游景点四面佛附近发生爆炸。2017 年 2 月，巴基斯坦一座清真寺遭恐怖主义袭击，一百多人死亡。这些悲剧表明，恐怖主义威胁袭击的不是哪个特定宗教的活动场所，它们的目的就是制造社会恐慌和社会矛盾，破坏宗教和睦，因此加强宗教活动场所安全应该成为各国政府的重要责任。

（7）宗教信仰差异造成情感认同障碍。虽然共同利益是各国外交政策的基础，但是意识形态领域的一致也十分重要。“一带一路”沿线的很多国家是全民信教的国家，这些国家的宗教习俗比较庞杂，从饮食、服装到行为举止、道德规范都有相应的要求，而且在经济活动之中也必须遵守，这难免让合作双方产生隔阂和不适。因此，对于这些国家的宗教信仰和宗教风俗要了解和尊重，只有这样在情感上才不会产生障碍和隔阂，而且如果利用好宗教身份认同，甚至可以获得相应的竞争优势，加深彼此感情，乃至促进国家与国家的交流合作。①

3.6 企业内部经营风险②

当前，中国针对“一带一路”沿线国家和地区的投资项目多以基础设施建设为主，而这些建设普遍存在投入资金巨大、建设周期长、投资回报风险高的问题，再加上不熟悉国外的商业习惯、人文环境、法律制度等信息，导致企业在进行投资决策的过程中对投资环境的综合考量并不充分，增加了企业的风险。

对于企业自身来说，最重要的风险因素主要是投资决策风险、经营风险与财务风险。（1）投资决策风险，主要是指在进行境外投

① 王皓月. “一带一路”沿线国家宗教风险的基本类型. 中国宗教，2017（3）：66-67.

② 聂娜. 中国参与共建“一带一路”的对外投资风险来源及防范机制. 当代经济管理，2016（9）：84-90.

资的过程中由于对投资目标地的投资项目、时机等选择不当而给企业带来的不良影响。境外投资决策的风险主要表现在两个方面：一是盲目决策。二是决策过程失控。（2）经营风险。“一带一路”沿线国家的经济环境和市场需求结构相对复杂，在对境外市场和技术调查不充分的情况下，原有的国内营销策略、管理模式的生搬套用会给企业的经营带来巨大风险。（3）财务风险，主要是指企业的财务管理系统在境外投资因素的干扰下，产生相应的风险问题，进而波及境外的投资活动。

3.7 政治风险

3.7.1 地缘政治风险

“一带一路”所涉及的国家繁多复杂，许多沿线国家和地区是大国博弈的敏感区域。因此，推行“一带一路”倡议将给中国带来一定的地缘政治风险。

1. 美国的“新丝绸之路”战略

中国推行“一带一路”倡议，将对美国的“新丝绸之路”和“北南走廊”计划带来巨大的冲击，对美霸权主义构成威胁。

自“9·11”事件后，美国开始在中亚地区部署军事力量。2008年，乌兹别克斯坦同意美国使用乌境内的空军基地来运送美国官兵到阿富汗。2013年美国和哈萨克斯坦签订了为期五年的军事合作协议。2014 年北约在乌兹别克斯坦塔什干设立中亚地区代表处，美国在军事上又有了制约中亚地区的手段，可见美国在中亚地区的军事地位仍然不可小觑。美国“新丝绸之路”战略于 2011 年 7 月由美国国务卿希拉里在印度金奈提出。2011 年 10 月，美国国务院向美国驻有关国家的大使馆发出电报，将美国的中亚、南亚政策统一命名为“新丝绸之路”战略，并将其向国际伙伴通报。这标志着“新丝绸之路”战略成为美国的正式官方政策。①

阿富汗战争之后，美国更加着力推动“新丝绸之路”计划，旨在巩固阿富汗战果，与俄罗斯争夺中亚地区，同时遏制中国发展。在美国全球战略调整的大背景下，“新丝绸之路”计划旨在保证“后撤军时代”的阿富汗稳定。美国已经逐步认识到，与短期和不固定的经济与军事援助相比，阿富汗更需要拥有自身“造血”功能以获得经济的可持续发展。美国希望通过“从援助到贸易的转变”，促进阿富汗经济社会的内在发展，同时加强本国在中亚地区的影响力。②

相比之下，中国推行的“一带一路”倡议则是以“共商共建共享”为原则，在东南亚地区受到广泛的接受和认可。中国创设 400 亿美元的丝路基金和 1 000 亿美元的亚洲基础设施投资银行投资，使得美国的“新丝绸之路”计划显得空洞无力。

---

① 赵华胜. 美国新丝绸之路战略探析. 新疆师范大学学报（哲学社会科学版），2012（6）：15-24+115.

② 吴兆礼. 美国“新丝绸之路”计划探析. 现代国际关系，2012（7）：17-22.

2. 日本的丝绸之路外交

早在 1992 年，日本便与中亚五国建立了外交关系。1997 年日本联合美国与其他七个欧洲国家在中亚举行了联合军事演习。随后日本提出欧亚大陆外交战略，这个战略加强了对中亚五国的外交力度，2004 年日本与乌、哈、塔、吉（乌兹别克斯坦、哈萨克斯坦、塔吉克斯坦、吉尔吉斯斯坦）签署了一系列外交文件。从这一切可以看出，日本积极开展丝绸之路外交。虽然随后日本经济处于停滞状态，但是其举动对于刚刚准备推动丝绸之路经济带的中国来说，既是个借鉴，也是个警示。①

冷战的结束也为日本的国内政治带来不少变化。为了应对国际环境，以小泽一郎为领袖的“改革派”退出自由民主党，尝试对日本的力量进行充实整备。1993 年八个非自民党联合起来，成立了细川护熙政权，从而终结了“1955 年体制”（指 1955 年日本自由党、民主党合并，成立了自由民主党，形成长期由自民党一党执政的政治体制）。

在八党联合以及三党联合执政的情况下，日本一直难以发挥其国家的主导权。继而成立的桥本内阁及后续自民党内阁，总算在对外政策方面发挥了一定的主导作用。日本的“亚欧大陆外交”，便是在这样的内外环境下产生的。② 日本将遏制中国作为谋求重新崛起的

---

① 王卫星. 全球视野下的“一带一路”：风险与挑战. 人民论坛·学术前沿，2015 (9)：6-18.

② 东乡和彦. 日本“亚欧大陆外交”（1997—2001）. nippon. com. [2014-07-18]. https://www. nippon. com/cn/features/c00205/#auth_profile_0.

着力点，将不可避免地实施干扰性、破坏性竞争遏制行动。日本认为，“一带一路”倡议将进一步削弱其亚太影响力，并与其中亚“丝绸之路外交”存在利益冲突。未来日本可能伺机介入南海争端，拉拢东盟国家反华，对“21 世纪海上丝绸之路”形成干扰。利用经济援助、项目合作等方式，拉紧与沿线国家的关系，与中国展开经济竞争，降低中国对相关国家的影响力。

3. 其他重要国家、地区的政治风险

俄罗斯对“一带一路”倡议保持戒心。“一带一路”的推行，可能影响到欧亚经济联盟，干扰俄罗斯主导的原苏联地区经济一体化。俄罗斯与中亚五国原属于同一个国家——苏联，互相之间联系密切。由于美国插手中亚经济，中亚国家对俄罗斯的依赖下降。俄罗斯将更加追求保护自身在中亚地区的影响力。乌克兰危机以来，俄罗斯对华战略倚重增强，对“一带一路”倡议总体持理解、配合立场，但仍担心因参与“一带一路”形成对华战略依赖，冲击其主导的“亚欧联盟”战略，削弱其对西伯利亚地区的控制以及在中亚的传统影响力。尽管目前两国在“一带一路”倡议上保持合作姿态，也不排除俄大幅调整对“一带一路”基本政策立场的可能。

印度是“21 世纪海上丝绸之路”计划中的关键国家，也是“丝绸之路经济带”的一个重要侧翼。印度出于中印领土争端等障碍，以及维护和强化其在南亚-印度洋地区的主导地位等地缘战略考虑，对“一带一路”始终保持高度警惕立场和矛盾心态。为建立以印度为中心的地区秩序，印度推出了“香料之路”计划，强调印度是

“印度洋地区秩序的组织者”。2015年1月，印度对斯里兰卡总统大选进行干涉，成功组织不利于中国“一带一路”的非“亲华”领导人上台，致使中国交建在科伦坡承建的15亿美元港口城建设计划受阻。未来印度也有可能对其他南亚-印度洋国家深度参与“一带一路”倡议提出警示或加以干涉。

3.7.2 国家及地区政局的动荡风险

“一带一路”倡议沿线地区许多国家是“转型国家”，正处于新旧体制转轨期、“民主改造”探索期和社会局势动荡期。一些国家民主体制不健全、移植西方民主“水土不服”、旧体制惯性强大等问题突出，政权更替频繁化、政局动荡常态化将对“一带一路”倡议构成系统性风险。中亚、中东、南亚部分国家政局不稳定因素持续积累。2016年，中亚国家展开新一轮大选，导致一些国家政权更替和政局动荡，“一带一路”倡议面临被搁置的风险；一些国家政治精英因权力内斗而无暇顾及经济可持续发展，也将严重制约中国与中亚经贸合作的深入推进。

中东地区结构性力量失衡加剧，阿拉伯国家联盟分裂趋势扩大，各国党派纷争不断，国家政治建设蕴含着极大的不确定性。印度对地区局势的强大影响力，使中国在南亚建立稳定的战略立足点面临诸多困难。南亚中小国家视“一带一路”倡议为发展机遇，但各国国内政局发展的不确定性，可能会使中国成为各国国内政治纠纷的牺牲品。东南亚国家政治转型进程加快，“一带一路”倡议受各国国内政局、党派政治纷争干扰加大。

部分国家党派势力为争取选票，往往以顺应“民意”为由，将中国的投资项目作为利益交换筹码，进行阻挠干扰。一些国家为转嫁国内政治矛盾，也可能单方面宣布搁置在建项目。如泰国政局动荡，导致中泰高铁计划一度流产；缅甸国内政局不稳，加上反华势力煽动破坏，导致中缅密松大坝工程被叫停，中缅合资的莱比塘铜矿项目也几度陷入困顿。

3.7.3 地区冲突和局部战争威胁

“一带一路”沿线经过多个地缘政治破碎带，历史问题复杂、民族宗教矛盾尖锐、武装冲突频发。

2012 年全球爆发 38 起武装冲突，2013 年发生较大影响的局部战争和武装冲突 33 起，2014 年全球范围内的武装冲突超过 10 起。冲突主要爆发区与“一带一路”沿线多有重合，其中又以西亚和北非地区为主。仅 2013 年，在巴勒斯坦、缅甸、阿富汗和肯尼亚，就有不少中国公民因暴力冲突而丧生。地区武装冲突的爆发，可能全面打乱“一带一路”倡议进程，并威胁中国投资项目和人员安全。此外，“一带一路”沿线地区和国家大多是恐怖主义多发区。在南亚，恐怖主义问题与种族、宗教和领土争端等问题相互混杂、交织联动。据印度方面统计，目前在印度活动的恐怖主义、分裂主义和极端主义组织大约有 176 个，而在巴基斯坦也大约有 52 个极端组织。从中亚到地中海、从高加索到萨赫勒地区的广袤大地，已沦为恐怖分子和极端分子的活动区。这对中国推进"一带一路"倡议的影响不可小视。

在南亚地区，印度和巴基斯坦内部政局经常不稳，且两国关系微妙，印巴两国矛盾主要包括宗教冲突和克什米尔领土争端。阿富汗国内政局动荡，内部局势错综复杂，存在多重矛盾。阿富汗局势动荡主要有三大方面原因值得注意：首先，阿富汗政府与塔利班之间的谈判未能取得实质性进展；其次，阿富汗政府对反政府武装的清剿力度不足，行动仍显得力不从心；再次，美国驻阿富汗军队在维护当地秩序方面作用有限，相关军事行动时常导致平民死伤，从而引起当地民众的强烈反感。

在西亚及北非地区，伊朗、伊拉克、土耳其、叙利亚、以色列、巴勒斯坦等国家国内局势都不稳定。巴勒斯坦与以色列之间的矛盾冲突尖锐。巴以冲突由来已久，具有深刻的历史渊源。早在二战结束时，犹太人就开始与阿拉伯人争夺耶路撒冷。其间两方曾多次达成"和平计划"，而最终均因耶路撒冷归属问题而失败。

在中东欧地区，波黑问题、阿尔巴尼亚人与塞尔维亚人之间的科索沃问题的后遗症也是困扰东南欧的一个历史遗留问题。

此外，在独联体国家中，格鲁吉亚与俄罗斯之争、阿赛拜疆与亚美尼亚之争、摩尔多瓦内部的问题等都成为该地区政治不稳定的重要因素。在土耳其，政党斗争和宗教冲突也给土耳其带来不稳定因素。而对俄罗斯而言，则因地缘政治冲突产生一系列外交、经济问题。2015 年上台的希腊政府所推行的反紧缩政策，则使得希腊和国际债权人关系呈现紧张局势。[①]

3.7.4 中国领土主权和海洋权益争端

就我国而言，涉及领土主权和海上权益的争端问题十分复杂，这也将深刻影响“一带一路”倡议的推进。其中，南海问题是中国领土主权争端中最重大的问题之一。自20世纪70年代起，围绕中国南海岛礁的主权归属及部分海域的管辖权形成了六国七方的争端局面。

近年来，域外大国以南海争端为借口插手南海事务，以牟取政治、经济和战略利益。南海争端成为世界上最复杂的岛屿主权和海洋管辖权争议。南海局势发展的不确定性，加重了东盟国家“两面下注”心态，阻滞了“一带一路”倡议在东盟落地生根。越南、菲律宾等以煽动民族主义情绪为手段，鼓吹“中国威胁论”，极力将共同应对南海问题标榜为保持东盟内部团结的“旗帜”，强力推动东盟集体介入，阻滞“一带一路”倡议在东盟顺利推进，避免东盟对华经济依赖进一步上升。

中印边界争端是印度对华战略疑虑的重大因素，印度或明或暗设置障碍实施牵制的可能始终存在。印度与美国联合发表《美印亚太和印度洋地区联合战略展望》，强调所谓南海航行飞越自由的重要

---

① 商务部投资促进事务局，中国服务外包研究中心．“一带一路”战略下的投资促进研究．中国投资指南网．［2019－03－14］．http://www.fdi.gov.cn/go-yanjiubaogao-con.html?id=7726.

性，扩大海洋安保合作，突出牵制中国的政策导向。印度还利用对孟加拉国的影响力，对索纳迪亚深水港建设项目设置障碍，并可能继续对中国在南亚投资进行干扰。

中日钓鱼岛之争僵局难解，日将钓鱼岛之争视为维护亚太地区主导权的核心标志。钓鱼岛争端严重激化，可能使中国东海、南海以及中印边境等争端形成连锁反应，“一带一路”倡议所依托的稳定发展环境将受到冲击。

3.7.5 境外非友好势力与当地非法组织

多年来，境外“东突”“藏独”“民运”“法轮功”邪教组织等反华势力，千方百计地袭扰破坏中国海外利益。2000 年以来，“东突”分裂势力曾组织袭击吉尔吉斯斯坦开往新疆喀什的长途客车，袭扰中国驻美国、土耳其、澳大利亚等国使领馆。2013 年，“东突”“藏独”及“民运”组织等分裂势力，在日内瓦成立“合作领导小组”，并拉拢“台独”势力，勾结日本右翼分子，组织策划反华游行示威，煽动攻击中国政府。

另外，一些国家经济萧条，政府控制力衰退，各种非法组织泛滥，犯罪活动猖獗，将对中国在这些国家或地区的海外投资、经商、旅游、留学、劳务和海上运输等活动构成严重威胁，对中国推进“一带一路”造成前所未有的压力和挑战。2011 年，缅甸糯康贩毒集团策划实施的“湄公河惨案”，致使 13 名中国籍船员遇难。2008 年 1 月至 11 月，中国通过索马里航线的 1 265 艘船只，约 20%的船只遭海盗袭击；2012年，中国香港地区有13艘船舶遭海盗袭击。以索马里海盗为代表的国际犯罪活动的增多，对中国海上战略通道和商品集散港口构成现实威胁。

此外，武器流失与毒品走私等跨国犯罪也会影响中国西部稳定；推进“一带一路”带来的“大通关”“大口岸”“大物流”形势，也会给我国出入境检验检疫、质量安全等带来诸多公共安全问题，造成前所未有的压力和挑战。

3.8 法律风险

企业在推进“一带一路”过程中面临的主要经济法律风险分布在企业设立、经营、清算等各个环节。调查显示，直接由法律因素导致失败或损失的投资事件占所有失败或遭受投资损失事件的16%。在企业设立过程中，经济法律风险集中在东道国基于自身安全、市场保护、文化宗教等方面因素设立的市场壁垒。其中，一些发展中国家市场体制和市场规则不健全，一些地方仍处于世界热点地区，政治、安全形势依然严峻，同时对外资的态度和政策也在不时变动，其后果最终以法律风险的形式呈现。企业在进入时，要基于自身的风险偏好和承受能力，做好风险评估及应对预案，有效规避和化解风险。

中国企业在“一带一路”沿线国家的经营活动中，面临的经济法律风险除了常见的经营风险外，还表现在企业的社会责任等方面。

1. 环境法律风险

伴随着国际环境法的日益完善和发展，国际投资中的环境保护问题正在不断凸显。作为跨境投资者，“走出去”企业有义务保护东道国环境，以促进东道国的可持续发展。中国企业在经营境外项目时，如果缺乏良好的环保意识，则很容易引发环境违法问题，进而造成投资的失败。

2. 劳工标准法律风险

在“一带一路”建设中，劳工的人权保护是一个无法回避的法律问题，在一些双边或多边国际贸易投资协定中，已经有关于劳工方面的条款。劳工保护直接影响着“走出去”企业的生存能力和国际竞争力。能否妥善处理劳工标准问题，已经成为企业能否在东道国顺利开展经营活动的重要前提。以中国首钢收购秘鲁国有铁矿公司（以下简称秘铁）为例。1992 年，首钢收购了濒临倒闭的秘铁，然而秘铁于收购前实施的大规模裁员为首钢带来了巨大隐患。秘鲁工会势力强大，首钢秘鲁公司每年都要花费大量精力用于应对工会的“涨工资、加福利”要求和罢工威胁。在面对劳资纠纷时，首钢秘鲁公司采取了强硬姿态，曾以解雇的方式对工会领导人及罢工积极参加者进行了惩罚。这一行动侵犯了受秘鲁宪法保护的劳工权利，使得矛盾进一步激化，并导致中国企业在海外形象严重受损。矿工罢工也给首钢秘鲁公司带来了巨额的经济损失。

3. 知识产权法律风险

从“一带一路”沿线国家分布来看，发达国家对于知识产权的保护十分重视。一旦发生侵权，侵权者不仅需要赔偿知识产权所有人的实际损失，还要支付惩罚性赔偿。不同于填平性赔偿，惩罚性赔偿意在惩戒、威慑及预防，一旦发生，其数额要高出知识产权人所遭受的实际侵权损失数倍，这也显著提高了知识产权领域的侵权法律风险。相较于发达国家，发展中国家对于知识产权的保护水平较低。中国企业在“走出去”的过程中遭遇的知识产权风险既有可能来自各个国家或地区的知识产权保护政策和执法力度，也有可能来源于企业自身，如对海外知识产权战略重视不足。以商标权为例，据统计，中国企业在海外投资过程中，至少有15%的企业商标在境外因被国外企业抢注而失去商机。比如，联想因“Legend”商标在多国被注册，最终舍弃培育20多年的“Legend”品牌标志，启用“Lenovo”。这一方面是由于中国企业自身不积极申请商标专利，不善于进行商标管理，很少投入人力和物力进行管理和监控；另一方面也是由于这些国家的知识产权执法体系有待完善。

4. 争端解决机制风险

企业在经营活动中不可避免地要面临各类经济争端。在大多数情况下，企业须遵从东道国国内法规定的争端解决方式来解决争议。出于对东道国政府司法和法律制度的不信任，中国企业大多不愿选择以这一方式来解决争议，中国企业的诉求在当地法院一般也很难获得支持。在企业结束经济活动的清算过程中，主要的经济法律风险集中在破产或清算过程中的劳工权益保护、债权认定与保护、外汇管理制度等方面。

小　结

“一带一路”倡议不仅为中国企业进行对外商业合作带来了巨大的机会，也包含着一定的风险。在诸多风险因素中，政治风险和主权信用风险是国家层面的因素；而商业合作风险、税收风险、金融风险、文化差异风险、法律风险以及企业内部经营风险则可以认为是企业层面的因素。正确识别这些风险因素是进行风险管理的前提。

第4章/*Chapter Four*

“一带一路”商业风险的防范架构

为了有效应对在“一带一路”沿线国家进行商业活动带来的风险，政府和企业层面都需要采取措施，搭建风险防范架构，增强风险意识，尽可能降低潜在风险带来的非预期损失。

4.1 政府的支持和引导作用

4.1.1 营造积极舆论

首先，我国政府应倡导互利共赢的理念，引导中国企业将投资与东道国的经济和社会发展结合起来，给东道国国家和民众带来看得见的利益。其次，我国政府还应积极耐心地向东道国政府及民众阐释和平发展的意图，中国企业在海外投资应将经济效益与政治、军事意图区别开来，树立中国和平崛起、不称霸的大国形象。最后，政府应推广“搭便车”理论，欢迎一切愿意参与“一带一路”建设的国家共筑整体布局、协调合作、发展互利、团结共赢、睦邻友好、强邻富邻的战略合作伙伴关系，协力打造命运共同体。同时，政府要谨慎对待地缘政治和大国博弈因素，借助现有合作机制，加强与沿线国家的沟通交流和务实合作。①

4.1.2 积极开展经济外交

政府部门在依靠中国与“一带一路”沿线国家既有的双边和多边机制及区域合作平台的基础上，加强与沿线国家的谈判与协调，谋取区域内的共同发展，化解潜在政治风险，从而保障与促进中国的境外投资与合作。同时，多边和双边的投资合作协定是中国进行境外投资活动的重要考量依据。通过双边和多边关系的协定，不仅可以增强东道国对中国企业的信任和安全感，而且可以保证中国境外投资者的安全与合法权益。

此外，针对“一带一路”境外投资项目，中国应加强对缔结国际公约的认识，熟悉多边投资担保机构（Multilateral Investment Guarantee Agency，缩写为MIGA）的相关保险机制，善于利用相关公约来减少和规避投资风险。MIGA隶属于世界银行，成立于1988

① 商务部投资促进事务局，中国服务外包研究中心．“一带一路”战略下的投资促进研究．中国投资指南网．[2019－03－14]. http://www.fdi.gov.cn/go-yanjiubaogao.con.html?id=7726.

年。MIGA 的主要职能有三方面：一是向外国投资者提供政治风险担保，包括征收风险、货币转移限制、违约、战争和内乱风险担保；二是向成员国政府提供投资促进服务，加强成员国吸引外资的能力，从而推动外商直接投资流入发展中国家；三是帮助各国制定和实施吸引和保持外国直接投资的战略，并提供有关投资商机、商业运营环境和政治风险担保的信息。

4.1.3 商业模式与合作伙伴

应充分发挥中国在对外投资领域的“后发优势”，积极借鉴国际上较为成熟的基础设施投资及跨国并购的经验和做法。在这方面经验相对丰富的区域外发达国家对“一带一路”沿线国家投资的经验教训能提供有益的参考。

具体来说，对“一带一路”沿线国家和地区的并购投资，先要在前期做好充分的准备工作，特别是做好市场调查及东道国法律法规调查。跨国并购是一个非常复杂的过程，如果企业前期准备工作没有做充足而贸然进入并购行列则可能导致严重后果。另外，在“一带一路”沿线国家和地区进行跨国并购，企业必须采取具有针对性的规避风险措施。无论何种投资方式，企业在对“一带一路”沿线国家和地区进行投资时，都需要寻找合适的本地伙伴，这对熟悉当地环境和利用当地本土资源很有价值，而且可帮助企业规避一些不必要的风险或损失。

需要强调的是，“一带一路”倡议是中国提出的战略构想，需要沿线各国和地区的参与和合作才能真正落实。但各国和地区资源禀赋、社会制度、经济基础差异较大，宗教文化也不尽相同，中国在推动建设进程特别是对相关国家和地区进行投资时，要对沿线国家和地区有深入的研究和把握，充分考虑不同国家和地区的发展水平和承受力，采取灵活的、符合沿线各国和地区意愿的举措，避免影响他国的参与热情。不论是开发资源、利用低成本劳动力，还是与东道国开展技术合作等，都要结合东道国优势并给东道国带来就业、税收和适用技术。如果中国对“一带一路”沿线国家的投资真正能够互利共赢，就能更好地防范风险。

4.1.4 风险识别与评估体系

目前，在决策部门与投资主体间，包括决策部门内部，信息来源并不统一，信息质量也参差不齐，尤其是相互间对信息没有实现有效共享，这对提高投资主体对“一带一路”沿线国家的风险识别能力形成一定障碍。为解决这一问题，有必要建设高级别、权威性、可共享的“一带一路”信息库。另外，关于推进“一带一路”倡议的具体风险识别问题，学者们提出的观点侧重点也各有差异：有的学者侧重于战略整体风险，有的学者侧重于投资环境风险，有的学者侧重于经济波动风险。实际上，“一带一路”倡议所涉及的国家和地区，由于其所处的经济社会发展阶段不同，各自的风险都不尽相同，这就使“风险”的识别更加具体。

因此，需要根据不同国家进行综合分析，通过构建综合性的风险指标体系，将系统性风险与非系统性风险、经济风险与非经济风险以一定的方式结合起来考察，同时通过定量测度方法，对各风险及总体风险分别进行量化。风险识别的优点在于可综合测定各国和地区的风险状况，不至于强调某一个或某几个风险而忽视其他风险，这不仅有利于“一带一路”沿线国家和地区间的风险比较，也有助于进行后续的动态监测与跟踪。

具体来看，对投资区域风险的防范与控制，最佳手段是建设多边投资安全保障机制。在区域性多边安排的框架下，给予各自在其他国家投资以一定的保障安排，包括对东道国行为的约束及在出现问题的情况下对投资损失给予某种程度的补偿。在此过程中，我们既要强化已有多边合作机制的积极作用，继续发挥沿线各区域、次区域合作机制或国际论坛等平台的建设性作用，同时更要继续探索建立专门的“一带一路”多边风险预警、分担和补偿机制。

当然，现阶段多边风险控制机制的建设可能面临一定困难，不能一蹴而就，在这种情况下，有效的双边制度化安排就尤为必要。相对于多边制度化安排，双边协定达成的难度明显较小。截至 2016 年底中国已与“一带一路”沿线不少国家达成双边投资协定或双边贸易协议。双边贸易投资协定对解决中国与协定国间的投资贸易问题有较大帮助，而将风险防范与风险控制条款纳入双边协定内容，也会有助于中国对协定国投资的风险控制。

4.1.5 跨文化理解与沟通

“一带一路”沿线国家和地区文化差异巨大，从而容易在对外投资的过程中引起误解和摩擦。因此，中国应采取必要的措施来应对可能出现的文化冲突，具体可分为三个方面：

第一，不同文化的相互理解、相互包容是“一带一路”倡议得以顺利实施的前提和基础。中国应加强顶层文化设计，积极与沿线国家和地区签订文化合作协定，为国家之间文化关系的发展奠定基础，指明文化合作发展的主要方向。

第二，大力推动沿线国家和地区之间的文化交流。在现有文化交流和推广活动的基础上，统筹现有项目资源，创新文化交流模式，增强“一带一路”沿线国家和地区人民的相互了解，为中国对外投资奠定良好的文化基础。

第三，中国在进行对外投资的过程中应重视对相关国家的文化分析，从文化的角度理解被投资国和地区的相关理念，推动相互之间的理解与合作，同时还应积极学习欧美国家的对外投资经验，按照国际市场的实际情况制定中国的对外投资策略，降低风险。

4.2 企业层面的风险防范

企业在“走出去”的过程中，会面临多种风险。风险会对企业的发展和盈利状况造成不利影响。风险的存在对企业的风险防范策略提出了要求。企业要全方位地控制这些风险，必须采取多种风险防范策略，主要包括政治风险防范、汇率风险防范以及经营和文化风险防范策略。

4.2.1 政治风险防范策略

对东道国政治风险进行评估，本身就是投资前最重要的一项预防性措施。首先，企业应该战略性地选择进入地区。战略性地选择进入地区主要是企业根据政治风险评估的总体框架以及国际有关机构公布的各国政治风险指数来选择投资国别。

加强政治风险评价，签订投资谈判协议。目前国际上有机构公布对不同国家和地区的国家风险评级，这对对外投资企业具有参考价值。当然，中国企业自己也要对东道国政治风险进行评价，投资项实施后，还必须建立东道国风险预报系统。中国对外投资企业还应主动与东道国政府签订投资谈判协议，明确投资企业与东道国政府间的权利和义务，制定依据、原材料及零部件当地来源与进口比例规定、职员雇佣制度等。对外投资企业还应利用国际上的对外投资风险保证体系，包括资本输出国和输入国有关投资保证的双边协定。例如，对于采掘类投资，投资者要争取获得东道国政府对投资总额的担保，如果后续政府改变承诺，投资者就有权在外国法庭对东道国政府与第三方的任何商业交易采取行动，从而降低投资风险。企业可以选择与东道国政府签订投资协议。中国企业在投资前应尽可能与东道国政府签订投资协议，具体规定各自的权利和义务。

风险规避和投保策略。政治风险无处不在，绝对避免风险是不可能的，因而采取各类风险规避策略对于对外投资来说很重要。例如，西方某跨国石油企业将其石油钻井设在委内瑞拉和印度尼西亚等资源丰富的国家，但为了规避委内瑞拉和印度尼西亚可能存在的政治风险，企业决定将石油提炼厂设在其他政治风险更小的国家。此外，对风险较大的对外投资，投资企业可购买对外投资保险来转移风险。这样，一旦对外投资遭受政治风险损失也可获得保险补偿。当然，使用投保策略也有其局限性，如有些保险机构的业务仅针对部分国家投资，存在新投资项目的保险费率较高等问题。因此，企业在对外投保前，必须权衡投保机构、保险种类和保险费率等多方面因素，以使企业对外投资效益最大化。①

4.2.2 汇率风险防范策略

受汇率波动影响，防范汇率风险已成为中国企业，特别是对外直接投资企业不可回避的问题。建立再开票中心、现金管理及内部会计调整、经营和融资的分散化是当前对外直接投资企业管理汇率风险的三种主要方法，但在具体应用中，不同的方法所针对的情况各不相同，比较有效的方式是将三种方法结合使用。②

在应对国际市场风险方面，应该建立起财务预警系统，编制现金流量预算并分析执行情况。通过现金流量分析，可以将企业的动

① 曹旭平，黄灿，沈杰. 中国对外投资风险防范研究. 工业技术经济，2010（5）：147-149.

② 马云飞. 中国企业对外直接投资的汇率风险及防范. 黑龙江对外经贸，2009（7）：48-50.

态现金流及时、全面地反映出来。应收款项、应付款项及存货项目中的任何一项失去平衡，都会导致企业陷入财务危机。通过这三个项目的有效管理和监控，可以建立起财务风险的警示系统。

进出口商可选择提前或延迟结算。所谓提前或延迟，就是当预期某种货币将要升值或贬值时，提前或推迟对有关账款的收付，即通过调整外汇资金的结汇时间来规避外汇风险。进口商可采用的提前或延迟策略有：当外币出现上涨趋势时，应提早买入外汇，或在价格便宜和对方信用良好的情况下采用预付货款方式；当外币出现贬值趋势时，进口商应采取延迟政策，或推迟订货，或延期付款，以获得汇率下跌的好处。出口商可采用的提前或延迟策略有：当外币呈现坚挺趋势时，应延迟收款，因为这样可以使出口商获得一笔额外的汇兑收益；当外币呈现疲软走势时，出口商则应想方设法做到提前收汇，提早签订出口合同、把交货日期尽量提早安排以及将信用期适当缩短等。

企业在结算时，应选择合适的计价货币。当企业的管理人员预测某种货币将长期贬值或升值时才可以考虑这一战略。选择计价货币主要有三种形式：一是本币计价法；二是选择币值趋硬的货币作为出口交易的计价货币，选择币值趋软的货币作为进口交易的计价货币；三是进出口货值的一半用币值趋硬的货币、一半用币值趋软的货币。最后一种做法理论上虽然可行，但事实上在实施上有一定困难。只有在贸易双方中处于强势地位的企业才有可能选择这一策略。

另外，贸易融资也是规避外汇风险的常用方法。运用贸易融资规避外汇风险比较常用的是出口企业的出口押汇。此外还包括保理、福费廷、买方信贷、卖方信贷等多种方式。这些融资技术的运用，不仅可以使企业加速资金的周转，提高资金的使用效率，还可以有效地防范进出口贸易中的外汇风险。①

4.2.3 经营与文化风险防范策略

企业要提高跨国经营管理水平。一方面要加快公司经营人才的培养，健全经营人才队伍的知识结构；另一方面还需要建立高效、灵敏的信息沟通和协调机制。此外，中国企业在对外投资中可通过股权结构性安排规避海外产权风险，在东道国建立合资企业，结合当地人员优势和信息优势，这样的方式更容易被东道国接受。这样，当地居民容易将企业看作本国的企业，不仅增加了当地税收与就业，把利益与合作者共享，同时还减轻了当地居民的抵触情绪。

加强与东道国的合作。加强与东道国的合作包括以下两方面的内容：一是加强与当地政府及社团的沟通。为了消除政治风险，中国企业可以在东道国国内寻找利益共同体，如进口商、当地配套及相关服务企业、当地雇员、信奉自由贸易的学术界和舆论机构与人士，以及政界相关人士的支持与帮助；二是实现经营当地化，如投

① 范雪舟．企业的汇率风险及其防范．对外经济贸易大学，2006.

资决策、人员、产品开发、物料、营销、利润和企业文化当地化等，树立良好的企业公民形象。①

经营“一带一路”市场应采取多元化方式。“一带一路”涉及地域宽广，覆盖了非常多样的国家和地区。过去，国内对“一带一路”沿线发达国家和地区比较熟悉，对欠发达国家和地区的了解则相对少一些。但自从“一带一路”倡议提出后，大家对后者也开始重视起来。“一带一路”沿线国家和地区差别很大，各国和地区政治体制、经济形势、宗教文化等各不相同，既有新加坡和中东石油输出国等高收入国家，也有一些贫困国家；沿线各国与中、美、俄等大国亲疏有别，有的自己也在争当全球大国，如印度；有些国家和地区处于内战状态、风险极高，也有些国家和地区经济增长潜力巨大。比如，仅从出口增长率来看，孟加拉、柬埔寨、菲律宾、印度、巴基斯坦、斯里兰卡等国表现抢眼，而且中国企业已经在当地拓展多年。对中国的金融机构而言，这些国家蕴含着巨大的市场机遇。由于“一带一路”沿线各国的巨大差别，金融机构进入当地市场理应采取多元化而非单一的方式来开展业务。要充分考虑沿线国家和地区的伊斯兰文化与现代商业文化的差异。“一带一路”沿线，如南亚、中亚、中东、北非，有大量信仰伊斯兰教的人口。

① 康利芹．中国企业对外投资的东道国政治风险评估与防范．现代商业，2011（6）：204－205.

从某种意义上可以说，推进“一带一路”发展事实上就是进入与伊斯兰近邻接触、摩擦和交流融合的地带。伊斯兰金融和非伊斯兰金融有很大的差异。比如，同在东南亚，马来西亚、印度尼西亚与泰国、缅甸居民的金融观念就不同。在巴基斯坦、沙特阿拉伯、利比亚、伊朗这些以伊斯兰金融为主的国家，存贷款都不能收取利息，也无法发行传统意义上的债券。中国金融机构去这些国家开展业务，不能沿用传统的商业银行模式，而是要和当地的金融机构开展合作、合伙、合资；如果在当地设置分支机构，也要采用独立法人的形式。在寻求合作伙伴时，应尽量选择那些有官方背景的金融机构。与民间金融机构相比，它们受国际法的制约更多一些。伊斯兰宗教和文化是“一带一路”沿线的一大特色，必须高度重视。①

4.3 发挥行业协会功能

行业协会是指介于政府、企业之间，商品生产业与经营者之间，并为它们提供服务、咨询，与它们沟通，对它们进行监督与协调的公正性、自律性社会中介组织。它是一种民间性组织，不属于政府的管理机构，而是政府与企业的桥梁和纽带。

---

① 《金融论坛》编辑部.“一带一路”战略下的金融合作与风险防范研讨会综述.金融论坛，2015（11）：73-80.

4.3.1 加强海外投资信息收集与发布，帮助企业防控风险

行业协会属投资促进机构，应发挥积极性，主动牵头，利用自身平台的信息和政策优势，以安全效益为原则，帮助企业相应地调整投资布局，管控海外投资风险。投资促进机构可在“一带一路”沿线国家设立分支机构，加强国别调研和情报信息搜集力度；通过建立信息平台，加强企业之间的信息交流与共享；组织专题调研，定期发布关于主要投资目的国的市场、法律、政策风险预警等方面的专项调研报告，及时帮助企业管控海外投资风险；还可以发挥集团作战优势，选择一两个风险小、前景好的海外投资项目，组织会员企业共同考察、共同投资，以增强投资实力，形成多元化的投资结构，降低单个企业的投资风险，增强投资项目的安全性。

4.3.2 做好人才培养保障服务

行业协会可利用平台优势，通过专业培训、合作办学、岗位实习锻炼、组织与海外投资相关的国际人才交流活动，帮助海外投资企业加快专业技术人才和跨国经营管理人才的培养；指导海外投资企业开展对境外相关专业人才的招聘，充分利用引进留学回国人才和高层次人才一站式服务平台，开通引进境外高层次人才和专业人才的绿色通道，帮助企业构建具有国际化经验的专业人才库，减少企业的人力资源成本，为企业管控海外投资风险做好人才保障服务。

小　结

建立“一带一路”商业风险的防范架构，可以分为国家、行业协会和企业三个层面。在国家层面，政府的引导和支持是整个体系的宏观架构，有利于创造风险防范的大环境；行业协会在收集和发布风险信息和进行风险预警方面具有一定的优势；企业层面的风险防范是整个架构的关键，企业在进行商业合作的同时需要建立和完善企业内部风险防范体系，并需要准备相应的风险防范预案。

第 5 章/*Chapter Five*

推进“一带一路”商业合作的措施

为了有效推进中国企业在“一带一路”沿线国家的商业合作，必须进行一定程度的资金投入，这就需要金融业做一定的保障性工作。推进“一带一路”的商业合作，一个由政府主导的有利金融环境将能够发挥更大的作用。在这个金融环境中，作为中国法定货币人民币的流通体系需要发挥应有作用。

5.1 扩大人民币跨境使用

5.1.1 中国与周边国家的双边本币互换

“一带一路”倡议的实施为人民币的区域使用及全球推广提供了更广泛、更便利的机会，是人民币国际化重要的推动力量。伴随着人民币国际化进程，人民币在国际经济活动中承担着更多的功能，发挥着更多的作用。随着人民币资本项目和利率市场化改革的持续推进、汇率形成机制的进一步完善，人民币将借助"一带一路"在国际市场上获得更大发展空间，在大宗商品贸易、基础设施融资、产业园区建设、跨境电子商务等方面拥有更多的使用机会。①

因此，需要继续加强货币合作，提升人民币货币信用，推进人民币从区域化迈向国际化。全面开展与沿线国家的贸易本币结算，由边境贸易扩大到一般贸易，进一步扩大与沿线国家双边本币互换协议的规模，落实好现有本币结算协议并商签更多的本币结算协议，积极探索实现人民币资本项目可兑换的多种途径。②"一带一路"沿线国家覆盖44亿人口，GDP规模达21万亿美元，分别占世界的63%与29%。这些国家与中国的双边贸易额超过1万亿美元，占中国外贸总额的四分之一，其中食品、能源、农业原材料和金属等大宗商品占有重要地位。进一步的分析表明，沿线国家对华大宗商品贸易如果使用人民币计价结算，对双边贸易和经济增长都将产生积极的推动作用。如果"一带一路"沿线国家对华出口的大宗原材料和能源贸易结算中有50%使用人民币计价结算，那么全球贸易中人民币结算份额就会提升到7.05%，这无疑会大大提升人民币的国际地位。

---

① 陈雨露."一带一路"与人民币国际化.中国金融，2015（19）：40-42.

② 闫衍."一带一路"的金融合作.中国金融，2015（5）：32-33.

5.1.2　人民币离岸市场

离岸人民币是指在中国境外经营人民币的存放款业务。交易双方均为非居民的业务称为离岸金融业务。离岸市场提供离岸金融业务。目前经营人民币离岸业务的市场主要在中国香港、新加坡、伦敦、法兰克福、巴黎和卢森堡等地。其中，中国香港拥有全球最丰富的离岸人民币产品，是全球最大的人民币离岸业务中心。按照百度百科词条的说法，当前的跨境贸易人民币结算是在资本项下、人民币没有完全可兑换的情况下开展的，通过贸易流到境外的人民币不能够进入到国内的资本市场。在这种情况下，发展人民币贸易结算，就需要解决流出境外的人民币的流通和交易问题，使拥有人民币的企业可以融出人民币，需要人民币的企业可以融入人民币，持有人民币的企业可以获得相应收益。这就需要发展离岸人民币市场，使流到境外的人民币可以在境外的人民币离岸市场上进行交易，使持有人民币的境外企业可以在这个市场上融通资金、进行交易、获得收益。

目前，离岸人民币市场的范围进一步扩大。人民币离岸市场正在从亚洲和欧洲向非洲、中东或美洲扩展，登陆越来越多国际金融中心。欧洲已经形成了伦敦、法兰克福、巴黎、卢森堡、瑞士五个人民币离岸中心。北美、南美和非洲等地区的人民币离岸市场已经确立，已经形成了 7×24 小时的全球清算和交易网络。人民币资金在离岸地区之间可以流通，并且被第三方广泛使用，显示出人民币得到越来越多的认可和接受。随着人民币与其他货币直接交易范围的扩大，人民币衍生品也在扩大，离岸人民币衍生品进一步丰富。2014 年国家外汇管理局颁布了人民币衍生品的新规，推动相关产品规范发展。新加坡交易所和中国香港交易所联合开发了人民币衍生品，伦敦等地区大力发展人民币衍生品交易业务，上海清算所也在积极探索开发人民币衍生品交易业务。法兰克福的交易所成立之后，将更有利于研发和交易以人民币计价的交易和衍生产品。随着离岸人民币体系的初步完善，人民币将成为离岸市场活跃的交易货币。①

为此，需要鼓励更多的“一带一路”沿线国家政府和机构在人民币离岸市场发行人民币债券，优先允许重点拓展的沿线国家在中国境内发行人民币债券，即熊猫债券；根据沿线国家的特点探索国内债券市场的新品种，如伊斯兰债券、丝绸之路大型合作项目特种债券等，研究将沿线国家更多的重要机构纳入人民币合格境外投资者（QFII）试点范围；结合“一带一路”沿线国家资源特征，积极运用创投基金、产业基金、保险资金等推动资产证券化，充分利用直接融资渠道为“一带一路”建设服务。② 建设活跃的离岸人民币债券市场，促进离岸市场持续、快速、多层次发展，逐步树立并巩固人民币国际化地位。

---

① 陈四清．围绕“一带一路”促进人民币离岸市场．网易财经．[2015-06-27]．http://money.163.com/15/0627/09/AT3V991H002555TA.html.

② 蒋志刚．“一带一路”建设中的金融支持主导作用．国际经济合作，2014（9）：59-62.

从近期看，可以考虑在美国、英国等地加大境外人民币债券发行力度。一方面可以利用境内境外两个市场的较大利差，引导离岸人民币有序回流，降低国内机构、企业的资金成本；另一方面，发行不同期限的人民币债券，推动建立离岸人民币债券收益率曲线，为相关金融产品及衍生工具提供透明的定价基准。

从远期看，建议构建债券跨境发行平台，推动境外人民币债券市场形成规模，为离岸人民币提供更加丰富的投资工具，避免跨境人民币投机套汇、无序流动。此外，国内金融机构要争取人民币产品交易做市商地位，为市场提供更多金融交易产品和投资渠道；加大境外分支机构的人民币贷款力度，为提升离岸市场派生人民币的功能、发挥货币乘数效应、增强离岸市场流动性创造条件。人民币国际化是一个长期过程，但随着美元升值，其他国家愿意做人民币海外交易中心的意愿增强，客观上会加速人民币国际化进程。①

5.1.3　人民币跨境支付结算

人民币跨境支付结算系统（Cross-border Interbank Payment System，缩写为CIPS，由中国跨境银行间支付清算有限责任公司运营）是人民币跨境支付清算、结算的“高速公路”，是推动人民币国际化的重要金融基础设施，能助力人民币在“一带一路”沿线国家

---

①　刘勇．依托“一带一路”战略推进人民币国际化．新金融评论，2015（3）：42-48.

的跨境使用。其自 2015 年 10 月 8 日上线以来，业务量稳步攀升，参与者规模不断扩大，国际知名度显著提高，充分发挥了人民币跨境支付清算主渠道的作用。

截至 2017 年 9 月 25 日，CIPS 间接参与者数量已达 632 家，覆盖全球六大洲，86 个国家和地区，其中境外间接参与者数量占比 63%。实际业务辐射范围涵盖全球 135 个国家和地区，涉及金融机构 2 100 余家。“一带一路”沿线国家和地区中已有 40 个国家和地区（包括港澳台）的 237 个金融机构成为 CIPS 间接参与者，CIPS 实际业务覆盖“一带一路”沿线 53 个国家和地区的 900 多个法人金融机构。①

为了进一步提升 CIPS 对于推进“一带一路”金融环境建设的作用，还需要逐步完善 CIPS 各项功能，强化内部管理，提高 CIPS 清算效率和竞争力，加快全球人民币清算体系及制度建设。“一带一路”建设有助于增强中国与外国政府和监管机构的合作，为全球人民币清算体系建设奠定良好的外部环境。要通过“一带一路”建设加快推进人民币全球清算体系与境内清算体系的衔接与防火墙建设，吸引海外金融机构开立人民币清算账户。② CIPS 运营机构还将加强与国际其他清算组织和金融基础设施运营机构的沟通与合作，努力拓展国际市场。

---

① 杨硕. 人民币跨境支付结算系统间接参与者已覆盖六大洲. IFTNews. [2017-10-04]. http://www.iftnews.com/readnews/2081.html.

② 王文，刘英. “一带一路”完善国际治理体系. 东北亚论坛，2015 (6)：57-66.

5.1.4 自贸区与人民币跨境业务创新

“一带一路”金融合作和人民币国际化推进均需要国家逐步放松资本项目管制。目前，中国外汇管理的重点从“促进贸易便利化”转变为更加开放的“促进贸易投融资便利化”，放宽和支持对海外投资的汇兑和使用，对外国来华的直接投资活动的外汇管理给予更多的简政放权，建立自由贸易试验区，为加强对外贸易与资金合作建立改革试点。但是，中国在区域金融合作能够发挥多大作用，取决于中国的经济增长以及维护货币和金融稳定的能力。中国资本项目的自由化程度应当考虑到开放国内经济金融条件的匹配性，实施结构改革政策，增加国内金融市场的深度和流动性，提高金融体系的抗冲击能力；在确保经济稳定增长、不发生系统性风险的前提下，实现国内金融市场化改革，稳步地开放资本项目。①

中国“一带一路”倡议构想与自贸区战略有着紧密联系，加强彼此间的有机对接和战略联动，将为中国新一轮对外开放和推动区域经济一体化提供有力支撑。如今，“一带一路”倡议已构筑起立足周边、辐射“一带一路”、面向全球的自贸区网络。截至 2015 年 1 月 12 日，中国在建自贸区（包括境内自贸区和跨境多边自贸区）20 多个，涉及 32 个国家和地区，其中已签署自贸协定 12 个，涉及 20 个国家和地区。正在谈判的自贸协定 8 个，涉及 23 个国家和地区。

① 汤柳.“一带一路”金融合作需要提升的四个方面. 银行家，2016（3）：71-73.

目前看，无论中国与东盟、中国与新加坡、中国与巴基斯坦、中国与冰岛，还是2015年6月落地的中韩自贸区以及2020年11月刚刚达成的RCEP（Regional Comprehensive Economic Partnership，即“10+5”区域全面经济伙伴关系。它是由东盟国家首次提出，并以东盟为主导的区域经济一体化合作，是成员国间相互开放市场、实施区域经济一体化的组织形式。RCEP涵盖约35亿人口，GDP总和占全球总量的1/3，所涵盖区域也成为世界最大的自贸区）等，这些自由贸易协定的相关经济体都处于“一带一路”之上。因此，在已构筑起的立足周边、辐射“一带一路”、面向全球的自贸区网络中，致力于金融支持战略的一体化，也具有极其重要的战略意义。

为此，随着自贸区战略与“一带一路”倡议的逐步对接，可考虑推动上海自贸区人民币资本项目可兑换以及“1+4”自贸区金融制度创新（即自由贸易体系FT系列账户和在这个账户体系下面建立四大创新制度安排：探索投融资的汇兑便利、扩大人民币的跨境使用、稳步推进利率市场化、深化外汇管理的改革创新），并将这些先行先试的经验，迅速向第二批津闽粤三个自贸区复制，随后再向第三批成立的自贸区复制。更重要的是，同时，中国可以通过其牵头主导的地位和身份，鼓励和引导其他国家的自贸区甚至“一带一路”沿线多边自贸区也能实行中国国内自贸区的金融制度和政策。换言之，可以将上海自贸区金融创新制度与政策在跨境多边自贸区进行复制和推广，然后借助跨境多边自贸区的辐射和渗透作用，使中国自贸区金融支持战略得以最终在“一带一路”沿线国家的经济区实现。如此一来，可以确保“一带一路”金融支持战略的一体化，进而提高“一带一路”沿线国家金融支持效率。①

5.2　专项“中国基金”与人民币在沿线国家的流通

“中国基金”有助于利用国际机构的技术优势和管理经验，既能降低中方贷款风险，又能发挥“事先投资”的引水作用，为后续企业的投资和银行贷款提供便利。积极开展与世界银行等国际机构合作，在世界银行、亚洲开发银行等第三方开发机构中设立专项的“中国基金”，通过多边性安排提升人民币使用效力和各国对人民币的接受意愿。

从国际经验看，比如日元向境外输出，绝大部分是通过向世界银行、国际货币基金组织等机构提供日元资金方式实现的。这一途径不仅大大提升了接受方的使用意愿，也有效促进了日元在境外的沉淀。中国也可参考这种方式，大力与亚投行、世界银行、国际货币基金组织、亚洲开发银行、非洲开发银行、金砖国家新开发银行、上合组织银联体、中国-东盟投资合作基金等多边机构开展合作，采取成立人民币特别基金，积极参与其人民币银团贷

① 王敏，柴青山，王勇，等.“一带一路”战略实施与国际金融支持战略构想. 国际贸易，2015 (4)：35-44.

款，并为其对发展中国家的援助贷款和非约束性贷款提供人民币资金等多种途径，通过政策性、开发性贷款和商业贷款相结合的方式输出人民币。

这些国际机构的多边性保障将更有利于投资项目的顺利落地和发展，并减轻项目所在国的政治阻力及国际舆论压力。①

5.3 建立和完善“一带一路”区域金融安全网

当前，中国积极参加各种区域合作机制，通过这些合作机制，不断完善区域金融安全网络，进一步发展区域金融市场，让风险在世界范围内得到充分的分散。中国通过东亚及太平洋地区中央银行行长会议组织（EMEAP）合作机制，加强其货币与金融稳定委员会的功能，稳定宏观货币环境，加强宏观经济监测，完善区域危机管理框架。中国设立国务院金融稳定发展委员会，从全局上对中国经济金融进行监管，也对其他监管机构进行监管。另外，中国要加强亚洲债券基金的建设，引导亚洲债券市场的开发和发展。

中国鼓励“一带一路”沿线国家通过在中国发行熊猫债进行融资，也支持中国金融机构到国外进行债权融资。努力打造亚洲金融市场的互联互通，是构建和完善区域安全网的重要方式。在东盟及

① 刘勇. 依托“一带一路”战略推进人民币国际化. 新金融评论，2015（3）：42-48.

中日韩（10＋3）合作机制下，应继续完善和细化储备库的操作程序，探讨部分以本币出资的可能性，推动人民币国际化进程。在上合组织的框架下，中国与合作国家积极推动建立上合组织开发银行，以加快推进亚太地区区域投融资一体化的步伐。

此外，在东南亚中央银行组织（SEACEN），中亚、黑海及巴尔干地区央行行长组织（The Central Bank Governors' Club of Central Asia，Black Sea Region and Balkan Countries，亦称中亚、黑海及巴尔干半岛地区央行行长会议组织/会晤机制。这是根据土耳其央行的倡议于 1998 年创立的区域性央行行长会议机制；旨在推动成员在开放、坦诚和友好的氛围中加强金融事务合作并分享经验，支持维护成员国货币、银行和金融领域稳定等。会议每年举办两次。目前成员国 22 个。2011 年中国人民银行的加入标志着中国与该地区央行之间的交流上升到了一个新阶段，对促进地区经济金融领域的合作具有重要意义）、中日韩央行行长会议（The Tripartite Governors' Meeting among PBC，BOJ and BOK，其中 PBC 是中国人民银行，BOJ 是日本中央银行，BOK 是韩国中央银行）等机制下与各方加强政策协调和沟通，共同维护区域金融市场稳定。

5.4　国内金融机构与“一带一路”沿线国家的双边金融合作

目前，中国与沿线国家在金融机构互设方面尚有很大空间。为改善这种状况，建议采取如下三方面的措施：

第一，鼓励中资金融机构“走出去”，同时欢迎外资金融机构来华设立机构。双方国家对对方国的投资企业均给予适当的优惠政策。金融机构互设在扩大双方业务的同时，能够引导资源更有效的配置，实现合作双方的互利共赢。

第二，鼓励中资银行和外资银行支持“一带一路”建设方面的金融合作，并以创新的产品和业务推动“一带一路”金融发展。鼓励中资银行机构结合“走出去”和外贸产业发展的特点开展机制创新和产品创新，开展跨地区股权合作、银团贷款、融资代理业务等金融合作。

第三，充分发挥国家开发银行、进出口银行等政策性银行在“一带一路”建设中的重要作用，为其他金融企业起到示范作用，用国家力量为中国企业在“一带一路”的投资保驾护航。

5.5 “一带一路”沿线国家金融业的跨境征信合作

近年来，中国与“一带一路”国家的经济金融合作日益密切，信用环境、信息交换等问题日益突出。中国与沿线国家的征信合作应打破信息封锁局面，加强信用信息合作的法规制度建设，优化区域信用环境，扩大征信数据来源和规模。为了最大限度地降低信用风险的发生概率，中国应当与沿线国家进行专业化的征信合作。在征信合作方面，主要有如下四点建议：

（1）加强征信管理部门之间的交流和合作。中国需要加强与“一带一路”国家和地区征信管理部门在培育征信市场发展、征信机构监管、建立信用评级体系和标准、防范信用风险、保护信息主体合法权益等方面的沟通，及时交流各国的征信立法情况，增进相互之间的理解和认识。

（2）加强征信机构、评级机构之间的交流与合作。鼓励国内规模较大的征信机构、评级机构在产品设计和开发、信用服务方式、信息安全保障、拓展信用服务领域等方面与“一带一路”沿线国家和地区同类机构之间的沟通与交流。

（3）加强对信息跨境流动的研究。与“一带一路”国家和地区就信用信息共享范围、共享方式、共享内容，以及在共享中如何保护好信息主体的权益等问题进行积极探索，为以后在信用服务领域的交流与合作做好基础工作。

（4）加强信用信息共享的法规制度建设。参照国外相关法律法规，制定适合中国与沿线国家征信数据流动的规定，寻求信用信息共享与保护国家秘密、商业秘密、个人隐私等之间的平衡，切实维护信息主体的合法权益。明确信息使用方的权利和义务及使用的范围和目的，按规定用途使用，不得违法滥用信息。按照国际惯例和发展需要，加快研究制定征信信息的统一技术标准，包括征信平台建设技术标准和征信信用服务标准，最终形成一套适合中国与“一带一路”沿线国家征信信用信息开放与共享的标准体系。①

小 结

从金融角度看，在推进“一带一路”商业合作的诸多措施中，人民币的跨境流通和结算意义重大。为防范相应的风险，需要推进国内金融机构与“一带一路”沿线国家金融机构的双边合作，特别是征信合作方面，共同构建“一带一路”区域金融安全网。

① 牛风君，林娟，李明. “丝绸之路经济带”背景下中国新疆与中亚国家征信合作探讨. 征信，2015 (12)：36-38.

第 2 篇

“一带一路”沿线国家以色列的商业合作与风险管理

第 6 章/*Chapter Six*

中国与以色列的经贸关系

在“一带一路”沿线国家中，为什么需要特别关注以色列这样一个弹丸小国？原因主要有两个：一是中国和以色列在双边贸易方面具有极强的互补性，无论是中国还是以色列都有令对方极其感兴趣的商品需要交换；二是中国和以色列在发展双边政治和经济贸易关系方面没有历史遗留问题的羁绊。当然，这并不意味着中国和以色列政经关系的发展就能够一帆风顺。

6.1 中以关系的历史演进

以色列国和中华人民共和国先后成立于 20 世纪 40 年代末，是世界上两个伟大的民族——犹太民族和中华民族历史中的里程碑事件。作为没有直接利益冲突的两个国家，中国和以色列地处亚洲的东西两端，建立外交关系本应是顺理成章的事情，会进一步促进两个民族的友谊。然而由于种种复杂原因，中国和以色列的关系经历了 40 余年的一波三折，直到 1992 年才实现两国关系正常化。这其中的历程大致可以分为三个阶段。

第一阶段：友好接触时期。以色列国于 1948 年 5 月 14 日成立。成立伊始，中国共产党就对犹太人民终于成立了属于自己的国家表示欢迎。1949 年 10 月 1 日中华人民共和国成立后，以色列政府作为第一个承认新中国的中东国家，也向中国政府和人民表示了友好和欢迎。此后数月内，中以关系向着正常外交关系的方向稳步发展。一方面，由于以色列政府与旧的国民党政权没有建立过官方关系，因此中以之间不存在与其他一些国家之间存在的建交直接障碍。为了加速两国的建交进程，以色列积极支持恢复中国在联合国的合法席位。另一方面，中国政府也积极帮助滞留在中国的犹太人民返回以色列定居。1950 年 6 月，中以代表在莫斯科首次进行会晤，开始讨论建交的具体事宜。就在两国的建交前景一片大好之时，朝鲜战争爆发了，中国和美国的关系有可能在朝鲜问题上进一步升级。迫于美国方面的压力，以色列对中国的外交态度不得不发生变化。就在莫斯科会谈后不久，以色列外长表示：“政府原则上决定与中华人民共和国建立外交关系，但在远东局势明朗之前，暂不与中国就建交问题采取任何具体行动。”① 1951 年 2 月，在美国的主导下，当时

① 陈来元. 中以建交的风雨历程. 湘潮，2018 (7)：47-50.

受美国操控的联合国通过了指责中国为“侵略者”的所谓决议。此后，以色列便失去了与中国接触和谈判的机会。

朝鲜战争结束以后，中国与西方国家关系开始缓和，但是以色列部分政界人士认为与中国的频繁接触会影响美以关系的正常发展。在内外部压力下，在联大会议上，以色列对于美国提出的不把中国代表权问题列入会议议程的决议案投了支持票，这给中以关系再次泼了冷水。与此同时，中国与阿拉伯国家的外交关系经过万隆会议而快速发展，中国在万隆会议上对于阿拉伯人的公开支持使以色列陷入了孤立无援的境地。① 以色列匆忙表示希望与中国尽快建立外交关系，但此时中国政府鉴于与阿拉伯国家的良好关系，决定调整中东战略，暂缓与以色列的外交进展。

1956 年 10 月，以色列与英、法勾结，发动了侵略埃及的苏伊士运河战争。中国当时已经与埃及建立了外交关系，对以色列表示强烈谴责，中以关系自此进入了长达 20 年的冻结时期。

第二阶段：冻结时期。在这 20 年间，一方面，西方国家与中国的关系逐渐走向正常，以色列也开始不完全追随美国，奉行较为独立的外交政策；另一方面，阿拉伯国家与以色列的矛盾因几次战争而进一步升级，中国与阿拉伯国家的关系则稳步发展。

由此可以看出，这一时期中国受到的外界压力要大于以色列，面对以色列的主动出击，中国政府因中东问题的制约而不予理睬。

① 肖宪. “一带一路”视角下的中国与以色列关系. 西亚非洲，2016 (2)：91-108.

尽管如此，以色列始终坚持承认一个中国的立场，不与中国台湾地区发生官方关系，并且支持恢复中国在联合国的合法席位。

这一时期的两国关系虽然处于冻结时期，但中华民族与犹太人民的友谊还在持续，民间的经济交往和文化交流也没有停止。因此就双边关系而言，并没有出现严重的问题。

第三阶段：关系“解冻”，走向建交时期。1976 年“文化大革命”结束，中国开始敞开国门，同越来越多的国家建立外交关系，包括美国和西方大国，但是中东问题仍然形势严峻，为了顾及与阿拉伯国家的友好关系，中国对以色列的政策调整也只能逐步改变。1977 年 11 月埃及总统萨达特访问以色列，双方共同探讨埃以冲突如何和平解决，中国对此表示热烈支持。1982 年中国领导人在访问埃及时再次表示支持埃以和解。1988 年中国外长提出中东问题的和平解决方案。中国对于中东问题发生的一系列事件都表明了自身的立场，为中以关系改善创造了条件。

1986—1989 年，中以领导人频繁会晤，双方均就促进两国关系进行不懈努力。1991 年 10 月，中东和会的召开标志着解决中东问题进入了新的历史阶段，为中以建交提供了良好机遇。纵观国际形势，中东欧和原苏联地区各国也纷纷与以色列建交，使得中国与以色列的建交成为必然的历史趋势，也使阿拉伯国家认识到以色列与世界各国的关系发展不可避免。

在这种水到渠成的趋势下，1991 年 12 月中国外交部副部长杨福昌访问特拉维夫，1992 年 1 月以色列副总理兼外交部长戴维·利维访问北京，完成了两国最后的建交程序。1992 年 1 月 24 日，中以两国正式建立外交关系，开启了两个民族的崭新篇章。

建交以来，中以关系得到了全面、稳定的发展，两国领导人互访频繁（见表 6－1）。面对中国的综合国力不断增强，以色列政界希望同中国建立更加紧密的战略合作关系。以色列总理内塔尼亚胡曾表示："中国是世界大国，以色列应当与中国加深利益关系成为合作伙伴。"2000 年 4 月，中国国家主席江泽民访问以色列，成为历史上第一位访问犹太国家的中国国家元首，李肇星、刘云山、杨洁篪、张高丽、刘延东、张德江、王岐山等中国高层领导人也先后访问以色列，表明了中国政府对发展中以关系的重视，也表明双边关系进展顺利。

表 6－1　中以领导人近年来互访情况

中方	年份	以方	年份
国家主席江泽民	2000 年	副总理兼外交部长佩雷斯	2002 年
外交部长李肇星	2005 年	总统卡察夫	2003 年
中共中央政治局委员、书记处书记、中宣部部长刘云山	2008 年	副总理兼外交部长沙洛姆	2004 年
外交部长杨洁篪	2009 年	以色列第一副总理兼外交部长齐皮·利夫尼	2007 年
中共中央政治局委员张高丽	2010 年	以色列总理奥尔默特	2007 年
国务院副总理刘延东	2016 年	以色列副总理兼国防部长巴拉克	2011 年
全国人大常委会委员长张德江	2016 年	以色列总统佩雷斯	2014 年
国家副主席王岐山	2018 年	以色列总理内塔尼亚胡	2017 年

资料来源：中国外交部网站.

6.2 近年来的中以经贸合作

两国建交之后，于 1992 年 10 月签署了政府间贸易协定，双方给予对方最惠国待遇。此后，双方还陆续签署了经贸、投资研发、海关、海运等多方面的合作协议。早期两国在农业上的合作尤为突出：1993 年两国农业部签署谅解备忘录，1997 年成立“中以农业联合委员会”，2008 年“中以农业合作周”在陕西杨凌举行。[①] 近年来两国的经贸发展呈现以下三个特点：

第一，中以两国经济互补性强，合作日益密切，贸易额增长迅速。长期以来，中国和以色列依靠自身优势发展进出口贸易，中国主要出口具有价格竞争力的原材料、消费品、轻工业制品等，而以色列主要出口高科技产品，包括电子、农业、军工等。中以贸易额从 1996 年的 4 亿美元，快速增长到 2017 年的 131 亿美元。

随着中以贸易水平不断提升，结构不断优化，主要贸易产品由传统的工业品向高科技、新能源、生物技术等方向转变，产品结构更加多样化。2017 年中以举行了第二、第三轮自贸区谈判，双边务实合作涵盖各个领域。2017 年 9 月，中国财政部长肖捷与以色列财政部长摩西·卡隆共同签署了中以清洁技术财政合作议定书，总额 3

① 祁欣，林梦，范鹏辉，等. 中以经贸：聚焦高科技产能合作. 国际经济合作，2018 (2)：77-83.

亿美元，旨在促进中以农业技术、智能绿色能源技术、环保科技等领域的相互合作。在基础设施建设领域，中国港湾建设集团正在承建以色列阿什杜德新港项目，中铁隧道集团和中国土木工程集团有限公司承建了特拉维夫红线轻轨项目，中国水电建设集团国际工程有限公司承建了以色列北部抽水蓄能电站项目。

第二，中国资本开始涌向以色列。随着国家创新战略的实施，中国的海外投资由早期的自然资源领域转向高科技领域，这正是以色列的优势。以色列虽国土面积较小，却是科技创新强国，拥有成熟的资本市场和高素质的劳动力人才，这也成为吸引中国公司投资的优势。百度、阿里巴巴、联想、平安等科技公司纷纷看准了以色列的先进技术，踊跃投资。2013年4月，中国上海复星医药集团股份有限公司宣布，斥资2.4亿美元收购以色列飞顿医疗激光有限公司95.6%的股权，该交易得到了以色列政府的支持，以色列媒体称这是该公司公开募股以来的第一桩国际并购。2013年5月以色列总理内塔尼亚胡访华时表示，以色列愿意动员商界、科技界人士将“方向盘”转向中国，把以色列建设成为中国的“研发实验室”。①

第三，中以旅游合作空间广阔。旅游合作既能促进经济发展，又能加快文化交流。中以建交后，1993年以色列航空公司开通了首条特拉维夫到北京的国际航线；1994年两国签署了《旅游合作协

① 潘光．中国-以色列关系的历史演进和现状分析．社会科学，2009（12）：156-163+186．

定》，以色列掀起了来华旅游的热潮。2005 年 6 月，中国宣布将以色列列为中国公民出境旅游的目的地国。2013 年 6 月，个人旅游签证获得以色列入境旅游资格，越来越多的中国人也开始前往以色列游玩。2017 年共有 18 条新开通的直飞以色列航线，均获得了以色列财政部的支持，其中包括 9 月 12 日开通的海南航空上海-特拉维夫直飞航线。由图 6－1 可见，到 2017 年，中国已经连续 3 年成为全球增长最快的以色列入境游客源市场。赴以色列旅游的中国游客数量从 2000 年的 0.98 万人次增长到 2016 年的 7.93 万人次。

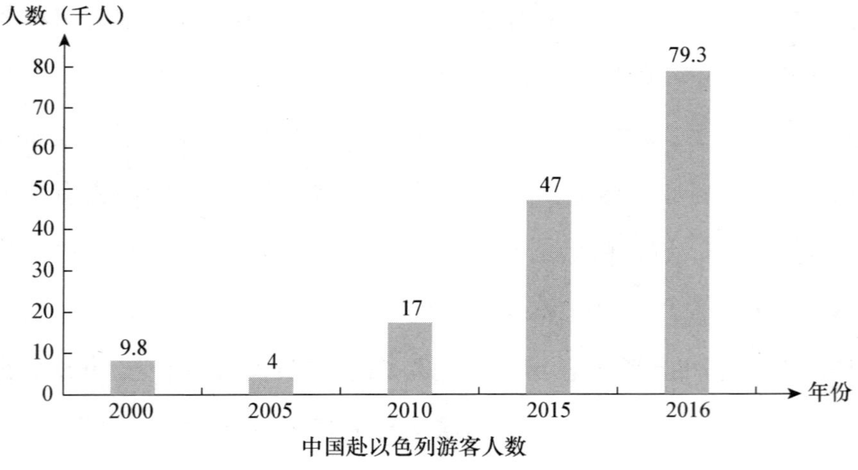

图 6－1　中国前往以色列游客数量[①]

资料来源：以色列中央统计局.

① ZHAN Yongxin. China-Israel relations: toward a brighter future. The Jerusalem Post, 2017-01-23.

6.3　中以关系发展的动力和阻碍

6.3.1　中以关系发展的动力

中国和以色列双边关系进一步发展存在以下三个方面的基础和动力：

第一，中华民族与犹太民族的传统友谊。中犹两个古老民族拥有许多共同点，比如勤劳勇敢、重视教育、重视家庭、善于经商等。儒家文化秉承海纳百川的胸怀，欢迎各种文明的交流碰撞，在中华大地上不存在其他地区的那种反犹思想，两个民族的交流自古至今从未中断。在犹太人惨遭纳粹的迫害时，中国上海成为世界上唯一一个救助犹太难民的大都市。犹太人与中国人在世界反法西斯战争中都遭遇民族大屠杀，共同的背景使双方拥有了深厚的感情基础。中华人民共和国成立后，许多犹太裔的政界人士不断为中以关系的发展贡献自己的力量，比如美国前国务卿亨利·基辛格就曾在中以关系冻结时期为两国牵线搭桥。中以之间的历史、文化和情感基础成为推动两国发展的巨大动力。

第二，中以之间不存在政治上的直接矛盾和冲突。以色列自始至终坚持一个中国政策，在新中国成立之前与国民党政府并无任何瓜葛；在新中国成立后，与中国台湾地区当局也从未有过官方往来，这为两国的政治互信打下了坚实的基础。以色列是中东地区强国，中国是世界性大国，两国在战略全局方面也不存在正面竞争问题，有利于开展深度合作。中东剧变之后，由于伊斯兰教激进势力和伊朗什叶派势力的走强，该地区发生了历史性变化，阿拉伯国家不再将以色列视为头号敌人，阿以关系的发展因此阻力减小。2017 年以巴领导人相继访华，均是希望中国能在中东问题上发挥更大的作用，促进巴以问题的和平解决。

第三，中以在经济交往中的互惠互利。中国经济近年来的飞速发展为两国的经贸合作带来了诸多契机。中国经济目前正处于转型的关键阶段，为实现经济中高速增长的目标，必须加快转变生产方式，将创新作为核心发展力。在《全球竞争力报告 2017—2018》中，以色列的创新指数在全球 137 个经济体中位列第三，获得了“创新国度”的美称，这对于中国的创新发展战略具有极强的参考价值。与此同时，以色列因地域限制，国家资源匮乏、市场狭小，中国的广阔资源和市场同样为以色列提供了很好的发展前景。两国在国家战略上的互补性有利于增强互惠互利，深入合作。

6.3.2 中以关系发展的障碍

中国和以色列之间发展进一步的双边关系目前尚存在三个方面的障碍：

第一，美以特殊关系对中以发展的限制。以色列作为中东地区唯一的非伊斯兰国家，始终将国家安全问题放在首要位置，在对外关系上表现为对美以关系的依赖。奥巴马政府时代，美以关系曾跌入低谷，但特朗普上台后，重申美以特殊关系，加之特朗普团队内有多名犹太籍高级官员，使亲以政策占据主流。中东局势近年来持续动荡，反美、反以声音不断，使得以色列始终在美以关系上十分谨慎，认为与美国的军事联盟关系十分重要。此外，在美国社会中存在着世界上规模第二大的犹太人群体，其也成为维持美以关系的强劲力量。中国、美国、以色列的关系因此处于一个不平衡三角中，当中美发生冲突时，美以的联合很可能对中以关系造成不利影响。

第二，中国的“中东平衡”政策对中以发展的限制。回顾历史，中以建交的主要阻碍除了美国的阻挠，就是中国长期因与阿拉伯国家发展关系而回避与以色列往来。中国在中东问题上始终坚持“两国方案”，承认巴勒斯坦的主权国家地位，支持建立独立的巴勒斯坦国，同时反对以色列在巴勒斯坦领土上建立定居点的行动。对于以色列坚决反对的伊核协议，中国作为六大签署国之一，始终持认同和支持立场。这些立场与以色列的政治利益诉求相悖。

第三，中以文化差异对双边发展带来困扰。以色列虽地处西亚，建国初期的领导人却大多具有西方教育背景，在社会价值体系中更加倾向于西方文化。美以关系也因文化的同质性而十分牢固。相比而言，中华文化就与犹太文化存在诸多差异。随着两国的政治经济交往不断加深，中以将会面临更多的文化冲突。

小 结

回顾过去，作为没有直接利益冲突的两个国家，中国和以色列地处亚洲的东西两端，建立外交关系本应是顺理成章的事情，也会进一步促进两个民族的友谊。然而由于种种复杂原因，中国和以色列的关系经历了40余年的一波三折，直到1992年才实现正常化的两国关系。建交以来，中以关系得到了全面、稳定的发展，两国领导人互访频繁，经贸合作也不断加深。中以两国经济互补性强，合作日益密切，贸易额增长迅速，同时，中国资本开始涌向以色列。中以关系的向前发展既有中华民族与犹太民族的传统友谊、中以之间不存在政治上的直接矛盾和冲突、中以在经济交往中的互惠互利作为发展动力的优势，也有美以特殊关系对中以发展的限制、中国的“中东平衡”政策对中以发展的限制以及中以文化差异对双边发展带来的困扰。唯有趋利避害，才能使两国的合作发展更加顺畅。

第 7 章/*Chapter Seven*

以色列政府的投资监管

以色列政府出于发展经济的需要，十分欢迎来自国外的商业合作和投资活动，并为此制定了许多鼓励投资的政策措施，但这并不等于以色列欢迎所有的外来投资。以色列已经跻身于西方发达国家之列，拥有十分完善的投资制度环境和法律法规体系，政府机构对于外来投资的监管十分有力。为了在以色列从事商业合作和投资活动，就必须了解以色列政府中与投资相关的机构运作和制度环境。

7.1 以色列的投资管理机构

7.1.1 以色列经济部

以色列经济部成立于 1949 年，包括与工业、商业和就业有关的部门和单位。由于各种政治和职能原因，该部多次改名，以反映多年来责任和工作重心的变化。在其存在的前三十年中，该部被命名为商业和工业部；1978 年改名为工业、贸易和旅游部。三年后，以色列成立了一个独立的旅游部，该部被重新命名为工业和贸易部，这个名称表明了对工业和贸易的重视。2013 年，纳夫塔利·班尼特被任命为部长，部门更名为现在的名称，即经济部。

经济部是以色列政府内一个主要的实体，旨在鼓励以色列经济增长、发展人力资本以及促进国际贸易和商业的繁荣。该部门的工作重点是加强和实现以色列人力资本的潜力，加强对立法的遵守，并促进就业、消费、国际商业、贸易、安全、教育、研究、发展和创新等相关领域的发展。

该部的职责还包括创建工作机会，特别是对国家优先领域和特殊人群，如极端正统派（ultra orthodox）①、少数民族、单亲人士和残疾人。此外，该部门努力增加出口，以促进经济增长，扩大对工业研究和工业发展的投资；注重开发技术，为行业、企业和投资者提供资金和支持；提高消费者意识；执行公平贸易规则；发展人力资本、教育制度和技术培训等。

---

① 19 世纪兴起的犹太教教派，成员是最严格地遵守传统信仰和律法礼仪的犹太教徒。教徒坚持每日礼拜，遵奉饮食戒律，奉行传统礼仪和祈祷文，经常研读律法书。会堂实行男女分坐，严守安息日与宗教节日，在公众礼拜中不使用器乐等。该派教徒反对现代科学文化和任何现代事物，不承认以色列国，不愿服兵役，不与其他教派合作；无论冬夏都穿黑衣黑裤，戴宽檐黑帽，男众留着大胡子，女众面颊两侧有两根小辫垂下。希伯来文中称他们为哈拉迪姆（haredim）。

经济部的附属单位包括以色列实验室认可机构，消费者保护和公平贸易管理局，国家物理实验室，以色列钻石研究所，以色列出口研究所，以色列职业安全和卫生研究所，以及以色列就业服务中心。经济部重点关注和解决的问题包括以下方面：

（1）根据稳定的经济和商业需求创造就业机会，优先考虑周边地区和失业率高的地区。

（2）帮助发展和保障以色列高盈利和有竞争力的行业，引领以色列经济的快速增长。

（3）发展国际金融活动，同时专注于开发增加出口的工具。这将保证在以色列的大量外国投资提高对以色列市场的兴趣，并增加市场对投资者的吸引力。

（4）扩大与该地区各国的经济合作和贸易关系，最大限度地发挥每个国家的相对优势。

（5）开发多样化的教育和技术培训，提高以色列的人力资本水平，以便根据经济和产业的需求改善基础设施。

7.1.2　以色列银行系统

以色列银行（Bank of Israel）是以色列的中央银行，作为独立于政府的金融机构行使制定和实施货币政策、管理外汇储备、监督以色列各类银行系统、发行货币等职能。以色列银行行长同时担任政府经济发展顾问职务。另外，外汇政策由以色列银行与政府共同制定。自2013年10月至2018年12月，卡尔尼特·弗拉格担任以色列银行行长。

截至 2012 年年底，以色列境内的注册金融机构共有 26 家，其中有 16 家商业银行、2 家抵押银行、1 家金融协会、2 家联合服务公司和 5 家外国银行。外国银行包括 2006 年 11 月开设的法国巴黎银行以色列分行，2007 年 3 月开设的印度国家银行以色列分行，另外三家外资银行分别是花旗银行、恒生银行和巴克莱银行。

以色列最大的 5 家银行集团分别是工人银行集团（Bank Hapoalim）、国民银行集团（Bank Leumi Le-Israel）、以色列贴现银行集团（Israel Discount Bank）、联合东方银行集团（Mizrahi Tefahot Bank）以及以色列第一国际银行集团（The First International Bank of Israel），这几家银行占以色列银行市场 95%的份额。①

7.2 以色列政府对外国企业投资的政策

以色列商业的发展与本国的外资政策密切相关。以色列的投资主管部门是经济部。以色列投资促进中心是经济部下属综合性机构，根据《资本投资鼓励法（1959）》，负责促进以色列的外国投资，消除投资障碍。

该投资中心实行一站式服务，主要通过外商投资促进会、投资

① 中国驻以色列大使馆经济商务处．以色列银行系统简介．中国驻以色列大使馆经济商务处网站．[2016-12-04]．

者指导和投资后续支持为外国企业提供帮助。投资中心在以色列和国外举行会议，工作人员与以色列和外国的高级商业人士、政府官员会面；组织和指导以色列驻外代表团与工业界、学术界和政府的关键人物举行会议；代表以色列经济部的商业专员与发达国家和发展中国家直接接洽和协调。投资中心多个部门的管理人员均是特定领域的专家，他们的专业领域包括汽车、生命科学、可再生能源、水处理技术、航空航天和金属材料等。潜在投资者从表达最初兴趣到投资，并参与各个领域的生态系统，均可获得相关管理人员的指导；中心在政府中的地位使外国投资者能够从相关决策者那里获得友好和便利的关怀。投资中心还为外国投资者提供支持服务，为他们可能面临的各种问题和挑战提供援助；协助外国投资者扩大业务，并通过现有的当地活动对公司和投资者进行再投资；与有关实体充分合作，在政府政策层面为外国投资创造友好环境。

以色列通过立法鼓励经济增长，为有意在以色列投资的企业提供最大限度的优惠条件。鼓励措施和优惠政策主要包括拨款计划、减税免税以及其他税收优惠政策。

7.2.1　资本投资鼓励法

以色列政府依据《资本投资鼓励法》为境外投资者提供资本投资激励措施和一些税费减免政策。该法于 1959 年出台，后多次修正，在 2005 年和 2010 年分别修订了第 60 条和第 68 条。2016 年该法再次进行修订，确定了有关科技公司的税收优惠政策。本法的主要目的是鼓励外国资本进行经济活动和投资。为了实现这一目的，主要制定了两个计划：拨款计划和税收优惠计划。

1. 拨款计划

申请拨款计划的公司需要符合一定标准：公司必须是在以色列注册的工业企业；除生物技术和纳米技术公司外，公司的设施必须具有出口能力（其销售额的25%来自出口）；公司的设施必须位于指定的国家重点地区；公司不能是服务业、农业（包括冷藏设备行业）、矿业或天然气行业的企业；公司不能同时申请就业资助；已获就业资助的公司不能申请拨款。

主要优惠措施包括：政府拨款额最多不超过企业在固定资产、生产设备或设施方面的投资的24%；在以色列南部内盖夫地区的投资可额外获得最多10%的拨款。

补助金由经济部投资中心管理部门批准。投资中心管理部门对申请进行彻底审查，并在审查程序结束时授予“批准企业”身份，其中包括提交详细的业务计划，但需要考虑各种因素，并根据定期修改的许多参数进行评审和评分。

2. 税收优惠计划

如果公司被授予“重点企业”或“特别重点企业”身份，则公司有资格享受税收优惠。

重点企业如果出口额达到年销售额的25%则具有申请资格。特别重点企业还需要满足以下条件：

(1) 公司在以色列的年度总收入达到或超过15亿新谢克尔（据

2020年11月汇率，约4.40亿美元）。

（2）合并资产负债表达到或超过200亿新谢克尔（据2020年11月汇率，约58.58亿美元）。

（3）商业计划书至少包括以下一项：

1）三年内，在以色列中部投资至少8亿新谢克尔（根据2020年11月汇率，约2.34亿美元）的生产设备或在国家优先区域投资4亿新谢克尔（根据2020年11月汇率，约1.17亿美元）。

2）在以色列中部投资至少1.5亿新谢克尔（根据2020年11月汇率，约4 400万美元）或在国家优先区域投资1亿新谢克尔（根据2020年11月汇率，约2 929万美元）。

3）在以色列中部雇用至少500名员工或在国家优先区域雇用250名员工。

7.2.2　研发激励措施

经济部创新局为境外投资公司提供了多种研发激励措施，并根据不同公司的情况有针对性地推出支持项目。如图7-1所示，对于初创公司，以色列推出外国企业家创新签证、技术孵化器、技术创新实验室等多项计划进行研发支持。对于成长型公司，主要支持包括研发基金、交通运输的替代燃料和大型公司通用类研发安排计划。对于技术基础设施项目及国际公司的项目，激励包括MAGNET计划、Nofar项目和先进技术用户协会计划。对社会变革项目，有专项计划鼓励大型公司在以色列边缘地区建立研发中心。同时创新局还在几个高潜力的行业中推出了额外支持计划，如可再生能源、生命科学、航天技术和农业。

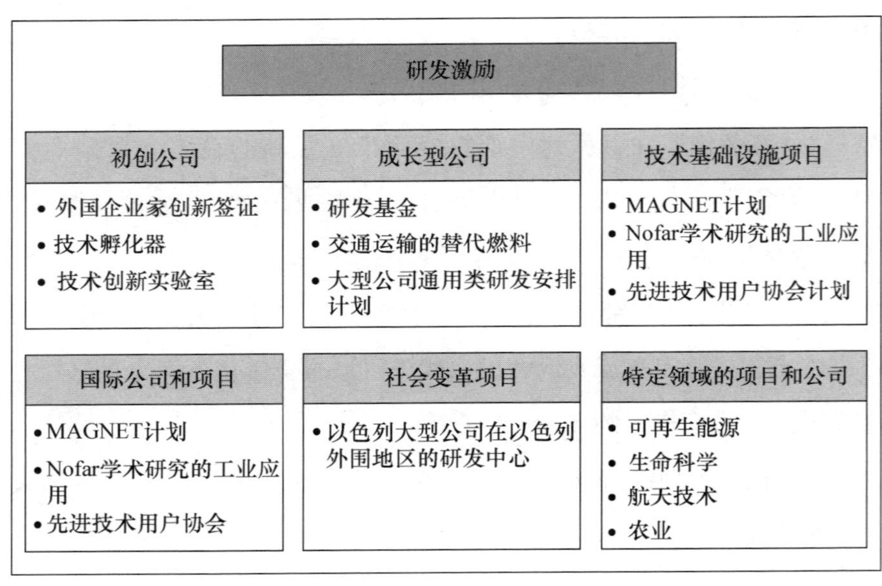

图 7-1 以色列研发激励措施

资料来源：以色列投资局官方网站。

具体而言，对于初创公司，以色列提供多项计划进行研发支持。企业家创新签证计划目的是让外国企业家能够像以色列本土公司一样开发自己的创新技术项目，并获得工作许可签证；技术孵化器计划目标是将早期高风险阶段的创新技术理念转变为能够筹集资金并自行运营的可行创业公司。在2—3年的时间内，该计划为获得批准的公司提供全额财务支持（500 000～750 000美元），受支持公司仅在产生销售时才向政府偿还。孵化器由被许可人经营，由相关的

OCS 委员会选定和批准。被许可人只投资项目预算的 15%，并获得孵化器中公司 50%的股份；技术创新实验室则是为了鼓励工业企业，特别是那些从事先进制造业的企业，与技术公司进行合作，共同促进经济增长，为未来战略发展奠定基础。

其中，OCS 是以色列首席科学家委员会（Office of the Chief Scientist）的缩写。根据中以商务网的介绍，其工作内容主要有五个方面：一是研发基金（R&D Fund），目标是培育创业项目和帮助以色列创业公司将理论知识转化为可行产品。二是磁石计划（Magnet Tracks），旨在鼓励学术研究机构同工业界展开合作，促进高科技成果转化，重点领域是生物技术、光电技术、微电子、可替代能源、新材料、信息技术和食品加工等方面。三是趋势项目（Tnufa Program），用于扶持萌芽期的个人创业种子基金，对有潜力的创业项目发放一定资金，并协助个人发明者或新生的创业公司进行项目技术和商业潜力的评估、专利申请、商业计划起草甚至初期业务发展等。四是孵化器计划（The Incubator Program），为创业公司提供舒适方便的孵化环境以便完成调研、开发和市场化，将技术想法真正转化为现实的商业产品。OCS 已经认证了 24 家孵化器企业，其中 22 家专注于孵化高科技领域的初创公司。每个孵化项目为期两年，并能收到 OCS 的拨款补助，不占创业公司股权。如果公司孵化成功并实现盈利，将按照 3%～5%的低利率分期返还该补贴。五是国际交流合作（MATIMOP），专门帮助以色列企业走向国际，开展国际研发合作，为企业寻找国外合作伙伴，为外国公司寻找以色列合作伙伴等。目前已经在江苏、上海、广东、山东、浙江等地与当地政府开展了产品研发落地资助项目。符合条件的申报企业能够享受来自当地政府和以色列政府的研发资金补助。

如前所述，对于成长型公司，主要支持则包括研发基金、交通运输的替代燃料和大型公司通用类研发安排。其中研发基金是为了激励企业加快研发创新，补助金用来鼓励开发具有竞争力的产品；交通运输的替代燃料激励计划则是为了推动以色列石油代用品领域的发展，为技术公司提供援助；大型公司通用类研发安排计划旨在帮助投资基础设施知识研发的大型公司，在长期研发中实施投资战略。

对于技术基础设施项目/国际公司和项目，MAGNET 计划支持组建由工业公司和学术机构组成的联合体，以共同开发通用的产业技术。工业公司获得高达其批准预算 66%的资助，学术机构获得高达 100%的资助。MAGNET 联盟的持续时间为 3～5 年。Nofar 学术研究的工业应用计划旨在弥合学术界的专业知识与行业需求之间的差距，通过鼓励工业公司应用学术研究活动的成果来实现这一目标。它适用于希望进行处于应用研究早期阶段的学术研究团体，参与公司可以选择其影响可能有用的学术研究。先进技术用户协会计划旨在鼓励分配、落实及示范技术或共享资源，从而促进公司实践领域的研发工作。

对社会变革项目，创新局设有专项计划，以鼓励大型公司在以色列边缘地区建立研发中心。同时创新局还在几个高潜力的行业中开展了额外支持计划：如可再生能源、生命科学、航天技术和农业。

以色列积极鼓励国际研发合作，与不同国家和地区建立了广泛的研发合作网络。以色列在美国、加拿大、韩国和新加坡拥有 4 个双边基金。这个框架中的国家会向旨在支持合作项目的双边基金会提供资金。此外，以色列还在全世界范围内签署了 40 多项双边工业研发支持计划。这些计划鼓励以色列公司和外国公司开展合作，帮助它们寻找合适的合作伙伴，并为它们提供高达 50%的核准项目预算的财政支持。

对于跨国公司来说，主要的支持计划包括全球企业研发协作框架和跨国公司传统产业项目中心。其中全球企业研发协作框架旨在鼓励跨国公司与以色列的创业公司建立伙伴关系，以最大限度地发挥合作伙伴优势之间的协同作用。跨国公司可以现金和/或实物投资，即它可以为创业公司提供技术指导、设备贷款、实验室使用、折扣软件许可和监管建议等，或除此之外的现金资本。符合条件的跨国公司必须年收入超过 20 亿美元，在研发方面投入大量资金，并在全球范围内开展业务。迄今为止，已有 40 多家公司加入该计划。

跨国公司传统产业项目中心的目标公司是在研发项目上进行合作的以色列公司和跨国公司。跨国公司的年销售额必须超过 25 亿美元，必须来自传统或中等技术领域。以色列合作伙伴必须是与跨国公司无关的以色列公司或学术机构。对符合标准的公司的财务支持在不同项目之间会有所不同。

7.2.3 就业援助计划

经济部开展了若干援助方案，援助的形式是在特定时期内补贴新员工的工资。该计划的主要目的是促进劳动力参与率低的人口的融合，即促进极端正统派、少数民族、残疾人和单亲父母的融合。

任何希望在以色列境内任何地方开展业务或扩展现有业务并打算从特殊人群中雇用员工的企业都可以申请该计划，申请人必须从特殊人群中吸收最少数量的新员工（2～5 名员工，具体取决于具体计划），并且还要向员工补偿该计划规定的最低级别的工资。企业需要向员工补贴至少 30 个月的补助金。其中两个具有代表性的计划是全国重点地区高薪附加劳工的聘请救助计划和知识型产业中的少数群体计划。

全国重点地区高薪附加劳工的聘请救助计划的目的是为位于国家重点地区的制造和 IT 企业的高技能员工提供便利。符合条件的公司必须是年营业额为 1 亿新谢克尔或以上的以色列公司。公司必须至少雇用最低标准数量的新员工（15～80 岁，具体取决于具体计划），并应支付确定的最低工资（不低于全国平均工资的 150%～250%）。根据具体计划，每位员工的补助金将基于其工资，按照工资的百分比确定。该补助金的百分比将在 4 年内逐步下降：高薪的补助金率从员工工资的 35%降至 10%。月薪最高可达 30 000 新谢克尔。新闻节目主播的补助金率从员工工资的 35%降至 10%。月薪最高可达 20 000 新谢克尔。

知识型产业中的少数群体计划是为了促进少数民族融入知识型部门，特别是学生、实习生和知识型教育背景的毕业生（化学、物理、计算机、各种工程类等）。合格的雇主从指定的少数民族中招募至少一名新员工。此外，招聘员工的工资应至少为每小时 30 新谢克尔，每月至少 60 小时，至少 12 个月且不超过 24 个月。每位员工的补助金按其工资的百分比计算。补助金将在 2 年时间内从工资的 30%降至 20%，月工资将达到 13 000 新谢克尔。

7.2.4　投资禁止性行业和受限行业

除了上述投资鼓励政策外，以色列对禁止投资行业和投资受限行业也做出了明确规定。禁止性行业包括二元期权行业、博彩业以及在网上销售有争议的产品。2017 年 10 月，以色列议会投票通过禁止对二元期权行业的投资的禁令。2018 年 1 月该禁令正式生效。以色列刑法规定：任何组织或进行违禁游戏、奖券或博彩活动的人士，最高可判处 3 年监禁并处 452 200 新谢克尔的罚款；参与者最高可处 1 年监禁并处 29 200 新谢克尔的罚款。①

其中，二元期权（binary option）又称奇异期权。在传统金融工具中，投资者需要同时考虑价格走向（看涨或者看跌）以及涨跌的幅度；二元期权只考虑标的资产的价格走向（看涨或者看跌），因此是一种简化的金融工具。二元期权虽然是期权的一种，但它只有两

---

① 张倩红．以色列发展报告（2018）．北京：社会科学文献出版社，2018：381．

种结果：获得高额利润或是失去该笔部分投资金额。该金融工具操作简单但风险极高，受到了许多国家证券监管部门的抵制。

2016 年 4 月 18 日，中国证监会表示，一些网络平台交易的二元期权是从境外博彩业演变而来，其交易对象为未来某段时间外汇、股票等品种的价格走势，交易双方为网络平台与投资者，交易价格与收益事前确定，其实质是创造风险供投资者进行投机，不具备规避价格风险、服务实体经济的功能，与证监会监管的期权及金融衍生品交易有着本质区别，其交易行为类似于赌博。2019 年 3 月 8 日，中国证监会网站发布国际证监会组织（IOSCO）《关于二元期权的声明》，声明警示公众投资于非法或欺诈性二元期权的风险。声明还表示，二元期权的收益基于其基础资产的表现，投资者通常要么获得预定收益，要么面临投资额的全部损失。

二元期权目前主要通过互联网平台或社交媒体交易，监管难度较大。IOSCO（国际证监会组织，International Organization of Securities Commissions Organization）成员已通过 IOSCO 多边备忘录（MMoU）开展基于个案的跨境合作。各辖区采取的措施包括进行风险警示、禁止二元期权销售和加强相关 APP 管理等。IOSCO 在总结各辖区实践的基础上，总结出三类政策工具：（1）加强对中介机构发行销售二元期权的监管；（2）加强关于二元期权产品与机构的投资者教育；（3）加强对非持牌机构向零售投资者发行二元期权产品的执法。

美国联邦调查局也曾表示，二元期权诈骗已经不单单是美国的问题，全世界都深受其扰。联邦调查局还将与世界各地的执法机构密切合作，一起调查和解决二元期权的欺诈问题。

以色列金融监管机构——证券管理局（ISA）则直接禁止了二元期权服务。以色列总理办公室主管艾里·格罗纳（Eli Groner）代表总理办公室支持 ISA 禁止国内二元期权交易的决定：ISA 禁止任何提供二元期权交易的公司在以色列招揽客户，“一些人去赌场的时候很清楚自己是赌徒。但是很多人被招揽进行二元期权交易时，却不知道这种交易的风险。我们不清楚其他国家的情况，但是我希望其他国家能够效仿以色列，完全禁止二元期权交易。”ISA 主席舒穆尔·豪瑟（Shmuel Hauser）说：“二元期权公司主要招揽海外客户，但是却让以色列受到了极大的损害。ISA 的监管名誉良好，但是二元期权却败坏了 ISA 的名声。我站在个人而非监管者的角度来看这个问题。作为以色列居民，我觉得诈骗，尤其是从那些孤儿寡妇甚至老人的手中骗取钱财是非常可耻的行为。”舒穆尔·豪瑟对二元期权行业的反对立场非常鲜明。他表示，所有的二元期权平台提供商都是做市商，它们都来自以色列。但是这些平台几乎不会招揽以色列客户，它们的业务全部在海外进行，也因此扩张非常迅速。而 ISA 却失去对这些经纪商的监管能力。他进一步指出，ISA 能够禁止二元期权公司招揽以色列客户，因为当地法律反对赌博。他透露，很多公司的不法行为远远超出客户的想象，它们会捏造自己的合法金融公司身份、给出虚假运营地址、操纵交易平台等。“这些面向海外客户的二元期权公司给我们带来了极大的麻烦，这已经是一个上升到全国层面的问题了。”他声称，ISA将进入转折点，并采取重要措施处理诈骗分子。以色列执法部门，包括监管机构和警方，建立了一个高级咨询论坛，以便相互合作，解决二元期权行业的监管问题。

以色列限制性行业包括国防工业、电力、通信、铁路运输等垄断和敏感领域，其中电力供应由以色列电力公司垄断，而国防企业和工业部门因涉及尖端敏感技术，外资企业难以进入。

小　结

以色列商业的发展与本国的外资政策密切相关。以色列的投资主管部门是经济部，以色列投资促进中心是经济部下属综合性机构，负责促进以色列的外国投资和消除投资障碍。该投资中心主要通过外商投资促进会、投资者指导和投资后续支持为外国企业提供帮助。经济部创新局为境外投资公司提供了多种研发激励措施，并根据不同公司的情况针对性推出支持项目。对于初创公司，以色列提供外国企业家创新签证、技术孵化器、技术创新实验室等多项计划进行研发支持。对于成长型公司，主要支持包括研发基金、交通运输的替代燃料和大型公司通用类研发安排。对于技术基础设施项目/国际公司和项目，激励包括MAGNET项目、Nofar项目和先进技术用户协会计划。对于社会变革项目/特定领域的项目和公司，则鼓励大型公司在以色列边缘地区建立研发中心。

第 8 章/*Chapter Eight*

中以商业合作之科技篇

改革开放以来，中国经济经历了 40 余年粗放式的高速发展时期，如今经济下行压力明显增大，经济发展模式转型升级迫在眉睫。中国企业在度过劳动力优势带来的红利时期后，正在面临艰难的转型升级时期，而先进科技是这一时期中国企业最需要的资源之一。在当今世界，西方发达国家是先进科技的主要源头，但由于与中国在意识形态等方面的差别，对向中国出口先进科技设置了许多限制。以色列虽然是一个弹丸小国，科技却十分发达，拥有大量中国企业当前急需的科技，且与中国之间没有意识形态方面的问题。这使得以色列很快成为中国企业进行科技“淘金”的热门之地。本章首先探讨在金融技术、生命科学、网络安全和新能源领域的合作机会，后面的部分还将分别探讨在其他领域的商业机遇。

8.1 促进中国经济发展因素的变化

8.1.1 国内环境和资源状况要求中国改变原有经济发展模式

2013年,"雾霾"一词成为年度关键词。2013年1月,四次雾霾笼罩了大半个中国,当年世界卫生组织列出的世界空气污染上最严重的十个城市,有七个在中国。

雾霾对中国经济的影响是多方面的。北京大学环境科学与工程学院的研究报告显示,2013年1月的雾霾事件造成全国交通的直接经济损失保守估计在230亿元,民航航班延误直接经济损失为2.7亿元,高速封路导致的收费损失近1.88亿元,雾霾事件导致的急诊、门诊疾病成本达226亿元。据中科院上海微系统所的光伏系统研究平台的数据,雾霾让可利用太阳能量大为减少。2013年12月4日,晴天,系统显示光伏系统的日发电有效小时数为2.79小时;12月6日,重度污染,空气颗粒物指数超过600,其日发电有效小时数仅为0.7小时,降低了约80%。由于雾霾的产生与中国的产业结构密不可分,治理雾霾、调整产业结构,也会给一些地方带来经济影响。2014年2月21日—2月26日,京津冀地区持续6天重度污染,仅石家庄就对2 025家企业进行了关、停、限和压减发电,146座露天矿山和35座地下矿山全部关停,所有的采矿场全部关停,直接经济损失达到了 60.3 亿元。[①]

不仅如此，钢铁、煤炭、水泥、玻璃、有色金属等几大行业，存在大面积亏损，产业利润明显下降，产能过剩严重。以钢铁为例，2012 年中国粗钢产量达 7.16 亿吨，同比增长 3.1%，占世界总产量的 46.3%，仅河北一省的钢产量就与欧盟 28 国钢产量的总和相当。中国钢铁工业协会（CISA）化解产能过剩工作组的报告显示，2015 年末粗钢产能达到 11.3 亿吨，而粗钢产量为 8 亿吨，产能利用率仅为 71%，产能远远大于市场需求。[②]

2014 年，中国铁矿石进口量增长近 14%（见表 8－1），全国粗钢产量达到了 8.2 亿吨。由于中国经济增速放缓，国内钢材消费量出现下降，国内钢材市场出现了供给远大于需求的状况。为了缓解供需力度，国内主要钢铁企业纷纷加大出口力度，通过“低价走量、薄利多销”策略，抢占海外市场。海关信息网数据显示，2013 年 1 月至 2014 年 11 月，中国钢材出口平均价格除 1 个月保持小幅正增长外，其余 22 个月均呈现负增长。2014 年 11 月 27 日，国际主要钢材市场显示，中国出口的冷轧板卷 FOB 价格为每吨 540 美元；热轧板卷和中厚板 FOB 价格为每吨 465 美元和 460 美元。折合计算，钢材每公斤价格也就是 4 元人民币左右，与市场上白菜价格相当，钢材卖出了“白菜价”。

---

① 张梅. 雾霾的经济账本：损失究竟有多大?. 网易财经. [2016-11-12].

② 张旭. 从转变经济发展方式到供给侧结构性改革——中国经济战略的调整与实施. 经济纵横，2017（3）：28-33.

表 8-1 2011—2017 年中国铁矿石进口量及增长率

年份	中国铁矿石进口量（亿吨）	增长率
2011	6.86	10.9%
2012	7.40	8.4%
2013	8.20	10.2%
2014	9.30	13.9%
2015	9.53	2.1%
2016	10.24	7.5%
2017	10.75	5.0%

资料来源：中国海关总署.

8.1.2 创新驱动是中国发展的必然趋势

第二次世界大战后，特别是 20 世纪 70 年代后，电子计算机、能源、新材料生物等新兴技术引发了第三次科技革命。进入 21 世纪后，科技在信息化时代中发挥的作用越来越大。

中国成为创新型国家的重要特征就是科技创新成为促进经济发展的主要动力，其判断标准之一就是科技进步对经济增长的贡献率要达到一定高度。2017 年 12 月 23 日，时任科技部党组书记、副部长王志刚在“2017—2018 年中国经济年会”上表示，中国科技创新的供给质量不断提高，科技进步对经济增长的贡献率从 2012 年的 52.2%，提高到 2016 年的 56.2%，2017 年可能达到 57.5%。① 一般而言，发达国

① 郭婧婷. 王志刚：今年科技进步对经济增长的贡献率或达 57.5% . 新浪财经. [2017-12-23].

家的这一比率都是在 70%～80%，甚至更高，如以色列科研投入占 GDP 总量的 4.2%，科技对以色列 GDP 的贡献率超过 90%。

近年来，中国的经济增速已从高速转为中高速，并要向着高质量方向发展。传统的发展路径已经出现诸多问题，不可持续性问题突出，需要找到未来拉动经济增长的动力。

根据表 8-2 可知，近十年来，第一产业的拉动作用很小，而且呈现不断下降趋势。第二产业对经济的拉动作用波动明显较大。在 2008 年金融危机发生后，2009 年中央政府出台四万亿元投资计划，在宽松的财政和货币政策下，2010 年第二产业对 GDP 增长的拉动作用超过 6%，但是随着政府刺激政策的结束，之后呈现逐年递减态势。第三产业在 2014 年后对 GDP 的拉动作用超过第二产业，成为近年来拉动中国经济增长的“火车头”。根据各国工业化和现代化的发展历程，三大产业变化从“二、三、一”过渡到“三、二、一”是必然趋势。顺势而为，加大创新力度，培育新兴产业，才能在竞争日趋激烈的国际社会中处于不败之地，才能更好地转变经济发展方式，促进经济的转型升级。

表 8-2　2008—2017 年中国三大产业对 GDP 增长的拉动作用　单位：%

年份	GDP 增速	第一产业	第二产业	第三产业
2008	9.7	0.5	4.7	4.5
2009	9.4	0.4	4.9	4.1
2010	10.6	0.4	6.1	4.2
2011	9.5	0.4	5.0	4.2
2012	7.9	0.4	3.9	3.5

续表

年份	GDP 增速	第一产业	第二产业	第三产业
2013	7.8	0.3	3.8	3.7
2014	7.3	0.3	3.5	3.5
2015	6.9	0.3	2.9	3.7
2016	6.7	0.3	2.6	3.9
2017	6.9	0.3	2.5	4.0

资料来源：中国国家统计局。

8.2 以色列强大的科研实力和技术研发实力

根据表 8－3 可知，以色列高科技行业的融资额不断攀升，有力地促进了该行业的发展，尤其是在科研与教育、金融技术、生命科学、网络安全和新能源等领域。

表 8－3 2013—2017 年以色列高科技公司融资额、增长率、融资笔数及平均每轮融资额

年份	高科技行业融资额（百万美元）	增长率	融资笔数	平均每轮融资额（百万美元）
2013	2 404	—	666	3.6
2014	3 408	41.76%	684	5.0
2015	4 307	26.38%	706	6.1
2016	4 831	12.17%	673	7.2
2017	5 242	8.51%	620	8.5

资料来源：开普乐研究院合作伙伴 IVC 研究中心.

8.2.1 科研和教育

以色列非常重视教育，教育一直是仅次于国防的第二大预算项

目，占政府开支的 8%左右，义务教育年限为 11 年。劳动人口中 25%是科技人员和专业人员，每万人中工程师拥有量达 140 人，列全球之首。科研资金占国民生产总值的比例一般为 4%左右。每 4 500 人中有 1 名教授，在世界上比例最高，从建国到 2013 年，已有 12 人获得诺贝尔奖，其中 4 人获化学奖、2 人获经济学奖。全民族尊重学术、崇尚自由、重视才能、勇于创新，具有注重务实的风气和习惯，给以色列脚踏实地发展科技奠定了社会文化基础。

2015 年 12 月 16 日，汕头大学与以色列理工学院（Technion）合作开办的广东以色列理工学院在汕头举行建院仪式。该学院是第一家在以色列境外的以色列大学，也是中国第一所理工型中外合办大学。[①] 2000 年以来，中以两国签署了《中华人民共和国教育部与以色列国教育部教育合作协议》《中华人民共和国教育部和以色列高等教育委员会关于组建中以 7+7 研究型大学联盟的联合声明》等教育合作协议。

8.2.2　金融技术

2017 年 5 月，来自“一带一路”沿线的 20 国青年评选出了中国的“新世纪四大发明”：高铁、扫码支付、共享单车和网购。如今的中国正在迅速实现信息化，其中就消费领域而言，移动支付已经渐趋成为中国人的日常支付方式。

① 李诗洋．中以投资合作：前景与启示．国际融资，2016（5）：8-13.

从纵向看，中国第三方移动支付市场正在快速发展，在 2011 年时，交易规模仅为 0.1 万亿元，到了 2017 年，交易规模已经达到 120.3 万亿元。

从横向看，根据艾瑞咨询《2017 年中国第三方移动支付行业市场研究报告》，中国的无现金社会进程在线下扫码支付的推动下正快速地推进，但是相比于无现金社会已发展多年的瑞典仍有很大的差距。中国社会现金流通量虽然增速放缓，但总量仍是缓慢增加的，这也从一个侧面表现出中国的无现金社会程度并不高，线下支付市场仍然有很大的上升空间。

根据中国海关总署 2018 年 1 月 12 日公布的数据，2017 年中国对外出口额为 15.33 万亿元，同比增长 10.8%。2018 年 4 月世界贸易组织发布的年度全球贸易报告显示，中国商品贸易出口继续位居世界第一位，占全球份额的 12.8%。中国在全球扮演重要角色的同时，也要承担诸多金融安全方面的责任。以色列的金融科技解决方案可以帮助解决“一带一路”大型项目在推进和发展过程中面临的许多复杂金融问题。整合尖端金融科技的能力将是中国金融行业的优势所在，这可以为中国投资者带来具有更大认知度的市场灵活度。随着一些新的多边发展机构的建立，中国在全球金融秩序的影响力正在逐渐增强。

2015 年 1 月 20 日，以色列二维码技术创业公司“视觉码”（Visualead）宣布，已经获得来自阿里巴巴集团 B 轮注资，这也是阿里巴巴首次投资以色列创业公司。二维码在全球移动互联网发展中应用十分普遍。根据“视觉码”公司提供的数据，消费者对“视觉二维码”的扫描率比传统黑白二维码高出 4 倍。[①] TechWeb 报道，2017 年 11 月 30 日，阿里巴巴收购了以色列初创公司 Visualead，计划在此基础上建立以色列开发中心，预计交易价值为 3 000 万～5 000万美元。

2018 年 6 月 6 日，由知以文化发展有限公司、奇点创投集团主办的“2018 中国首场以色列区块链与金融科技专项考察”把目光聚焦在以色列的区块链技术。以色列的大量创新企业让区块链技术不仅仅服务于金融行业，同时服务于个体、中小公司乃至跨国企业，协助它们高效开展工作。目前，在以色列区块链企业中，有 45%提供相关金融服务，21%进行企业云技术研究，21%涉足社交媒体行业，7%进行技术基础设施开发，6%从事挖矿方面的技术开发。在区块链技术方面，以色列的企业具有如下三个特点：

首先，区块链技术属于 Fintech，是以色列的强势领域。目前以色列一共有 500 多家 Fintech 领域的初创公司，筹集的资本总额至少有 7 亿美元，其强大的金融科技能力为区块链方面的创新奠定了良好的基础。

其次，发展区块链技术所需的网络安全技术以及加密技术同样是以色列的强势领域。目前以色列有 450 多家网络安全初创企业，每年新建立的网络安全公司数量超过 70 家。在以色列，一共有19 000多人从事网络安全工作，占到以色列高科技人员数量的 7%。

---

① 鼎宏．阿里巴巴投资以色列二维码公司 Visualead．新浪科技，[2015-01-21].

最后，以色列国内众多加速器和创新机构都是区块链技术发展的强大支撑。花旗银行、巴克莱银行、英特尔、IBM、微软等国际金融机构和科技公司都纷纷利用其当地机构在以色列进行区块链方面的研究。

8.2.3 生命科学领域

以色列在生物医疗领域是全球创新的引领者，是世界第二大医疗器械供应国。在生命科学领域，以色列有 4 000 多个初创公司，具有完善的技术研发、商业转化体系，包括美国强生公司和德国默克集团在内的数家跨国公司在以色列设有与医疗相关的研发中心。如表 8 - 4 所示，2017 年生命科学类公司共融资 12 亿美元，与 2016 年的 8.5 亿美元相比增加了 41%。① 以色列在全球医疗保健市场中扮演着重要的角色，仅以一国之力就贡献了全球四分之一的生命科学创新技术，人均生物技术专利量排名世界第四位。大多数以色列公司将研发重点放在了周边血管疾病、肿瘤等老年人高发的疾病上，并且在癌症、帕金森综合征、阿尔茨海默病、糖尿病等热点领域取得突破性进展。而这些疾病也正是中国养老行业特别关注的领域。

以色列在生命科学行业如此成功主要归功于产学研一体化的合作。以色列制药公司和生命科学研究机构之间的良好互动推动着以

① 2017 以色列高科技行业年度融资分析. 搜狐号：创业邦. [2018-02-22]. https://www.sohu.com/a/223478605_403354. 原文为 4%，作者认为有误，已改为 41%。

色列在干细胞研究、免疫等领域不断创新，而以色列良好的生命科学学术教育基础则支撑创新的可持续性。由于以色列强大的研发创新能力和协同的产学研合作，几乎所有医药跨国企业，如强生、复星和柯惠医疗等都会选择在以色列设立研发中心。此外，这些研发中心（共计 280 个）还提供了以色列全国 45%的高技术劳动力就业岗位。

表 8-4　2013—2017 年生命科学公司融资额及增长率

年份	融资额（亿美元）	增长率
2013	5.2	5.5%
2014	8.0	55.0%
2015	8.0	−0.1%
2016	8.5	6.3%
2017	12.0	41.0%

资料来源：开普乐研究院合作伙伴 IVC 研究中心.

2017 年 7 月 24 日，日本药企田边三菱制药以 11 亿美元收购以色列制药公司 NeuroDerm。收购完成后，NeuroDerm 公司将作为田边三菱的全资子公司运营，这在当时是以色列医疗保健公司有史以来金额最大的一起收购，也是当时日本公司收购以色列企业金额最高的一笔交易。NeuroDerm 是一家中枢神经系统疗法开发商，目前正专注于开发一系列的药物和设备组合，用于帕金森综合征的治疗，该公司的先导产品 ND0612 已在美国和欧盟启动Ⅲ期临床研究。①

① 田边三菱 $ 11 亿收购 NeuroDerm　获帕金森潜力药. 新浪医药. [2017-07-25].

技术和人的健康看起来没什么联系，但以色列医疗和科技人才的优秀发明使得两者联系越来越紧密，在未来将更多地通过技术来改善人们的健康。针对诸多复杂而难以治愈的疾病，如阿尔茨海默病、帕金森综合征和多发性硬化症等，众多药物都是以色列研发出来的。以色列的研究深入纳米药物和无创疗法，如药丸式内窥镜镜头，已极大地改变了医生和医疗创新工作者对医疗方法和未来健康的思考方式。①

作为一个潜力巨大的市场，中国养老医疗行业和以色列的技术优势有着极强的互补性。自 2014 年起，中以两国在生命科学行业合作力度不断加大。先是两国政府共同建立了中以创新合作联委会，签署了《中以创新合作三年行动计划（2015—2017）》。之后随着合作的深入，中以双方还以孵化器等形式加强了技术落地的交流，成立了广州中以生物产业投资基金等投资机构来鼓励活跃在生命科学领域的中以合作企业。

孵化器的建立是中以双方合作的重要一步，与单纯地嫁接技术不同的是，中方需要在合作接触中了解并学习以方先进且独特的创新机制，为实现可持续的技术创新提供基础。目前双方已建立起了广州生物国际岛、广州中以生物产业孵化基地等多个载体来探寻和总结中以合作的模式和经验。

---

① 马腾．启迪创新：以色列的成功经验．行政管理改革，2016（9）：7-11．

8.2.4 网络安全领域

随着信息化和全球化的快速发展，互联网成为国计民生行业的重要支撑，尤其是在中东地区，严峻的安全问题也辐射到网络领域。伊朗等阿拉伯国家的黑客和世界上反以色列的黑客频繁对以色列进行网络攻击。据统计，以色列每一分钟就遭受约 1 000 次的网络攻击。以色列处于恶劣的地缘环境下，强烈的不安全感从根本上塑造了以色列国家的安全思维模式。以色列非常注重网络安全产业的发展。网络安全不仅是网络本身的安全，而且是国家安全、社会安全、基础设施安全、城市安全等更为广泛意义上的安全。

近些年来，以色列的网络安全产业发展迅猛，成为以色列国防产业和高科技产业的重要领域。以色列网络安全产业的成功在于建构了一套完整的网络安全生态系统，将政府、产业界、学术界以及军情部门等优势资源整合为一体，彰显了以色列网络安全产业军民融合发展的特殊性。[①] 早在 1997 年，以色列政府就在世界范围内率先建立了网络安全机构 Tehila，负责保障政府办公场所和政府网站的通信安全。2002 年，以色列政府建立了国家信息安全局(NISA)，保障其关键基础设施安全。2011 年，以色列还建立了国家网络局(National Cyber Bureau)。2015 年，以色列的国防军还整合内部力量，开始建立集中的网络司令部（Cyber Command)。这些机构的主

① 洪延青. 以色列做对了什么. 中国经济周刊，2016 (28)：76-79.

要目的是保护以色列重要基础设施免受快速发展的网络空间威胁的危害，其首要职能是从国家层面对网络空间进行指导、管理和执行所需要的防御和运营工作，与安全情报机构一起合作，应对网络攻击，实施全面和持续的防御反应，包括实时处理网络空间威胁和网络事件、制定当前形势评估、搜集和分析情报。

以色列非营利组织 Start-Up Nation Central 发布的报告显示，以色列网络安全领域共融得 8.145 亿美元风险投资和私募资本投资，连续第三年打破纪录，比 2016 年增加了 28%。以色列网络安全领域的融资总额仅次于美国，占全球网络安全融资总额的 16%左右，略高于 2016 年的 15%。2017 年，以色列网络安全产业总出口额达到 38 亿美元，拥有 400 多家网络公司和 50 个跨国公司研发中心。[①] 2016 年，以色列获得全球网络安全领域私人投资的 20%，超过 90%的世界 500 强企业采用以色列的网络安全解决方案。

21 世纪是信息化的时代，随着经济全球化的快速发展，互联网在现代社会中的作用与日俱增。作为全球长期遭受频繁网络攻击的国家之一，以色列每个月都会经历几十起国家层面的网络攻击，每一刻都面临着 3～5 起各种来源的网络攻击。以色列面临的网络威胁主要来自伊朗、叙利亚、黎巴嫩真主党等传统地缘政治对手，还包括沙特阿拉伯等伊斯兰国家。在全球范围内针对以色列的网络攻击主要来自国际反犹、反以组织和个人。这些针对以色列目标发起的

① 王博闻. 以色列"网络安全强国"孵化术. 新华网. [2018-09-07].

网络攻击或网络恐怖煽动，已经被以色列政府列为四大主要安全威胁之一，呈现出攻击源多样、攻击点多元、攻击手段复杂、攻击时间同步的特点。①

20世纪90年代后，以色列政府对网络安全产业发展很是重视，产业发展迅猛，成为以色列国防产业和高科技产业的重要领域。

2018年11月2日，据伊朗媒体报道，它的基础设施和战略网络遭到了比Stuxnet蠕虫更猛烈、更先进、更复杂的网络攻击。Stuxnet蠕虫被设计用于攻击伊朗的铀浓缩设施，是少数攻击物理设施的恶意程序。伊朗方面认为该程序是由以色列和美国开发。②

8.2.5 新能源领域

能源通过提供能量来为人类的生存和发展提供物质基础保障。如今全球范围经济发展速度加快，能源的使用和需求日益增加，但目前使用最多的还是以化石燃料为主的传统能源，长久下来对环境造成了不可逆的伤害。同时这些化石燃料等资源是有限的，并非取之不尽、用之不竭，如何开发新型环保可再生能源并且提高使用效率到可以跟上经济发展的步伐已是摆在我们面前亟待解决的问题。

整体来看，中国的能源发展存在如下四个方面的问题：第一，中国现在正处于高速发展阶段，人口占世界人口的1/5，虽拥有丰富

---

① 慕小明. 打赢网络战争以色列在行动. 中青在线. [2017-07-06].

② 据报道伊朗遭到了比Stuxnet更猛烈的网络攻击. 搜狐号：手机大小事. [2018-11-02].

的能源储备，但现在位居世界第二大能源消费国，人均资源只占世界平均水平的1/4，从人均资源来看中国的能源储备十分匮乏。第二，新中国早期注重经济发展，忽略了能源和环境问题，尤其是改革开放以来，为了实现经济的快速增长，许多地方不惜以牺牲自然环境为代价，近年来环境问题的恶化逐渐引起了中国人民乃至世界人民的广泛关注和重视，中国也因此付出了惨痛的代价。第三，中国的替代能源、新型环保能源开发不足，缺少有效的开发和利用技术，导致了能源开发、利用效率低下。第四，中国对开发能源技术的激励不足，没有充分的政策或者足够的研发机构来支持新能源的开发和利用。所以到目前为止，中国还是以化石燃料的燃烧为主要能量供应源。

下面我们来具体分析中国对四种不同新型能源（太阳能、生物质能、风能、核能）的开发和利用现状：第一，太阳能是一种分布广泛的清洁能源。中国的光伏发电市场得益于广大的国土面积而发展迅速，但是对单位太阳能转化的电能等方面比较会发现，中国转化和再利用太阳能方面的技术还不够先进，效率较低，和发达国家相比还存在较大的差距。第二，生物质能是一种新型环保能源，由于其分布广，污染小，可再生，在全国乃至全世界具有广泛的应用性。目前中国对生物质能的认识和普及程度不足，另外生物质能资源分布过于分散，导致中国无法有效地大量收集利用生物质能，这也制约了其在中国的应用和发展。目前中国对生物质能的利用仍然以燃烧为主。第三，风能是太阳能转化的一种清洁能源。中国发展风能较早，最早是以风车的形式进行利用，但是由于技术的限制，中国近年来一直不断地进口外国的风力发电机来满足工业和生产需求。第四，核能也是一种具有干净环保特性的新型能源，但是目前核电产业发展相对落后，过多地依靠国家政策和国有企业，开发利用技术在历史上的相对落后导致对核能开发不足是最大的问题。

以色列地理面积小，资源储量缺乏，还处于动荡的中东地区，几乎毫无地理优势。先天优势的不足驱使以色列积极提高现有能源利用效率和研究开发新能源，这种压力是推动以色列能源技术发展的第一原因。目前，以色列已经开发出许多新的替代能源，在推动人类脱离以化石燃料为主能量供应源方面起到了重要的作用。

由于资源匮乏，以色列很早就开始利用可再生能源并通过提高能源的利用效率来满足国家的日常需求。其能源发展具有以下四个方面的特色：第一，目前 90％的以色列家用热水都是采用太阳能热水器来提供，为以色列节约了 3％的化石燃料的进口。此外，通过使用改进的光电转板，以色列提高了阳光转化为电能的效率，成为目前全球人均太阳能利用率最高的国家。以色列的一些创新公司在生物能领域也取得了突破性成果，如固体废料生物能研究和生物能蒸汽制造设施等。① 第二，以色列拥有如此多先进的新能源开发技术和长久以来积极探索的学术研究机构是分不开的。这些学术研究机构

① 中国驻以色列大使馆经济商务处．以色列可再生能源发展情况介绍．中国驻以色列大使馆经济商务处网站．[2009－07－30]．

不断给能源公司提供新技术，是能源公司发展的基础。第三，以色列和世界积极建立的各类相关风险资金也给这些公司提供了重要的资金支援，另外，建立科技孵化器也推动了技术转化。第四，以色列拥有健全的鼓励新能源研发的相关立法和政策，所有的这些优势条件为以色列在能源开发利用方面构建了一个温室，不断推动以色列在能源研发上的发展。

目前以色列在开发替代能源方面已经取得了明显的成就：Ormat Technologies 是全球地热发电行业领军者，是世界目前最重要的一家研发和生产利用地热能与再生能源设备的供应商；SolarOr 公司在专利光学设计基础上开发了一种新型太阳能电池板，这种电池板可以用成本较低的光学元件去替代昂贵的光伏电池，从而使得利用成本大幅降低。

总体来说，通过对比，我们发现中国在新能源发展上存在四个方面的主要问题：第一，新能源开发需要先进的技术，研发技术持续周期过长，难以短期见效，研发成本也很高，对新能源的开发和利用无法持续进行，从而导致市场规模有限，无法兼顾产业链其余的部分，造成在中国难以普及使用新能源。第二，对可再生新型能源缺乏相应的应用技术，导致能源利用率低下。虽然中国地大物博，拥有丰富的能源储备，对能源的需求位居世界第一，但同时中国的能源利用率过低，无法充分使用能源，造成能源的浪费。第三，中国没有形成完整的设计、开发、利用、销售新能源的产业链，缺乏相关研发专家，缺乏鼓励研发的相应政策，导致中国的可再生新型能源产业只能以加工为主，产品的附加价值较低。第四，与第二个问题相关，中国对能源利用的低效造成了一系列的问题，包括中间产物环境污染问题和资源浪费等。虽然中国在能源开发利用上存在众多的问题，但是中国巨大的能源消费市场和需求确实不可忽略，再加上中国资源短缺和环境恶化的加重，这些使我们迫不及待地寻找合作伙伴来提供技术，解决中国的能源问题。以色列恰好拥有先进的能源开发利用技术，可以极大地提高能源的利用率。但是，以色列既缺乏资金加大研发的力度来扩大优势，也缺乏实力在全球推广其优势技术和解决市场短缺的问题。

显然中国和以色列在新能源的开发利用上存在优势互补的可能，合作不仅将给双方都带来巨大的利润，还会扩大以色列新能源产业在世界的规模，并且推动中国在能源开发利用技术上的创新和发展。双方之前也有新能源方面的成功合作，如成功完工了以色列最大的太阳能发电项目。2009 年南京三乐电子信息产业集团公司、东南大学和以色列的哈利福克斯公司签订了三方合作项目协议，推进太阳能热发电在中国实现产业化。2016 年深圳新能源协会与以色列睿盟希资本联合举行了技术对接会，探讨搭建以色列新能源与深圳新能源技术、资本交流平台的可行性，计划在下一步将以色列技术嫁接到中国，完成商业转化，形成共同研发的合作模式。

2015 年云南省昆明市政府和以色列量子太平洋集团签署了加强新能源汽车全产业链合作的框架协议。昆明是中国第一批低碳试点城市，以先进的能源开发利用方式低碳环保发展是昆明的发展理念。

量子太平洋是以色列一家在汽车能源研发方面有显著优势的公司。在该公司和昆明的合作中，昆明向该公司提供市场上对于汽车能源的需求，探索如何将以色列的先进技术在昆明推广和销售，建造生产和研发基地供公司使用，并制定相应的优惠政策和提供良好服务以方便更好地合作；量子太平洋公司则将公司的重点放在昆明，积极研发、生产，和昆明市一起将研发成果在中国市场上进行推广。

8.3 中以双方在科技企业方面的商业合作模式探讨

8.3.1 投资、建立基金或收购以色列科技公司

近年来，中国和以色列加大了在科技方面合作的力度。2015 年以色列与中国签署协议，扩大“中以科学与战略研究开发基金”的资金容量。[①] 仅一年中中国就在以色列投资 5 亿多美元，一半以上的以色列风投基金都至少有一位中国投资者。光明、复兴、百度、小米、奇虎 360 等中国公司都在以色列收购或投资公司。目前，中国资本投资以色列初创公司主要有三种方式：

第一种合作方式是直接投资以色列的科技公司，成为合伙人分享公司收益或者引进先进技术回中国，在中国推广技术获得收益。

① 以色列：与中国加强科技创新合作．广东科技，2017（2）：58.

这种情况下以色列一般会提供常规的税收或者税收减免政策，以及承担15%的损失来大力吸引来自中国的投资者。阿里巴巴投资的二维码技术公司，已将二维码技术运用到了阿里巴巴的各项运营中，现在二维码技术已经充斥在我们生活的方方面面，不仅改变了中国现在的交易方式，还成为个人和企业信息的名片。从二维码的普及度我们看到了投资以色列科技公司给中国产业发展带来的巨大机遇和收益。但是这样的合作模式存在着三个主要问题：首先，阿里巴巴只是拥有二维码的现存技术。如果二维码在运营过程中出现任何问题，只有以色列公司了解如何制止或者弱化损失，阿里巴巴则会手足无措，只能继续向以色列公司购买升级技术。其次，通过购买技术来提高中国科研水平的效果并不是很明显，反而加大了中国对以色列技术的依赖程度。再次，存在文化背景的冲突问题。以色列对待个人隐私和信息安全十分慎重，反观中国，支付宝和微信支付等线上支付手段几乎改变了大家的支付方式，绝大多数人基本不关心个人隐私和信息安全，连乞丐都在用二维码进行乞讨。这些问题应引起人们的足够重视。我们认为这种合作模式在中国大量应用有一大部分原因是因为中国还在引进技术的初步阶段，等到机会成熟了，这种方式可能会束之高阁。

第二种合作方式是与当地的风投基金合作或者建立风投基金，瞄准以色列科技公司，提供资金供以色列公司发展，同时收获这些公司的巨大成长价值。到2016年，以色列大约有70个较为活跃成功的风投基金，其中有 14 个来自中国。[①] 例如，阿里巴巴投资 JVP（以色列耶路撒冷风投合伙人基金），而盛景联合多家中国伙伴设立 100 亿人民币的中以创新投资基金，投资以色列的创投基金或者优秀科技创新项目。[②] 这种投资模式可以获得以色列科技公司巨大的成长价值，但是也存在着三方面问题：首先，以色列对中国的信息不对称。中国所能找到的以色列信息难以完全保证真实性和及时性，一些信息的确会阻碍做出正确的决策，甚至造成逆向选择。其次，近年来中国投资以色列渐成风气，导致以色列一些科技公司发生道德风险的概率大幅上升。很多科技公司在获得中国的资金之后，做一些违背中国基金持有人意愿的事情，导致亏损。再次，基金投资成风，导致很多基金都会选择去投资以色列的科技公司，过度追捧，超过了正常的范畴，造成了市场的不正常，从而导致了损失。

第三种合作方式是收购或并购以色列的科技公司，参与公司日后的经营，资金共通，共享风险，共享利润，还能分享以色列先进的技术研发；不仅能获得先进的技术，还可以学习以色列科技公司研发科技的方法和技术。这种合作模式结合了中国丰沛的资金、对先进技术的渴求和以色列先进科技对资金的需求。合作之后可以让公司更好地发展，实现双赢。中国企业可以学习到先进的技术，解决因技术不足而导致的一些产能跟不上的问题；以色列企业则可以

① 马腾. 启迪创新：以色列的成功经验. 行政管理改革，2016（9）：7-11.

② 曹煦. 以色列与中国的科创生意经. 中国经济周刊，2017（29）：64-65.

拥有资金去继续研发来扩大自己的优势。在丰厚利润的诱导下，中国公司纷纷收购以色列一些被看好的缺乏资金的科技公司。2013 年，中国的复星国际收购了以色列的激光美容器械公司，一起打造更好的知名品牌，扩大中国市场①；2015 年，中国光明乳业收购了以色列最大的乳制品企业，一起进行技术研发，市场营销，拓宽销路。但是，这种合作模式也存在着两个不容忽视的问题：首先是信息不对称问题，中国企业有可能因此收购了并不符合自己期望的公司，或者被收购方可能做出逆向选择。其次，两个国家的文化背景不同，企业日常管理制度不同，可能在未来的一段时间内，双方都不会有利润，造成股价下行，甚至可能拖垮中国公司。

中国投资者为什么执着于投资以色列科技公司呢？我们认为主要有如下六个方面的考虑：第一，以色列已经成为工业化发达国家，近几年来失业率持续下降，物价水平稳定，没有明显的通货膨胀，政府延续低利率货币政策，因此利率处于较低的均衡状态，金融市场较为成熟。第二，以色列高度重视教育和科技研发，以色列初创公司都以研发为重点，研发团队是公司的核心，公司的研发还受到政府政策的积极鼓励，其创新技术在世界范围内领先，有很强的市场领先性和高成长性。第三，以色列初创公司的劳动力有很强的技术性，劳动效率极高，公司发展前景良好。以色列喜欢大量吸引国

① 赵恬. 中国-以色列 7 大投资合作模式分析. 中国国际贸易促进委员会网站. [2016-08-11].

外的优秀移民，用丰厚的条件邀请这些人才定居以色列。据统计，以色列大约有 130 个国家的移民。其结果是，以色列每万人中就有 135 名工程师和技师，这种比率在世界范围内遥遥领先。第四，以色列无论男女都要服军役 2～3 年，这种服役经历将勇于挑战、突破极限的军队作风融入民族精神，也培养出了全民创新的精神。其中，精英中的精英“8200 情报部队”① 培养出了众多初创公司的老板。根据这些成功创业人士的描述，在这个部队中他们被要求去除桎梏和打破常规，因此他们养成了创新的习惯，也学习到了很多技能，从而有了这些价值上亿的科技创新公司。第五，初创公司成长在具有浓烈商业氛围的科技创新环境中，很多全球知名的科技企业例如微软、谷歌等都在以色列建立了分支机构，弹丸小国以色列在纳斯达克上市公司的数量高居全球第三位。② 第六，给中国带来的潜在好处很多。以色列是发达国家，中国企业投资以色列公司可以成为中国企业将投资过渡到英美等发达国家市场的重要过程。在这个过程中，中国企业有机会学习发达国家的成功经验。

然而，美好的前景并不意味着两国之间就可以无原则、无限制地合作。这中间也存在三个突出的问题③：首先，中国公司对以色列投资一哄而上，造成了一些哄抢效应。中国公司纷纷去以色列投资，

---

① 马腾. 启迪创新：以色列的成功经验. 行政管理改革，2016 (9)：7-11.

② 宋兴延. 以色列：何以成为科技创新强国?. 宁波经济（财经视点），2018 (2)：45-46.

③ 陈谢晟. “一带一路”背景下赴以色列投资的问题与对策. 国际经济合作，2017 (12)：44-47.

有些公司失去了自己的判断力，这种哄抢抬高了以色列公司的报价，不利于中国公司投资的长期发展。其次，以色列地处中东，对以色列的投资应全面评估经济、商业和政治风险，统筹考虑多方面因素做出决策。最后，很多中国企业忽视了投资后对所投公司的管理，不当的投后管理使得对所投公司的整体经营很难全面掌握，造成企业后期发展的不利。

因此，今后中国企业在以色列的投资方面首先应该结合“一带一路”倡议，着力实现“资金融通”，加大合作；其次是增加风险防范意识，投资要务实，不可人云亦云，带偏市场；最后，要加强被投资企业的生产经营管理，高水平的管理对企业的成功至关重要，唯有如此才能对企业有全面的掌握，才能做出最有利于企业的决策，促进企业今后的发展。

8.3.2　中以产业园和创新平台模式

相较于在以色列直接投资的企业可能会遇到水土不服的状况，直接在中国本土设立产业园的模式更为中国企业家所熟悉。

第一个中以双方国家级创新合作区是 2015 年落地的“中以常州创新园”。此前，已有以色列企业入驻常州创新园。从 2010 年第一家以色列企业——乐康瑞德开工建设起，到 2018 年 10 月，已有 81 家以色列企业入驻，包括 Lycored、Tuttnauer 和 Tadite 等知名企业。目前园区内形成了资本＋技术的模式，实现了孵化基地到经济技术合作平台的转型。园区中以合作分四种模式：联合研发；以方出成果、中方做产业；以方独资；中方全资收购。这是以方不同企业在中国的诉求不同而形成的。但考虑到常州制造、销售水平的强大和以方科技研发实力的突出，大多数合作公司都会选择国内合作方出资购买以方的技术。目前成功在中国开展合作的项目有 Coll-Pant 与福隆控股共享从烟叶中提取人工胶原蛋白技术；Allium 和诺瑞思医疗器械共同研发销售前列腺支架等。

中以常州创新园区已经取得了不少成就，形成了优势产业的集聚，在合作平稳进行的基础上，将继续引入新兴领域的企业，促进创新园区优势产业集聚效果的扩大。为了这些领域企业的引入，中国和以色列采用一些交流会、推介会等平台来推广创新园区，让更多的人知道创新园区有什么、优势是什么。此外，创新园区还建立了知识产权保护制度，来激励技术的研发，保护知识产权，让中以双方的合作走得更长远。

但技术转移平台也有缺陷，目前中以双方合作企业仍然缺乏亮点项目，真正有技术和发展潜力的以色列企业更多到欧美进行合作和上市。今后需努力克服文化差异，挖掘合作亮点项目，提高路演质量，改善中方企业在以色列的国际形象，吸引以色列优质企业入驻。在国内创新园区和技术交流平台同质化的情况下，如何展示出己方地区的特色也是一个值得考虑的问题。

与常州创新园区不同，广州在中以合作方面选择的是通过成立基金来扶持以色列技术在中国生根发芽。生命科学和智能制造是中以双方合作的重点项目，广州成立了中以生物产业基金和中以智能制造创投基金作为资金支持。

值得注意的是，尽管中以双方有着强烈的合作意愿和明显的互补性，但是以色列很多技术都偏早期和小型化，不能直接在国内进行大规模生产应用。如何让以方成熟先进技术成功在中国落地生根依然是一个问题。这就考验到中方商业模式创新的能力，只有技术创新和商业模式创新协同起来，用心孵化出一些亮点项目，才能真正达到创新能力的提升；而不是一味地追求政府补贴金额的额度，尽可能多地引入技术却又消化不了，继续申请政府补贴，形成恶性循环。

另外，知识产权的保护制度不合理也是让合作不能继续深入的一个重要原因。在国内知识产权制度尚不完善的情况下，中方企业对技术的保护也应该成为双方合作服务的重点，在合作洽谈时就要商议好知识产权保护相关内容。①

小　结

总之，根据我们对中以合作模式的分析，我们发现中国直接投资或者成立基金投资，或者直接收购以色列科技初创公司，中国可

① LINDE S. Israel-Chinese Partnership opens unique technology incubator in Guangzhou. Jerusalem Post，2018-08-06.

以从中收获以色列的技术和初创公司的成长利润，满足中国巨大的市场需求。以色列可以获得资金继续搞研发，保持自己的优势地位，并利用资金拓宽市场和稳定在世界的地位。但是由于在合作中存在着信息不对称，所以可能会有道德风险的问题。建立创新企业园或孵化基地可以加大双方资金和技术的互惠互通，但是合作项目缺乏亮点，而且对于技术的保护制度也不是很完善。这些问题已经逐渐引起中国和以色列的重点关注，需要推出相关措施来提高以色列和中国合作的质量，相信不久的将来中国和以色列将在科技行业合作得越来越好。

第 9 章/*Chapter Nine*

中以商业合作之芯片产业篇

2001 年，中国加入世界贸易组织（WTO）后，综合国力得到了飞跃式发展，不仅在传统制造业领域优势明显，而且在诸多高精尖领域都开始追赶世界一流或者顶尖水平。原因是多方面的：例如，越来越多的科研人员有能力从事更高含金量的工作；中国居民的消费升级趋势越来越明显，迫使企业进行产品升级；中国企业家希望摆脱“廉价制造”的标签，希望在全球经济一体化纵向分工中，获得更多的利润；第四次科技革命已经到来，科技创新步伐越来越快。在这种情况下，中国企业对于先进制造的控制核心——芯片的需求日趋强烈。然而，由于当今先进的芯片技术大多控制在美国企业手中，中国企业对于在获取先进芯片方面受到了较大的限制。以色列拥有许多先进的芯片技术，如能从中获取中国企业需要的技术资源，将有助于中国企业突破美国的技术限制，发展出一片属于自己的新天地。

9.1 “中兴事件”对中国的影响

2018年4月16日，美国商务部以中兴公司违反了美国限制向伊朗出售美国技术的制裁条款为由，对中兴公司罚款3亿美元，并宣布了对中兴实施为期7年的出口禁令，禁止美国公司向中兴销售零部件、商品、软件和技术。消息一出，中兴创始人侯为贵、董事长殷一民、总裁赵先明紧急奔赴美国，与美方展开谈判。最终，中兴公司同意向美国支付10亿美元罚款，并准备4亿美元保证金交由第三方保管；更换上市公司中兴通讯的全部董事会成员；接受美国商务部工业与安全局（BIS）为期十年的监管。美国东部时间7月2日，美国商务部暂时部分解除对中兴通讯公司的出口禁售令。7月5日，中兴管理层换血，原总裁赵先明等19名高管辞职。7月14日，中兴在缴纳4亿美元的保证金后，正式恢复运营，长达近3个月之久的贸易制裁终于结束。

40年前，当个人电脑开始大发展时，由于我们国家没有能力去发展集成电路、操作系统、办公软件等技术，只能眼睁睁看着英特尔、微软、IBM等公司占据技术制高点。错失机会，关键核心产品、技术受制于人，这才有了“中兴事件”中方人员的“城下之盟”，以极其惨痛的代价而结束。面对美国尖端科技领域的制裁，中国能采取的反击措施真的很无力，而一味地抗议、指责，对强势一方的美国来说更是无济于事。“中兴事件”对中国社会影响深远，尤其让广大民众认识到了中国缺“芯”的现状，而且也让国人明白了一个道理“靠人不如靠己”。

9.2　中国集成电路行业的发展现状

9.2.1　中国集成电路行业的发展

中国的集成电路行业发展晚，底子薄，且多集中在部分终端应用领域，核心零部件严重依赖境外大型厂商。以消费电子领域的手机处理器为例，中国目前具有世界一流芯片设计能力的厂家仅有华为海思等少数几家企业，但是目前中国大陆地区还不具备世界领先芯片大规模商业化的制造能力。相比而言，中国台湾地区的台积电公司，通过长期的投资研发，逐渐成为手机芯片制造的龙头，2018 年推出的 7nm 工艺处理器的制造技术独步全球。

为了更好适应国内外经济科技发展，中国政府在深化改革的同时，出台了一系列鼓励“高精尖”行业发展的政策措施，如提出了“中国制造 2025”计划。针对部分关键零部件中国严重依赖进口的现状，中国政府还组织多部门进行共同攻关或者制定相关行业的帮扶计划，其中在集成电路领域最为引人注目。2014 年 9 月 26 日，国家集成电路产业投资基金股份有限公司（简称“大基金”）成立，基金资金来自国开金融、中国烟草和中国移动等企业，旨在促进中国集成电路产业的发展。大基金重点投资集成电路芯片制造业，兼顾芯片设计、封装测试、设备和材料等产业，实施市场化运作、专业化管理。

近年来，国内集成电路行业的产业规模快速发展，尤其是2012年以后，产业销售额连续保持每年两位数高速增长态势。如图9-1所示，2012年的销售额为2 158.5亿元，同比增长11.6%；2013年销售额为2 508.5亿元，同比增长16.2%；2014年销售额为3 015.4亿元，同比增长20.2%；2015年销售额为3 609.8亿元，同比增长19.7%；2016年销售额为4 335.5亿元，同比增长20.1%；2017年销售额为5 411.3亿元，同比增长24.8%；2018年前三季度的销售额为4 461.5亿元，同比增长22.4%。

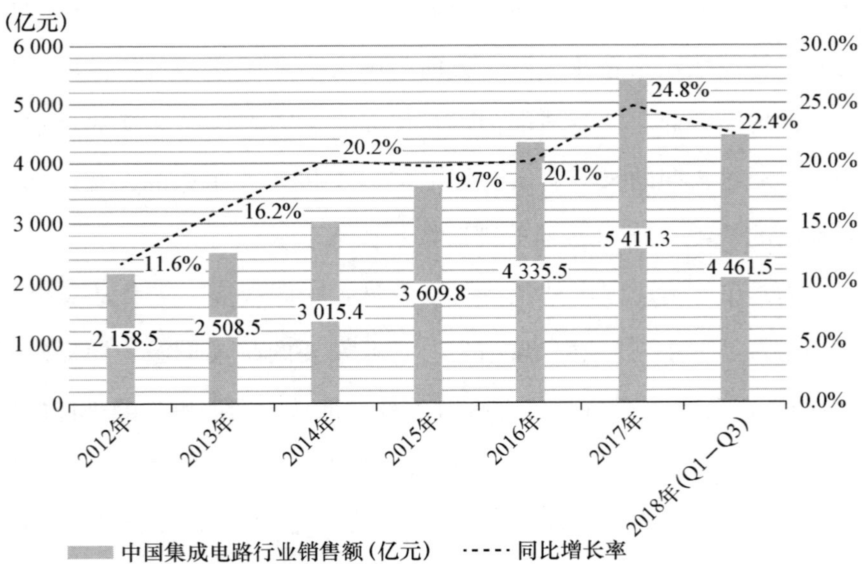

图9-1 2012年—2018年第三季度中国集成电路行业销售额及增长率

资料来源：中国半导体行业协会（CSIA）.

根据国际半导体产业协会（SEMI）2016 年发布的报告，预计 2017—2020 年全球投产的半导体晶圆厂约为 62 座，其中 26 座设在中国，占全球总数的 42%。2015—2016 年中国已经明确建设的 12 英寸晶圆生产线共有 16 条，8 英寸晶圆生产线至少有 4 条。预计 2017 年全球将有 6 条生产线投产，中国至少有 2 条生产线投产。可以预料这不仅是中国晶圆生产线数量的增加，更会带来工艺技术的大幅提升。

1. 集成电路设计环节

集成电路的研发设计需要先设定规格，确定芯片的使用目的、效能，查看需要符合的协定；之后将不同功能分配成不同的单元，并确立不同单元间的连接方法；然后是设计芯片，使用硬件描述语言（HDL）将电路描写出来，检查程序功能的正确性并修改；最后画出平面的设计蓝图。

在国内集成电路的芯片设计领域，现在 14 纳米和 16 纳米的设计占比进一步增加，芯片设计接近国际先进水平。尤其需要提及的是，华为海思、比特大陆和寒武纪三家公司的芯片设计能力已经达到世界一流的 7 纳米水平。2018 年，长江存储在美国召开的闪存峰会详细介绍了 X-tacking 技术，该技术在 2019 年投入小批量生产。

2. 集成电路制造环节

在集成电路制造环节，国内企业的 28 纳米工艺实现规模量产，14 纳米和 16 纳米工艺研发与生产线建设取得阶段性进展。2018 年 8 月 9 日，中芯国际宣布在 14 纳米 FinFET 技术开发上取得重大进展。

当前性价比最高的制程工艺是28纳米，以中芯国际为代表的中国大陆厂商已经掌握这一工艺并实现了商业化。在装备材料领域，部分关键材料和装备已经进入国内外生产线。

中国集成电路制造业经过2015—2016年的规划布局，在存储器领域，已经形成了以长江存储、福建晋华、合肥长鑫为代表的三极鼎立的格局；在逻辑芯片领域，也形成了以中芯国际（北京）、中芯国际（上海）和上海华力微电子、中芯国际（深圳）为主轴的沿海一线的分布局面。随着这些项目的持续推进和投产，中国集成电路制造业以及由此带动发展的集成电路设计业和封装测试业在世界半导体产业领域的地位将不断上升。

3. 集成电路封装测试环节

2018年全球营业收入前十的封装测试公司有：日月光（ASE）、安靠（Amkor）、长电科技（JCET）、矽品精密（SPIL）、力成科技（PTI）、天水华天（TSHT）、通富微电（TFME）、京元电子（KYEC）、联合科技（UTAC）和颀邦（Chipbond）。其中长电科技、天水华天和通富微电为中国大陆企业，其余公司中除安靠和联合科技外，均为中国台湾地区企业。可以说封装测试是中国半导体产业链中技术成熟度最高、能够最早实现突破的领域。

大陆三家龙头企业在封装测试方面有各自的优势。比如长电科技研发了拥有自主知识产权的Fan-out eWLB、WLCSP、Bumping、PoP、FCBGA、SiP、PA等封装技术。天水华天科技在TSV（SiP）封装技术方面，实现了12英寸图像传感器晶圆级封装规模化量产；

在指纹识别上，开发出 TSV 硅通孔晶圆级封装方案和超薄引线塑封技术；国产 CPU 的 FCBGA 封装技术量产成功；FC+WB 技术、PA 封装技术也进入了批量生产阶段。通富微电目前的封装技术包括 Bumping、WLCSP、FC、BGA、SiP 等先进封装技术，QFN、QFP、SO 等传统封装技术以及汽车电子产品、MEMS 等封装技术；测试技术包括圆片测试、系统测试等。

2018 年，中国国务院在《政府工作报告》中明确提出，要推动集成电路产业发展。在应用市场的不断发展和政府产业政策的支持下，未来中国国内集成电路市场将维持高速增长的势头。2018 年也是人工智能商业化的关键性时间点。随着大数据和计算机运行能力的发展，以谷歌 AlphaGo 为代表的人工智能已经实现了第三次突破，并且在特定的商业应用领域锋芒渐露。2018 年无疑是人工智能快速发展的关键一年，人工智能芯片和特定场景的人工智能应用解决方案已经成为该行业竞争的关键。李开复博士在《人工智能》一书中称，以人工智能技术为核心的相关商业应用是中国未来发展的重要机遇之一。“互联网+”为中国的传统制造业提供了大量的数据，发展中国家不断变化的现状使得社会各界对于新事物的接受程度远高于一些发达国家，具有强大凝聚力的中央政府则可以出台政策扶持新兴产业。人工智能是中国赶超世界科技强国的最佳机会。

9.2.2　中国集成电路行业的差距

近几年，全球集成电路市场发展迅猛，市场规模快速增长。如

图 9－2 所示，全球集成电路规模，2015 年为 3 352 亿美元；增长率为－0.2%；2016 年为 3 389 亿美元，增长率为 1.1%；2017 年为 4 122亿美元，增长率为 21.6%；2018 年上半年为 2 290 亿美元，同比增长率为 20.4%。以台积电为代表的 7nm 工艺的成熟，标志着全球集成电路行业正式进入 7nm 时代。

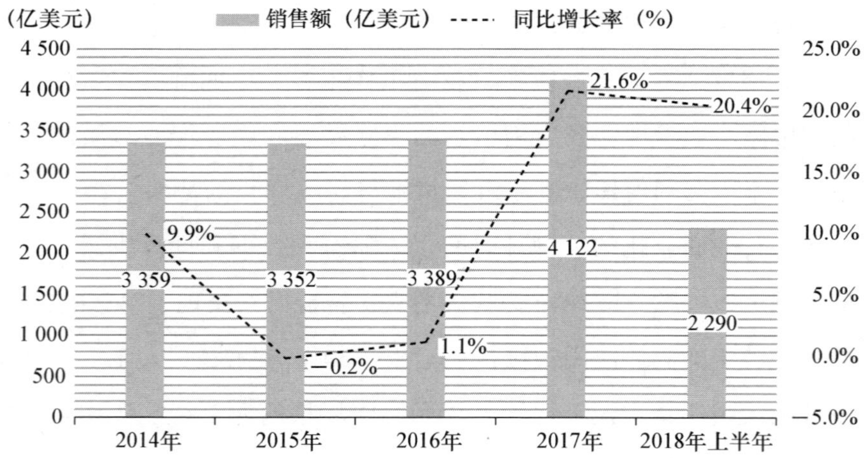

图 9－2　2014 年—2018 上半年全球半导体销售额及增长率

资料来源：国际半导体产业协会（SEMI）.

在 2018 年 10 月 22 日召开的北京微电子国际研讨会暨 IC WORLD 大会上，国家集成电路产业投资基金股份有限公司总裁丁文武指出，与国际水平相比，国内（主要是大陆）还有很大差距，主要表现在：一是对外依存度高，技术水平差距大；二是高端核心芯片基本依赖进口，主要来自美国英特尔公司、高通公司，韩国三星公司和中国台湾地区的台积电公司；三是产业规模差距大；四是企业研发投入与国际一流大企业相比差距大；五是中高端人才不足，缺口很大。

1. 国内集成电路行业发展缓慢的原因

中国研发设计落后主要是缺少芯片方面的人才，缺少有经验的工程师。根据 2017 年 5 月发布的《中国集成电路产业人才白皮书（2016—2017）》，目前中国集成电路从业人员总数不足 30 万人，但是按总产值计算，需要 70 万人，人才培养总量严重不足。在美韩日有许多工程师一辈子都在钻研某一项技术。而中国对这方面人才没有足够重视，缺乏崇敬科学的环境，很少有人能一心做技术，进而造成了人才总量短缺、人才梯度建设不甚合理的现象。即使有人才，也大多已经被欧美公司挖走，因为它们开价很高。除了人才，另一大痛点是资金的短缺。目前，一方面政府引导性产业基金不健全，另一方面市场资本支持不足够，初创企业所需要的早期投资和企业资源整合所需的并购资金均显得不足。①

以国内集成电路行业的制造环节为例，根据拓墣产业研究院的数据，2018 年上半年全球晶圆代工营收排名显示中国大陆的中芯国际和华虹两家公司分别排第五和第九，但市场占有率加起来只有 7.4％。② 这说明大陆在芯片制造上仍与国外有很大差距。2018 年初

---

① 林中易木．各国争相发力智能制造 中国解决四大痛点将迎崛起．智能制造网．［2018-11-13］．

② 王磊．2018 年上半年全球前十大晶圆代工排名出炉．电子工程世界网．［2018-05-24］．

中国大陆可以批量制造最先进的芯片是28纳米制程的，以中芯国际和厦门联芯两家公司为代表；而三星应用ASML最先进的EUV光刻机可以量产7纳米制程芯片。这方面中国落后世界先进水平两代以上。世界上光刻机巨头ASML每年先进光刻机产量只有几十台，只能优先供应其主要股东：三星、台积电、英特尔；当轮到供货给中国大陆企业时已经拖后很久了，所以到货时间太晚也是很严重的问题。2020年，美国在芯片技术方面对中国进行限制后，ASML甚至难以对中国大陆企业供货。但最严重的问题和芯片研发一样，还是人才的短缺。芯片的生产工艺很复杂，中国缺少相关经验的积累，获取先进设备方面现在也困难重重。即使最先进的设备到位了，也需要很长的时间掌握生产方法从而保证合格率。

2. 国际半导体一线厂商现状

三星电子在2017年成为全球最大的半导体企业，销售额约为635.7亿美元，同比增长43.5%，其中存储器芯片业务占比为81%。2017年8月31日，三星电子在西安高新区投资70亿美元，建设三星电子存储芯片二期项目，通过进一步提高产能，满足未来市场发展的需要。2018年7月10日，三星电子宣布，已经开始批量生产第五代V-NAND内存颗粒，全新第五代V-NAND采用96层堆叠设计，而中国的武汉长江存储当时还仅处于32层闪存样品阶段。2017年，在内存和闪存领域，IDM（垂直整合制造）厂商韩国三星和海力士拥有绝对优势，两家企业在两大领域的合计市场份额分别为75.7%和49.1%，在存储器和闪存的技术研发领域依旧走在行业前列，巩固了其在储存器领域的领导地位。

英特尔公司在 2017 年的半导体营业收入为 627.6 亿美元（据英特尔公司年报），同比增长 10%。其虽然在集成电路行业被三星电子超过，但是由于和微软公司密切合作，捆绑销售，目前在 CPU 领域仍然垄断着世界八成的市场份额。虽然国内设计的 CPU 产品只在部分指标上超越了国外，但缺乏产业生态支撑，后续发展乏力。

英伟达公司在 2017 年收入为 97.1 亿美元（据英伟达公司年报），同比增长 40.5%。英伟达公司的显卡，尤其是中高端显卡竞争力强，其也因此成为显卡行业的龙头企业。不仅如此，英伟达公司凭借其高层管理人员敏锐的观察力，产品较早涉及了数字货币领域，较为广泛地应用于各种数字货币的“生产”（“挖矿”）。随着近些年数字货币，尤其是比特币的高速发展，英伟达公司在该领域收入颇丰。

9.2.3　美日韩对中国集成电路行业的封锁

目前，美国对中国设立的大基金极其反感，因为中国的集成电路行业一旦实现跨越式发展，就势必会挤压以美国企业为代表的现有生产厂商的巨大利益，所以美国会通过一系列的贸易制裁来逼迫中国低头，逼迫中国通过谈判放弃对集成电路产业的支持。“中兴事件”后，中国国内已经就重点支持中国集成电路行业达成一致共识，无论是领导人还是民众都绝不允许极其关键的领域受制于人，所以任何阻力都不能阻碍中国全力发展芯片产业的决心。

美国和中国分别作为全球第一和第二大经济体，以往双方政府高层达成的基本"共识"是：经贸合作是中美关系的压舱石。目前，美国民主党和共和党已经就"中国是美国的首要威胁"这一判断达成共识，中国面临的已经不单单是美国在军事领域的"三大岛链"封锁，美国在经济、科技、文化方面对中国的封锁也已经在紧锣密鼓地进行。即便是中美达成贸易和解，也只是暂时的现象。美国的根本目的是遏制中国的崛起，而中国的崛起又是整个中华民族一百多年来始终追求的目标。在"非黑即白，非赢即输"的美国文化看来，中美现阶段是无法根本和解的。在这种背景下，我们与美国的合作会变得越来越困难，芯片合作更是几无可能。

9.3 以色列可能助力中国芯片产业实现突破

放眼"一带一路"沿线国家，能在尖端芯片领域帮助中国的国家并不多，而能与中国展开技术密切合作的国家更是少之又少。中国面临的选择余地并不多。也正因为少，所以中国会更加珍惜每一次合作机会，会和一切可以合作的国家进行密切沟通。

很多跨国公司非常看中以色列的研发实力，2016 年 1 月 26 日，索尼宣布出资 2.12 亿美元收购以色列牵牛星半导体公司。索尼计划将排名全球首位的图像传感器转变为嵌入通信等多功能系统商品进行销售，将利用牵牛星的技术，完成由半导体单一产品销售模式向复合模块以及系统服务的转换。在物联网技术日趋进步的背景下，通信用半导体的需求将进一步增加。牵牛星的通信用半导体具有耗电低的优势，与索尼擅长的图像传感器及定位传感器等技术相结合，可以开发出配备通信功能的新传感器零部件。

2017 年 8 月，英特尔公司发布了第八代酷睿处理器，其性能较上一代处理器提升 40%。英特尔公司作为世界最大的集成电路研发、制造商，其在电脑 CPU 领域的地位是极难撼动的。英特尔公司的第八代处理器就是在其位于以色列的特拉维夫研究院设计的。这充分说明了英特尔公司以色列研究团队的强大研发实力，也说明了以色列所具有的强大创新能力和潜力。英特尔公司的产品奔腾 3 和奔腾 4 均是在以色列研发中心研发的；英特尔加强 Wi-Fi 能力的迅驰芯片组是在以色列海法市的研发中心研发的；双核系列芯片也源自海法研究中心。英特尔迄今至少收购了 12 家以色列公司，拥有超过 1 万名员工，总投资超过 110 亿美元。由于集成电路行业前期投入巨大、研制周期漫长、风险难以把握，若没有庞大、稳定、长期的资金支持，没有聪慧、专业、潜心的研究人员，集成电路的研发只能是纸上谈兵或者重在参与。

2018 年 3 月 19 日，美国晶圆检测设备制造商科磊（KLA-Tencor）公司以每股 38.86 美元的现金以及 0.25 股公司普通股的价格，合计约每股 69.02 美元，共计 34 亿美元的价格收购总部位于以色列的自动光学检测（AOI）系统供货商奥宝科技（Orbotech）公司的多数股份。科磊公司是一家在美国纳斯达克上市的知名半导体和纳米电子产品设计、制造和销售商，为全球半导体和纳米电子产品相关行业提供设计、制造和销售过程控制和产量管理解决方案。奥宝科技的产品广泛应用于印刷电路板（PCB）、平板显示器（FPD）、先进封装、微机电系统等领域。通过此次收购，科磊将显著多样化其收入基础，并在高增长的印刷电路板、平板显示器、封装和半导体制造领域增加25亿美元的市场机会，更广泛的领先产品、服务和解决方案组合以及更多的技术大趋势将支持科磊的长期收入和盈利增长目标①。

以色列有大量芯片研发方面的人才。以色列工程师在低功耗、高频率及小体积等方面芯片研究能力世界领先。例如，英特尔在以色列的工程师研发的芯片能满足未来5～10年通信行业的升级需求；以色列工程师还研发了全球最小的纳米书籍——纳米圣经，最小的纳米电线——直径是微芯片中的电线的1/3。② 造就以色列科研人才的一个原因是良好的学术环境。根据经济合作与发展组织数据，一方面，以色列拥有学位的人口比例排名全球第三，49%的人口有学位，其中1/3的学位是工程科技领域的；以色列科学研究院的质量位列全球第三，研究学者占人口的比例也是全球领先的。另一方面，许多以色列工程师得益于自身的参军经验，在无线通信、数据加密、高频通信和国家安全方面有很深的造诣。和亚洲、欧洲的工程师相比，这种经历是很大的优势。同时犹太民族的创新能力也在其称霸

---

① 半导体设备厂商科磊34亿美元收购AOI系统供应商奥宝科技．搜狐科技．[2018-03-21].

② 彭湘墨．以色列或成中国芯片技术突破口．第一财经，[2018-04-27].

芯片研发市场中起到了举足轻重的作用。以色列地处动荡不断的中东地区，所以无法依靠和周边国家的贸易发展经济，同时又缺少自然资源。种种因素造就了一个自立的民族，鼓励创新、培养独创性的观点已内化到其文化中。作为多文化的移民国家，以色列又拥有多种文化和视角的优势。在世界经济论坛发布的《全球竞争力报告》（*The Global Competitiveness Report*）最具创新性国家中以色列排名第三。

在集成电路行业封测方面，以色列的一些公司也有一定的技术优势。比如世界上最大的半导体等电子行业检测设备公司科磊公司在以色列设有研发中心。科磊公司设计的机器可以检测到非常微小的位置偏差。科磊公司专注于此 30 年，该度量工作不仅仅用到了专业知识，还依靠一种直觉——在数据都可以通过的情况下仍然能察觉到错误的直觉。很多公司尝试过做类似的机器来替代，但都失败了。而且该公司一直走在市场前面甚至是设计的前面，比如现在最先进的设备中芯片是 10 纳米制程，但公司已经在研究检测 6 纳米制程的方法。①

除了人才，以色列还有许多其他优势。以色列芯片设计公司都有着卓越的快速交付能力，而这对于厂商抢占市场是至关重要的。另外，研发设计工厂转移地点的成本低。研发中心最重要的是人才，

---

① SHAMAH D. Apple，Samsung and the rest flock to Israel's Silicon Valley for chip tech. The Times of Israel. [2016-03-20].

转移公司地点时很容易，不像制造工厂。制造工厂需要将各种大型设备转移，转移成本巨大。以色列政府方面的支持也吸引着国外投资者，以色列创新当局会补助初创企业和大企业在研发方面的支出，其中有一些项目是为跨国公司量身定制的。

众所周知，中国有规模庞大的外汇储备、实力雄厚的跨国公司，还有越挫越勇的民族毅力，而以色列不仅拥有大量优秀的创业者，更拥有适合创业、包容失败的文化环境。双方若能在芯片领域展开合作，一定对中国和以色列两国都是大有裨益的。

小 结

中国为摆脱高端集成电路芯片“卡脖子”的不利局面，正在该领域奋起直追。然而，在芯片行业发达的国家中，要么与中国在发展芯片方面存在利益冲突，要么受《瓦森纳协定》的约束，中国难以与这些国家在发展芯片方面开展技术合作。但以色列是个例外，一方面以色列与中国不存在尚未解决的重大利益冲突，同时受《瓦森纳协定》的约束较小，且芯片行业非常发达。因此，中国与以色列在芯片领域具有广泛的合作机会。

第 10 章/*Chapter Ten*

中以商业合作之农业篇

中国是一个农业大国，但并非是一个农业强国，尤其是在利用科技改善农产品的产量和质量方面。以色列大部分地区严重缺水，三分之二的地区是沙漠或沙化区域，而借助于先进的农业科技，以色列农产品的产量和质量却举世闻名。中国的西北部地区土壤情况与以色列类似，以色列的农业科技有许多值得中国学习和借鉴的地方。

10.1　中国农业领域竞争力的现状

10.1.1　种植作物传统的培育方式

2018 年 1 月 2 日，中共中央、国务院制定《中共中央　国务院关于实施乡村振兴战略的意见》。这是新世纪以来的第 15 个以“三农”工作为主题的中央一号文件。

中国是一个人口大国，截至 2017 年年底，中国人口数量已经达到 13.9 亿。虽然中国在 20 世纪 80 年代实行了计划生育政策来控制人口过快增长，但是在未来 15 年内人口总量依然会呈上升趋势。另外，由于中国的地理环境特殊，人口分布极不均匀，在黑河—腾冲线的东南侧是中国的人口稠密区，占国土面积的 43%，养育着 94%的国人。改革开放以来，中国东、中部地区经济迅速发展，工业和城市建设用地面积快速扩张，农业用地面积下降明显。“无农不稳”是对农业最恰当的描述，因为农业是人民生活的基本保障，是社会稳定的重要前提，是国家富强的必要条件，所以中国历届政府都十分重视农业的稳定、发展。

近年来，中国农业面临重大调整空间，其中尤其以 2015 年最为突出，一方面，全国粮食总产量为 62 144 万吨，实现了粮食产量的“十二连增”，对于国内经济、社会稳定做出了重大贡献；另一方面，全年粮食谷物共进口 3 271.5 万吨，同比增长 67.6%，而且中国的粮食储备仓库已经接近储备极限，急需通过财政补贴方式进行粮食处理。面对“三量齐增”的奇怪现象和“国粮入库，洋粮入市”的尴尬局面，中国政府通过调整玉米收购价格、引导农户种植经济作物等诸多手段来化解危机，并且在 2016 年初显成效，如表 10 - 1 所示，中国农产品进口额下降，贸易逆差大幅度减少。但是 2017 年和

表 10 - 1　2009 年—2018 年前三季度中国农产品进出口额及增长率

年份	进出口总额（亿美元）	增长率	出口额（亿美元）	增长率	进口额（亿美元）	增长率	贸易逆差额（亿美元）	增长率
2009	921.4	−7.1%	395.9	−2.3%	525.5	−10.4%	129.6	−28.6%
2010	1 219.6	32.2%	494.1	24.8%	725.5	37.7%	231.4	76.5%
2011	1 556.2	27.6%	607.5	23.0%	948.7	30.8%	341.2	47.5%
2012	1 757.7	12.9%	632.9	4.2%	1 124.8	18.6%	491.9	44.2%
2013	1 867.0	6.2%	678.3	7.2%	1 188.7	5.7%	510.4	3.7%
2014	1 945.0	4.2%	719.6	6.1%	1 225.4	3.1%	505.8	−0.9%
2015	1 875.6	−3.6%	706.8	−1.8%	1 168.8	−4.6%	462.0	−8.7%
2016	1 845.6	−1.6%	729.9	3.3%	1 115.7	−4.5%	385.8	−16.5%
2017	2 013.9	9.1%	755.3	3.5%	1 258.6	12.8%	503.3	30.4%
2018 Q1—Q3	1 628.1	10.6%	575.8	8.1%	1 052.3	12.1%	476.5	17.3%

资料来源:中国农业农村部.

2018年前三季度，中国农产品的进口额和贸易逆差额再次大幅度提升，我们必须清楚地认识到中国的农业结构调整还远不到位，农业面临的诸多问题还未得到根本性改善，与世界农业强国的差距还很大。

由表10-1可知，从2009年到2018年前三季度，中国农产品进出口总额虽然有起伏波动，但是总体处于上升趋势。对比出口额和进口额，虽然二者总体都呈上升趋势，但是进口额的增长速度总体上要快于出口额的增长速度，并且由贸易逆差额的快速增加也能得出这一结论。

如表10-2所示，从2001年中国加入世界贸易组织（WTO）后，中美贸易中，在农产品领域，中国始终处于贸易逆差状态。从2007年到2014年，中美两国的农产品贸易总额和进口额总体均呈现

表10-2 2007—2016年中国与美国农产品进出口情况 单位：亿美元

年份	贸易总额	进口额	出口额	贸易逆差额
2007	177.08	127.96	49.12	78.84
2008	246.24	189.78	56.46	133.32
2009	228.68	177.97	50.71	127.26
2010	305.29	243.46	61.83	181.63
2011	384.28	311.86	72.42	239.44
2012	438.24	360.96	77.28	283.68
2013	422.12	344.18	77.94	266.24
2014	444.44	365.22	79.22	286
2015	392.46	313.86	78.60	235.26
2016	380.58	302	78.58	223.42

资料来源：中国农业农村部.

增长趋势，其中在 2009 年又最为明显。2009 年中国农产品贸易逆差为 129.6 亿美元，而中国对美国农产品贸易逆差额为 127.26 亿美元。换句话说，在 2009 年中国对美国农产品的贸易逆差额占到了中国全年农产品贸易逆差额的 98.2%。在 2015 年后进口额出现了下降，贸易逆差收窄，但是中国对美国的部分农产品依然非常依赖。

10.1.2　畜牧业粗放式的经营

1. 畜牧业结构有待调整优化

目前，大多数的畜牧产业都是中小规模养殖，产业化程度不高，其畜牧产品基本上都是直接对外销售，并没有畜牧产品加工环节，更没有畜牧产业链意识，畜牧养殖的经济效益很低。在日常的养殖过程中，畜牧业的生产方式落后，科学技术含量低，养殖风险非常高，没有完善的养殖计划，一旦遭受养殖损失，很难弥补。①

2. 畜牧产品质量不过关

一些畜牧养殖户为了追求更高的经济利益，在日常养殖中经常违反相关规定，私下在饲料中滥用各种激素、抗生素等添加剂，加速牲畜的生长，缩短其生长周期。但是时间一长，很多牲畜受到了激素、药物污染，导致畜牧产品存在质量风险。为了方便管理和提

---

① 宫凤鸣，倪新峰. 我国畜牧业如何转型升级提质增效形成现代畜牧业. 南方农机，2018 (14)：75.

高监管，中国设立有专门的屠宰场所，但是很多畜牧养殖户为了减少成本，选择自己私屠滥宰，这就导致畜牧产品的质量难以得到保证。在一些基层地区、偏远地区的畜牧养殖区域，由于经济发展滞后，缺乏专业的兽医、畜牧养殖专家的指导，日常养殖都是依靠以往或畜牧养殖户之间分享的养殖经验，养殖程序不科学。上述因素导致了中国现阶段大量的畜牧产品存在质量问题，这也不难理解中国居民对食品安全的担忧。

3. 畜牧业污染现象严重

大多数的畜牧养殖都没有建立完善的排污系统，一些养殖户甚至直接将养殖粪便、脏污排到养殖场周边。没有进行统一管理和处理，极有可能会污染养殖区域附近的水资源和自然资源；个别畜牧业还会造成空气污染、增加空气中的细菌，引发人们的呼吸道疾病，严重影响到附近其他居民的日常生活。有关畜牧养殖产生的废弃物的综合利用能力低，畜牧污染的监督机构机制不完善，不利于现代畜牧业的可持续发展。①

10.1.3 中国面临的两大关键时刻

目前，中国在农业领域面临两大关键时刻：供给侧结构改革和“西部大开发”。

① 沈荣华，邱新梅，李红伟，等. 畜禽养殖场综合防疫技术. 中国动物保健，2014 (3)：39-41.

随着改革开放的深入，中国的农业结构中存在三个主要问题亟待解决：首先，中国农产品现多处于价值链的底端，因化肥、农药等引起的质量问题近年来受到越来越多的关注。正如习近平同志在十九大报告中强调的："中国特色社会主义进入新时代，我国社会主要矛盾已经转化为人民日益增长的美好生活需要和不平衡不充分的发展之间的矛盾。"随着人民生活水平的提高，中国农产品应更多地向优质化发展，而目前品质的不充分也是造成"买不到，卖不掉"现象的重要原因。供给和需求双方的价值观不对等，自然会导致结构问题。其次，中国在大力发展农业的同时，似乎忽略了产业环境的治理。对此，罗浩轩提出，中国农业转型中重要的一项为"以资本下乡为主力的资本深化"①。下乡资本本应融入中国农村地区的农业振兴策略之中，但从现实来看，下乡资本却给农业农村带去了负面的结果，其中一种消极影响就是"非农化"和"非粮化"。也就是说，这些来自工商资本和部门资本的非农资本下乡后并没有对粮食产量产生实质上的提高作用，反而使得可耕地面积缩水。最后，随着农业原材料价格的上升，由于农产品价格天花板的限制，中国农业的利润空间不断下降，再加上向来农民"靠天吃饭"，成熟的相关技术得不到全面推广，从而使得农业成为一个高风险、低收益的领域，不具有投资吸引力。农业产业融资难的问题更是遏制了这个行

① 罗浩轩．当代中国农业转型"四大争论"的梳理与评述．农业经济问题，2018（5）：33－42.

业向前发展的动力。综上所述，中国有待于从两个方面来实现结构性改革：从“量”到“质”的跨越和“可持续发展”的延伸。

“西部大开发”是中国21世纪末的一项重大举措，旨在缩小中国西部地区的城乡差距，从基础设施、城市风貌、科技创新、教育环境等方面提高西部的综合经济效益。以新疆为例，新疆位于中国西北部，地域宽阔，深居内陆，属于典型的温带大陆性气候。除了气候类型与以色列有所差异，在空气、地貌、降水量等方面与以色列极为相似。然而，新疆农业方面的成果却不如人意。用水结构的不合理导致水资源浪费，种植结构的不合理导致产量没有大幅提升，且产品质量和品种方面没有较大的突破，农田水利管理还有待于继续深化。[①] 显然，以色列先进的农业技术对新疆农业非常有帮助。除此之外，以色列在诸多农业技术方面都对中国的“西部大开发”进程也有着深刻的借鉴意义，有待进一步合作。

10.2 以色列农业科技突破性发展的原因及现状

10.2.1 以色列为适应极度恶劣环境而进行的农业创新

以色列位于地中海东南沿岸，国土面积为2.5万平方公里，是

① 王映红，夏金梧，李铭利. 以色列节水农业对新疆农业现代化的启示. 水利发展研究，2016（12）：26-29+36.

中国国土面积的 2‰。其中，位于以色列南部的内盖夫地区就占了 1.2 万平方公里，大部分都是沙漠地带，属于干旱高原，只有内陆的一些谷地适合农耕，耕地面积不足世界平均水平的 20%。

建国初期，以色列仍然处于动荡不安的战争环境之中，经济本身发展缓慢，再加上当时大量的移民涌入，农业成为了恢复经济的重要支柱。因此，当时以色列的农业发展政策聚焦于解决温饱问题：作物种类以谷物种植为主；1952 年，以色列引进了棉花种植，用 10 年时间解决了穿衣问题，棉花单产全球第一。以色列地表水资源分布不均匀，成为以色列发展农业的一大阻碍。于是 1953 年，以色列大兴“北水南调”工程，将北部约旦河和加利利海的水资源引入南部沙漠地区，为之注入水源。

到了 20 世纪 60 年代，以色列农产品自给自足基本实现。由于土地循环播种，农产品结构单一，谷物的优势开始下降，因此政府积极地做出政策调整。考虑到周围国家的农产品需要，以色列开始鼓励养殖畜牧业等，在丰富本国农业品种的同时，也有利于增加出口。此外，60 年代末滴灌技术的发明也使得以色列农业从此蓬勃发展。1972 年，以色列制定并实施了《国家污水再利用工程计划》，开始了大规模的污水再利用，规定城市的污水至少应回收利用一次，同时将其应用在滴灌技术中，改善了农业中的水源质量。

根据国际市场和本国自然条件，以色列从 20 世纪 70 年代开始改变农业生产结构，从以粮食生产为主，转向发展高质量花卉、畜牧业、蔬菜、水果等出口创汇的农产品①。由于及时感知到了国外的农产品需求，以色列的这一转变充分利用了本国比较优势，极大地提高了经济效益。

根据以色列中央统计局数据，截至 2018 年 10 月，以色列人口数为 892.4 万，农业人口不足其 5%，意味着这 5%的农民肩负养活 100%以色列人口的重任。以色列北部是崎岖的高地，中部是丘陵地带，由中部向南伸展是沙漠地区，且沙漠占国土面积的 2/3。受附近撒哈拉沙漠、地中海的气候影响，以色列北部属于亚热带地中海型气候，夏季漫长、炎热、少雨；受地势地貌的影响，以色列南部的气候更接近于热带沙漠气候。如此先天不足的地理和气候等条件使以色列在发展农业时显得举步维艰。

以色列可耕地面积有 615 万亩（4 100 平方公里），仅相当于 2/3 个上海市（上海面积 6 340 平方公里）。以色列是地中海气候，虽位于北半球，但是其雨量多集中在 11 月至次年 4 月间，全国年均降水量为 200mm，且降水量分布不均，其年降水量北部为 700～800mm，中部为 400～600mm，南部的内盖夫沙漠区域仅为 25mm，全国有一半地区年降水量不足 150mm。以色列人均水资源量仅 270 立方米，只有世界平均水平的 3%。以色列水资源紧缺且时空分布不平衡，沙漠区域的农业发展更加面临水资源短缺的严重威胁。世界资源研究所（The World Resources Institute，WRI，一个全球性环境与发展

① 霍金鹏. 以色列缔造的农业奇迹. 中国经济报告，2016（12）：114-117.

智库，致力于研究环境与社会经济的共同发展）的数据显示，33 个水资源压力最大的国家中有 14 个位于中东地区，其中包括以色列。

严重缺水的现实迫使以色列实行水资源国家所有和管控，在全国内进行统一分配，大力开展节水宣传和培训，研发和应用节水技术，在农业方面采用高效节水灌溉技术，并形成了特有的滴灌节水技术；充分利用现有淡水资源，并创新海水淡化和污水处理回用技术，提升水资源利用率，以增加灌溉水资源量。这一系列高科技使以色列实现了不足总人口 5%的以色列农民利用滴灌技术，摆脱了对土地的依赖，不仅养活了自己的国民，还大量出口农产品，以色列因此被誉为“欧洲冬季菜园子”。

以色列的设施农业很发达，但其大棚朴实无华，因为犹太人要计算投入和产出的比值。以色列的滴灌，实际上是水、肥、药一体，不是简单的节水概念。中国的设施农业硬件可能很先进，但往往是软件和管理跟不上，形不成完整、高效的生产链。① 以色列中央统计局数据显示，2018 年以色列出口农产品的价值总量达到 2.44 亿美元。在扩大出口的同时，以色列也摸索出了适合本国国情的农业发展战略，为之后新兴农业技术的发展奠定了坚实的基础。

根据百度百科的解释，设施农业是在环境相对可控条件下，采用工程技术手段，进行动植物高效生产的一种现代农业方式。设施农业涵盖设施种植、设施养殖和设施食用菌等。在国际上，欧洲、

① 柳莉. 以色列“创新经济”及其对我国的启示. 学理论，2014（31）：107-109.

日本等通常使用“设施农业（protected agriculture）”这一概念，美国等通常使用“可控环境农业（controlled environmental agriculture）”一词。设施农业从种类上分，主要包括设施园艺和设施养殖两大部分。设施养殖主要有水产养殖和畜牧养殖两大类。设施园艺按技术类别一般分为连栋温室、日光温室、塑料大棚、小拱棚（遮阳棚）四类。

10.2.2 以色列现代农业的优势

1. 滴灌技术

在以色列众多的农业科技中，滴灌技术可以说是登峰造极。以色列农业灌溉技术经历了大水漫灌、沟灌、喷灌和滴灌等几个阶段。

滴灌技术与其他灌溉方式相比有五个鲜明的特色：第一，滴头直接将水输送到地下根系附近的土壤之中，减少了水分蒸发，大大提高了水的利用率，节省了以色列本就不充裕的水资源。在传统的灌溉方式中，有85%的水分都被蒸发掉了，地表滴灌可以把水的利用率大幅提高到80%，地下滴灌可以提高到95%以上[①]；而且肥料可以和水一起输送到目的地，同样也节约了肥料的消耗。第二，滴灌适合长距离和坡地灌溉，所以说，滴灌是为符合以色列的地貌特征而设计出来的。幸运的是，这种多样适应性同时也解决了很多国家的难题。第三，由于水和肥料集中在植物的根系部分，减少了杂

① 霍金鹏．以色列缔造的农业奇迹．中国经济报告，2016（12）：114-117.

草的生长。第四，滴灌技术可以有效地避免水与叶子的直接接触，因此可以用微咸水灌溉而不会灼伤叶子，也降低了灌溉对水源的质量要求。第五，“在用微咸水灌溉盐碱地时，可以冲走根部的盐分，避免根部盐分的积聚”。①

从 20 世纪 60 年代到 80 年代，以色列每年在农业中用水量平均为 11.86 亿立方米。进入 90 年代之后，随着农业逐渐发展成熟，理论上用水量应该随之增加，但是统计数据显示，近年来每年农业用水量在逐渐减少，在 2015 年甚至仅为 11.18 亿立方米。微咸水、海水、淡水、污水等多种水源的综合利用为以色列的农业用水节流计划做出了巨大贡献。表 10－3 列出了以色列部分年份农业用水量。

表 10－3　以色列部分年份农业用水量　　单位：百万立方米

年份	农业用水量
1964	1 075
1969	1 249
1979	1 235
1990	1 216
2000	1 138
2010	1 100
2012	1 085
2013	1 204
2014	1 122
2015	1 118

资料来源：以色列中央统计局.

以色列的水器械公司是首批在世界各地建立销售网络的公司，

① 亢森. 科技产业化：起底农业强国以色列. 农经，2016 (12)：93-96.

它们为所在地提供创新型海水淡化设备、滴灌设备和过滤设备。硬件技术、生物技术、医疗设备和农业领域的初步成功为这个犹太国家建立起坚实的产业生态系统，此外，还有世界上最好的风险投资群体和欣欣向荣的企业家群体作为补充。1965 年成立的灌溉设备公司耐特菲姆（Netafim）将以色列工程师派到世界各地的市场，他们在分公司数英里范围内创造了一个竞争者与合作者的联盟。如今，耐特菲姆在全世界各地有 17 个工厂，它通过 29 个分公司在 110 个国家和地区开展业务。耐特菲姆的工程师们在滴管过滤、抽吸和原材料方面一直引领世界创新步伐。在过去十年里，以色列的灌溉技术群造就了许多世界级的农业技术初创企业，这些企业主要提供土壤湿度检测设备、远距离成像设备、生化作物种植方法和大数据分析方法。

2. 监测控制技术

以色列是世界上首批利用其他行业的技术追踪水设施并控制水泄漏的国家。通过与本国世界级的网络安全技术公司合作，以色列已经成为水安全和安全技术领域的开拓者。它在解决回收水的应用问题上发挥着主导作用。此外，以色列的初创企业在小规模现场处理回收水方面推出了创新性的解决方案。比如，以色列农业科技公司 Phytech 开发的植物监控技术使种植者能够实时、不间断地监控、分析、分享有关农作物需求的数据流。Phytech 公司生产的生长测量仪可以帮助种植者做农作物日常管理决策，以增加产量、优化质量。Phytech 公司的产品系统通过在农作物周边安装传感器采集数据，并通过基于云计算的服务器和基于网络的软件，不断整合植物状况数据和辅助性的环境数据，再加以处理，成为可以实时推送的建议。以德列斯（Utilis）公司研发的技术则是以捕获疑似泄漏区域的多光谱航空影像为分析基础，通过计算、调整各种失真因素，将所获信息与管道基础设施布局相对比，显示出地下水管的泄漏位置。以大数据分析和先进的算法为基础，水系统预警服务公司 TaKaDu 的物联网和云计算方法不仅有助于对供水设备提早查出问题，减少水的流失，缩短维修周期，还能提升客户服务质量。

3. 先进的育种技术

以色列有 2/3 地区被沙漠覆盖，面临少雨缺水的自然条件，而且盐碱地的地力极其不利于农业发展。然而就在这片土地上，以色列人民却创造了一个农业奇迹，不管是在农产品的产量上还是品质上，都有在别国人看来不太可能的突破。治理沙漠是一个长期工程，绝非一朝一夕可以解决。基于这样的事实，以色列致力于农作物种子的研发，通过植物工程、遗传工程、杂交和基因改造等科学技术不断改进种子的抗病性和农作物的适应能力，使其适应当地气候、土壤和水等自然环境，从而生产出高附加值、高营养价值的绿色农产品；同时，还培养出对水的需求量较少的农作物种子和多种抗灾、抗病的新品种。

在新种子的培育过程中，以色列还成立了世界第一个专门储存野生谷类的植物资源库，该资源库拥有 8 万种不同遗传基因的种子。我们平时所种植的农作物，并不是每一部分都会被食用，但是每一部分都会消耗水分和养分。以西红柿为例，我们只吃西红柿的果实，并不吃西红柿的根、茎、叶部分，但是这并不意味着这些部分就不消耗水分。以色列通过培育一种特殊的西红柿，使得根茎叶所需水分都变得较少，植物的养分和水分都集中在果实，这样就能进一步减少植物需水量，有利于农作物种植。如今的以色列是世界主要育种市场之一，特别是节水作物，包括短秆小麦和密结西红柿，在业内独树一帜。又比如被誉为“酸甜类水果种植中的一场革命”的矮秆柑橘：这种新品种不仅可以长期耐旱，吸水量减少了 1/3，而且结果的时间也比原来缩短了一半，产量有明显提高。另外，“花卉生产效益也很高，一公顷温室一季可收 300 万支玫瑰，可产 500 吨番茄”,[①] 为以色列赢得了“欧洲冬季花园”的美誉。

此外，以色列对农作物新品种的培育和生产十分有计划，坚持着“生产一代，研发一代，构思一代”的发展战略。通常情况下，一个新品种的生命周期为 3～4 年，之后将被另一种新上市品种所取代。因此，在一种农作物品种上市之初，以色列就已经开始研究开发另一个或下一代可供更新的农作物品种。长此以往，推陈出新，使得以色列的育种技术一直处于世界领先地位。

4. 无与伦比的杀虫技术

以色列曾是世界上生产普通农用化学品最多的国家，但是长期使用农药、化肥等农产品使得土壤养分结构失衡，导致土壤恶化和

---

① 宗会来. 以色列农业生产特点和农业政策介绍. 中国畜牧业，2016（13）：55-58.

农产品质量下降。为改善农业生产环境，以色列大力研发生物杀虫技术，培育出了一种专吃毁坏草莓的小虫子的蜘蛛，这种蜘蛛现在已出口到美国加利福尼亚州。以色列科学家还运用细孔尼龙网覆盖温室的方法，来有效防止害虫飞入。以色列 85%的柑橘种植园已经实行了害虫综合管理，利用黄蜂或其他昆虫等自然生物来对付害虫，尽量减少化学品使用。此外，2015 年 8 月 4 日，以色列 Evogene 公司宣布，利用自主开发的微生物数据库和计算机分析平台，成功发现了来自微生物的具有杀虫作用的、新型候选基因，在害虫控制领域树立了一个关键的里程碑。①

5. 系统化的养殖技术

以色列的奶牛养殖技术也是闻名世界。应用计算机辅助养殖奶牛是以色列的一大特色，其兽医中心、饲料中心、育种中心都被接入全国的信息网络系统。每一个奶牛场都安装了奶牛观察管理软件，对奶牛从出生到出售，实施全程监控。奶牛成长各个阶段的数据都能及时被采集，育种专家、兽医专家、营养专家会随时对奶牛场进行综合数据分析，然后提出自己的建议并共享数据。

以色列的畜牧业产量高、质量好，是农业领域重要的出口创汇行业。许多国家通过引进优质奶牛品种，加以本土化育种。以色列也是如此，经过不断改善，完善奶牛的育种目标，以色列荷斯坦奶牛的质量也在不断提高。加上兽医制度、科学口粮规划、排泄物处

---

① 刘学．以色列农业科技发展镜鉴．瞭望，2018（20）：56-57.

理以及政府实行的配额制等措施，以色列畜牧业得到了迅速发展。[①]

10.3 中以双方在农业领域的合作成果及前景

如表 10－4 所示，2017 年中以双边贸易额为 131.21 亿美元，同比增长 15.6%。2018 年上半年中以双方贸易势头良好，进出口总额已经达到 102.02 亿美元，2018 全年这一数字应会突破 180 亿美元，创历史新高。但是需要注意的是，从 2012 年—2018 年上半年，中国始终保持着对以色列的贸易顺差，并且这一数值有进一步上升的趋势。

表 10－4 2012 年—2018 年上半年中国向以色列的进出口情况 单位：亿美元

时间	中国向以色列出口总额	中国从以色列进口总额	中国和以色列进出口总额
2012 年	69.88	29.22	99.10
2013 年	76.45	31.81	108.26
2014 年	77.39	31.41	108.80
2015 年	86.16	28.02	114.18
2016 年	81.81	31.73	113.54
2017 年	89.19	33	131.21
2018 年上半年	74.34	27.68	102.02

资料来源：中国海关总署、中国商务部.

扭转贸易逆差是以色列政府和社会需要解决的问题，而中国的

① 邓蓉，倪和民．以色列奶业发展经验对中国的启示．现代化农业，2014（9）：52－54.

农业生产效率是远不如以色列的。全球正在承受气候变化所带来的困扰，节能减排成为了各国所关心的热点话题。从水资源一项上来看，中国农业灌溉水利用系数仅为 0.4～0.45，大大低于国外先进水平的 0.7～0.8，这无疑成为一个痛点，亟待解决。[①] 而以色列的滴灌技术居于世界领先地位，在恶劣的自然条件下仍能高效产出农作物，这种技术无疑对中国农业具有很大意义。

除此之外，上文所提到的耕地资源短缺、干旱半干旱面积广大等共同特点，是中以合作的另一基础。除了在技术和市场方面的互补以外，存在一定部分的相同耕作条件，也让中以在农业方面的共同合作与开发成为可能。

10.3.1 中以双方农业领域的合作成果

1. 中以双方农业合作的历史

以色列作为“一带一路”沿线国家，其与中国的贸易由来已久。具体到农业领域，中以在正式建交前就有着良好的农业合作基础，在 1992 年建交后更是立刻签署了农业合作谅解备忘录。中以双方在中国农业大学成立了中以国际农业研究培训中心；后来又在北京郊区建立了示范农场；在山东、陕西、云南及新疆等地，建立了农作物培植、花卉种植、奶牛养殖、节水旱作农业示范基地。借鉴和依

① 我国资源利用的总体状况. 中国政府网. [2005－12－19]. http://www.gov.cn/ztzl/2005－12/29/content_141079.htm.

托以色列技术，科研人员在节水灌溉领域开发了一些适合中国国情的低成本、高效率的产品；在栽培技术方面研发适合中国的低成本、高产出的蔬菜和花卉栽培技术；在畜牧养殖技术方面，开发了适合中国当地奶牛特色的养殖技术，节约成本并提高了奶产品的质量和产量。① 1995 年，第一个以色列农业示范农场在中国落户，该农场吸引了许多以色列企业来华开展业务，并将先进技术引入了中国农业领域。2001 年，中以示范奶牛场正式启动，推动了畜牧业相关技术在中国的推广普及与商业合作。两国更是早在 1993 年就在中国农业大学成立了中以国际农业研究培训中心，每年会有几百名中国专家被派往以色列参加不同的培训课程，以色列也会派专家来华开设实体培训课程，参加培训课的学员数以千计。

2. 两国政府的相互推动

中以农业方面合作的成功，不仅源于双方农业发展的互补性，更离不开中以两国政府、相关企业以及一些民间团体的推动。

两国政府对于农业合作的重视从一个例子中可见一斑。自 1992 年建交到 2000 年，中以两国的关系一直处于良性互动阶段。但在 2000 年，以色列受到来自美国的压力，拒绝向中国出售“费尔康”预警机，违反了原定合同。这次事件后，中以两国关系进入了“阴影期”。以色列总理巴拉克 2001 年的访华计划未能成行，中方部长级以上官员也不再访问以色列，这种情况持续到了 2004 年。然而，

① 肖宪．“一带一路”视角下的中国与以色列关系．西亚非洲，2016（2）：91-108.

在此期间中以两国的农业合作未曾停下过步伐。事实上，前文提到的中以示范奶牛场正是在此时段创立的。2002 年 8 月，两国政府更是在北京签署了《中以旱作农业示范培训中心谅解备忘录》，决定在新疆建立中以旱作农业示范培训中心。新疆和以色列气候条件相似，在农业发展中需要借鉴以色列的技术与经验；以色列用具体行动参与中国的西部大开发，掀开了与中国西部农业领域交流与合作的新篇章。

有了政府的大力支持，中以的民间合作更显得如鱼得水。2017 年 6 月 27 日，在以色列一年一度的国际农业展上，包括灌溉网、维昌洋行中国有限公司在内的多家中国企业都来到展会进行了学习考察与洽谈合作。中国农业大学农业规划科学研究所所长张天柱、中国驻以色列大使馆科技参赞崔玉亭也参加了本次展览。北京清源保生物科技有限公司还成为首个成功参展的中国企业。①

随着中以经贸关系的迅速发展，两国政府间的合作也日益密切。2017 年 7 月 24 日，陕西省人大常委会副主任胡悦在西安会见了以色列希伯来大学农学院前副院长、土壤及水资源系教授尤纳·肯一行。胡悦表示，以色列的节水灌溉技术非常值得陕西学习和借鉴，希望双方能加强在农业领域的合作，使得中国农耕文明发祥地之一的陕西能进一步提高水资源利用率与旱作农业产量。

① 孙伶俐. 以色列举办国际农业展 中以农业合作前景广阔. 国际在线. [2017-06-28].

2017 年 9 月 11 日，中国财政部部长肖捷与以色列财政部部长摩西·卡隆在北京共同签署了中以清洁技术财政合作议定书，总额 3 亿美元。该协议将促进中以农业技术、智能绿色能源技术等环保科技领域的合作。根据该合作协定书，以色列政府将向中方提供优惠贷款，用于引进以色列先进技术和设备，支持中国清洁技术领域的项目建设。值得注意的是，此次协议为中以双方 2012 年财政协议的延续。2012 年，中以两国财政部签署共计 3 亿美元的合作协议，增进双方在农业节水技术领域的合作。

2017 年 9 月 12—14 日，以色列水技术与环境大会暨博览会在特拉维夫召开。中国水利部副部长田学斌率团出席大会开幕式，并在致辞中指出，中以两国在应对气候变化、水资源综合管理和节水灌溉等领域面临着很多相似的问题和挑战，以色列的滴灌等先进技术在中国多个省市得以应用，在中国的土地上生根发芽，为中国推动水利技术的革新和进步提供了有益的帮助和借鉴。

2017 年 11 月 28—30 日，中国-以色列自贸区第三轮谈判在以色列举行。商务部副部长王受文与以色列经济部副部长罗伊·费舍尔分别率团出席谈判。双方就货物贸易、服务贸易、原产地规则及海关程序、卫生与植物卫生、经济技术合作、电子商务以及争端解决等议题展开磋商，并取得积极进展。

2018 年 1 月 23 日，"2018 中国（哈尔滨）·以色列现代农业高峰论坛"在哈尔滨举行。由以色列企业技术入股方式合作建设、总投资 56 亿元人民币的中以现代农业产业园落地哈尔滨，即将开工建设。该项目将进一步促进中以双方在现代农业领域的合作与交流。

10.3.2　中以双方农业领域的合作前景

1. 宏观层面

在 2018 年 11 月 15 日于南京召开的中国-以色列农业创新合作部长级会议上，中国农业农村部部长韩长赋指出“中以双方农业互补性强”。由表 10-5 可以看到，以色列对中国出口的肥料总金额巨大，每年均达到了二三十亿美元，相比之下，中国对以色列的出口集中在了食品上，但其总金额也只不过是每年 1 亿多美元罢了。《中外管理》曾刊文指出，以色列农业科技偏爱中国。“对于以色列企业来说，与中国企业合作，它们的偏好相对集中在科技（包括农业科技）、环保、基础设施及建筑等行业”①。上面所列的统计指标，从数据上印证了以色列在与中国农业合作中所取得的丰硕成果。

表 10-5　2013—2016 年以色列对中国的进出口部分商品情况对比

商品类别		金额（千美元）			
		2013 年	2014 年	2015 年	2016 年
活树和其他植物、球茎、根和其他园林植物	出口	13	81	163	2 135
	进口	62	61	76	52
乳制品；鸡蛋；天然蜂蜜；动物来源的可食用产品	出口	18	—	—	—
	进口	111	81	24	64

① CHARLES. 以色列最喜欢与中国哪类企业合作？. 中外管理，2017（6）：36.

续表

商品类别		金额（千美元）			
		2013 年	2014 年	2015 年	2016 年
可食用蔬菜的根和块茎	出口	1	15	—	58
	进口	12 730	10 400	12 514	19 269
肥料	出口	343 981	315 495	346 438	208 518
	进口	3 312	3 952	4 542	5 360

资料来源：以色列中央统计局.

中国的农业与农业相关企业是否从这样大额的进口中获益了呢？其实从以色列出口数据中不难看出，在 2016 年，以色列对中国的肥料出口锐减。这一方面可能是由于政策合作问题；另一方面也有可能是因为中国企业已学到以方很多肥料制作技术，不再需要进口。

由表 10 - 6 可以看到，2013—2015 年中国粮食单位产量确有平稳上涨，但在 2016 年有小幅下滑。这可能与对以色列肥料进口的下滑有关吗？笔者尝试由上述数据进行回归检验，但由于影响中国粮食单位产量的因素过多，而 4 年的数据又太少，根据上述数据做回归的效果并不好。虽然以进口量作为解释变量能通过显著性检验，但拟合优度只有 6%，解释力度十分有限。

表 10 - 6　2013—2016 年中国粮食单位产量　　单位：公斤/公顷

年份	粮食单位产量
2013	5 376.8
2014	5 385.0
2015	5 482.9
2016	5 452.1

资料来源：中国国家统计局.

从宏观层面并不能进一步看出与以色列合作为中国农业带来的效益，也许我们应从具体产业行业入手进行分析。

2. 中微观层面

上文提到，以色列在农业方面有许多出色技术，如滴灌、生物育种、奶牛养殖以及温室技术。农业情况复杂，中国无法全国性地大批引进这些技术，但许多地区与行业都曾与以色列就上述方面进行合作尝试，并确实取得了喜人的成效。

（1）灌溉技术。

中国对以色列滴灌技术的借鉴历程大约经历了节水企业借鉴与生产基地借鉴这两个过程。1995 年，中国最早生产内镶式滴灌管的企业——北京绿源塑料联合公司（以下简称绿源公司）从以色列普拉斯托（Plastro）公司引进“KATIF”压力补偿式滴头生产技术和管上式滴灌管生产线，这些产品有很好的压力补偿性，成为丘陵地带果园滴灌的首选；同年，该公司从以色列纳安丹（Naan-Dan）公司引进了微喷头技术，使中国的微喷头产品技术有了极大进展。1996 年，在学习了解以色列滴灌技术的基础上，绿源公司完成了 4 条内嵌式滴灌管生产线的研发与建设，形成了年产 1 500 万米内嵌式滴灌管生产能力，该产品技术指标基本接近以色列同类产品的水平。① 随后，甘肃亚盛实业（集团）股份有限公司、甘肃大禹节水股份有限公司、新疆天业集团、杨凌秦川节水灌溉设备工程有限公司、

① 北京绿源塑料联合公司绿源灌溉系统. 节水灌溉，1996（3）.

河北武邑飞龙企业集团等，都先后与以色列节水企业进行了相关合作，甚至有一些技术辐射到了企业所在省份和周边地区。

这些技术的成功应用让中国一些生产基地看到了改革的方向，并随之开始效仿。其中，海南国营南滨农场从以色列引进的节水灌溉技术使农场的橡胶种植面积从原来的七八千亩扩展到了2万亩；自贡市富顺县富世镇引进以色列节水灌溉技术建成四川省首个节水灌溉示范工程，新增灌溉面积50万亩，年节水1万立方米，新增粮食产量2万公斤。①

（2）生物育种。

每个旅游地都有当地的特色体验。像去埃及要逛当地的大巴扎，去日本要去当地的生鲜市场。而去以色列，大家一般都会选择去逛上一两家菜市场。在特拉维夫最大的传统菜市场——卡梅尔市场(Carmel Market)，几百米长的街道里一个个小摊上密布着色彩斑斓的各样水果蔬菜，形成了一道亮丽的风景线。以色列不仅国土面积小，且处于干旱半干旱区；在这样的情况下却开发出了全世界人民都乐于参观的农贸市场，其育种技术也是不可小觑的。

中国是种子引进大国，甚至对一些基本农作物，如玉米，也大量进口了美国、德国的种子。以色列出色的育种技术自然也吸引了中国的目光。比如现在随处可见的"圣女果"，即小西红柿，就是20多年前一个以色列农民在广东中山开始种植的。这种学名为

① 鲁启．中国—以色列建交后的农业合作．西北大学，2010.

“樱桃番茄”的西红柿品种，一经引进，就在中国市场上引起了巨大的反响。现在，海南、广东、福建、云南、山东、浙江都成为了樱桃番茄的主产地，交易额、生产量与新品种的研发量也在逐年上升。

除番茄以外，甜椒、小黄瓜，也是以色列为我们餐桌上所带来的变化。而当生物育种和上文所讲的滴灌技术相结合时，成效更是显著的。从以色列滴灌技术的开发者耐特菲姆公司（Netafim）所给出的数据（见表 10－7）中，我们可以看出，当以色列的番茄种植与滴灌技术相结合时，可以仅用约 50%的水量，产出多一倍的作物，这是一个极为可观的数字。

表 10－7　耐特菲姆公司公布的数据

每公顷灌溉用水（m^3）	渠灌 9 000	喷灌 5 625	滴灌 4 950
供水量与作物需求量 对比平均产量（吨/公顷）	200% 40～60	125% 50～80	110% 80～120

资料来源：以色列耐特菲姆公司.

（3）奶牛养殖。

以色列以其特有的品种培育、饲料研发以及“牛性化”管理，在高温、缺水、缺草、缺劳动力的自然与劳动力劣势条件下创出了“奶业强国”的名声。反观中国，以山东为例，山东是中国的畜牧大省，且自然条件较之以色列优厚太多，劳动力又丰富，可由表 10－8 可知，其牛奶产量与投入比和以色列的差距还是很明显的。

表 10-8　山东和以色列乳制品产量及消费对比

	面积（万平方公里）	人口（万人）	奶牛存栏（万头）	牛奶产量（万吨）	人均年乳制品消费量（千克）
山东	15.8	9 789	129.5	248	30
以色列	2.5（实际控制面积）	858.68	25.9	124	180

资料来源：张志民．奶业强国的发展之路——以色列奶业考察报告．中国乳业，2018（4）：9-16.

我们以前曾批判西方每年把许多剩余牛奶倒入河道是非常"资本主义"的罪恶行为。如今，若我们不开始提高畜牧业、奶制品业的生产效率与质量，从山东惨淡的乳制品人均消费量中也可看出，我们也将面临无法处置大量剩余奶品的情况。

其实从 2001 年中国就与以色列的畜牧行业有所合作。阿菲金公司是以色列出色的奶牛业公司，其计算机奶牛管理系统处于世界前列。阿菲金公司的智能牧场系统已经远销 57 个国家和地区，其中包括北京三元绿荷奶牛养殖中心的中以示范牛场。中以示范牛场成立于 2001 年，双方合作以来，奶牛单产从 2001 年的 7 968 公斤上升到 2005 年的 1.05 万公斤。①

2009 年，湖北黄冈政府也与阿菲金公司进行了合作，建立了合作奶牛牧场。2017 年，为了响应"一带一路"的国家号召，中以两国总理会晤共同将中国-以色列奶牛产业技术合作项目列入了"中以经济技术合作三年行动计划"。该项目以杜蒙县为核心，辐射林甸和

① 以色列高技术奶业公司期待加强与中国合作．食品商务网．[2007-06-14].

让胡路，建设奶牛养殖规模牧场集群示范园区，园区内奶牛存栏 4 万头，其中泌乳牛 2 万头，力争利用 3—5 年的时间，通过引进以方先进的管理模式、集成技术和机械设备等，建设可复制、可推广的国际一流奶牛示范园区，园区内奶牛平均单产达到 10 吨以上，奶质达到欧盟标准，为黑龙江省乃至中国奶牛养殖起到示范作用。①

中国与以色列奶牛业的合作还有很大的发展空间，当“示范”功能真正深入人心、普及开来，变成了广布全国的现代化奶牛培育技术时，中国畜牧业将前进很大一步。

（4）温室技术。

新中国成立后我国才开始了现代温室技术的开发，可以说起步较晚。其间，我们经历了自主研发和引进荷兰、日本等大型连栋温室技术的尝试，结果都因技术的不成熟或是高昂的运行费用而搁浅。1995 年，北京中以示范农场引进了以色列大型塑料温室，并同时引进了成套设备和栽培技术。这次引进的温室生产极为成功，并带动了上海、山东、甘肃、新疆等一系列地区引进以色列技术建设温室的浪潮。可以说以色列对中国温室发展方面的贡献已经不再是量的进步，而是质的飞跃——要是没有以色列的温室技术，中国的温室蔬菜与花卉种植的开启可能还要延迟很多年。

3. 观念层面

中以合作所带来的不光是经济数字的增长，更重要的是为中国

---

① 中国-以色列奶牛产业技术合作项目进展顺利．全球品牌畜牧网.［2017-07-17］.

农业发展带来了思路上的转换。正如中国金正大生态工程集团股份有限公司董事长万连步所言：“思想观念的差距，是比技术更大的差距。”① 在领略过以色列先进农业发展方式之后，中国许多企业也开始运用创新的观念来发展农业，不再囿于曾经的生产方式，间接响应了国家当前“创新驱动发展”的号召，为中国农业发展开辟了新篇章。

就农业领域而言，以色列是与中国合作最紧密的国家。中国企业在进一步引进先进技术和设备的同时，一定要进行工作管理人员的同步高质量培训，使得先进的人才管理与先进的技术设备匹配，达到“人尽其才，物尽其用”的目标。企业不断引进先进技术的过程，也是自身不断学习的过程。企业技术研发人员要立足中国实际、紧跟世界潮流、不断尝试探索，实现中方企业从“技术搬运工”向“技术追赶者”再向“技术领跑者”的转变。

小 结

以色列虽然国土面积小，土地相对贫瘠，但在发展现代农业方面却创出了举世瞩目的成绩，特别是在水资源利用、高价值农作物、病虫害控制以及高质量畜牧业产品等方面。中国与以色列之间在农业科技方面具有广泛的合作机会。

① 李鹏飞. 金正大“问道”以色列. 大众日报，2014-12-27 (12).

第 11 章/*Chapter Eleven*

中以商业合作之基础设施建设篇

在中国和以色列的商业合作方面，中国企业有一项突出的优势，即基础设施建设能力。改革开放 40 余年来，中国在基础设施建设方面取得了举世瞩目的成绩，中国企业在基础设施建设上的经验和能力在以色列很受欢迎。

11.1 中国基础设施建设行业的现状

11.1.1 伴随中国经济的发展，中国基础设施建设实力渐强

路，无疑是每个国人日常生活中接触最多、感触最深的地方之一。尽管目前的中国道路仍然饱受国人诟病，但是不可否认，在过去的这些年里，中国道路的数量多了、质量好了。1949 年新中国成

立后，尤其是 1978 年改革开放后，中国的经济建设取得了举世瞩目的成就，不仅令国人自豪，更是令世界震惊。联合国已把中国在很多领域取得的一些经验进行了总结，并向其他国家和地区推广。而在总结中国取得辉煌成绩经验的时候，大多数国人都会提及中国的基础设施对经济的贡献。在中国有句众人皆知的话“要想富，先修路”。伴随中国经济的快速发展，中国人对修建基础设施，尤其是修路可谓是情有独钟。道路的畅通，不仅提振了当地的经济，而且拓展了当地人的视野，拉近了彼此间的距离。

纵观历史，从古至今，中国人对路一直都非常重视。古代中国，各朝各代的封建君主为了进一步加强中央与地方政府联系、促进民间的经济发展便利人们的出行，修建并完善了一系列官道，类似于今天的国道，其中又以秦朝时期的秦直道最为出名。为了打通西进的道路，加强与当时西方国家的交流，汉武帝派张骞出使西域。面对陌生的世界，张骞历经坎坷，历时十三年才摸索出西进的道路，这也就是后人所说的“丝绸之路”。“诗仙”李白在被贬至四川时，感叹“蜀道难，难于上青天”，但是即便这么困难，中国人依然在鸟兽逾越起来都十分困难的崇山峻岭中开凿出了一条可通行的蜀道！除此之外，古人为了培育民族精神，还创作了很多感人至深的故事，愚公移山就是其中之一。为了打通自家门前的路，愚公带领一家人开始了一项艰巨的事业——把横亘在家门前的太行、王屋二山移走。“愚公”是愚，但愚得让人敬佩，表现出了中国古代劳动人民克服困难的信心和坚持不懈的毅力。①

在当今中国，超大型交通运输工程正在改善着国家的运行效率，也彻底改变着每个人的出行方式。高速公路、桥梁、高铁和港口对中国经济社会快速发展正产生着深远的影响，这四个方面高度凝结了中国 30 多年来交通建设领域的重点和亮点，能够让人对中国交通的全面提升有更加全面而深刻的认识，同时也标志着中国工程建设能力质的飞跃。

对于交通落后的地区而言，落后的交通阻碍了当地资源优势转化成经济优势，一旦交通得到了改善，当地的资源优势就能迅速地转化成经济优势，带动当地的发展。近年来，特别是全球金融危机之后，中国传统的经济发展战略开始调整，从以外贸、投资为主，转向以拉动内需、结构转型、产业升级和科技创新为重点，对基础设施特别是高速铁路系统进行了大量投资，以促进中部、西部和东北地区的经济发展。2008 年 8 月 1 日，中国第一条高铁“京津城际铁路”开通。在政府的大力支持下，中国的高铁网络不断完善，覆盖范围不断扩大，到 2017 年年底，已开通高铁里程达 2.5 万公里，运营里程占到全世界高铁总量的 66.3%。

在后金融危机时代，全球其他主要经济体经济增长普遍乏力的情况下，中国之所以能够保持稳健的增长，是因为中国的基础设施建设，尤其是高铁建设，起到了非常重要的推动作用。中国高铁发

① 中国方案：要想富先修路 中国的基础设施建设．新浪新闻．[2017-09-09].

展有自身独特性，主要表现在供给侧和需求侧两个方面。

在供给侧方面，中国的高铁建设可以总结为五个方面的特点：第一，中国土地所有权是国有或者集体所有，国家有权利也有能力在很短的时间内征集高铁建设的大量土地。第二，中国主要银行都是国有的，在融资方面可以迅速为高铁建设提供规模巨大的资金。第三，中国建设高铁不仅有直接的经济利益，而且国家能够从全局把握高铁建设所能带来的巨大经济外部性，这些外部性可以均衡地区经济发展，促进落后地区旅游、投资的全面发展。第四，中国高铁建设速度快，工期短，很容易产生比其他国家更大更快的经济效率。第五，中国高铁建设成本低，截至 2017 年年底，中国建成的 2.5 万公里高铁的投入成本是每公里 1.3 亿元人民币，而在英国、法国、日本、美国这四个国家，同样的高铁里程，每公里的投资成本要比中国高 3～10 倍，加上工期过长，其高铁的建设成本、综合经济收益和社会效率远不及中国。

在需求侧方面，中国的高铁建设具有三个方面的鲜明特色：第一，中国有近 14 亿的庞大人口，而且近些年随着中产阶层的“崛起”，能够坐得起高铁的这部分人数最近十年呈现迅速增长势头。保守估计，能够坐高铁（包括城际铁路）的中产阶层人数已经超过 4 亿人，而且随着经济发展，这一群体的人数还在不断上升。第二，建设高铁成本高，必须有足够的乘客才能回收投资成本。京沪线主要经过东部地区，这些地区发展程度普遍较高，乘坐京沪线的乘客数量规模巨大，增长速度惊人。京沪高铁公司 2008 年成立，京沪高铁项目于 2011 年 6 月 30 日正式开通运营，规划输送能力为单向每年运送 8 000 万人，总投资 2 209.4 亿元，曾被业内人士评价为“铁路总公司手里最赚钱、最优质的一个资产”。到 2018 年 7 月，京沪高速铁路股份有限公司 4 年盈利已经超过了 300 亿元。京沪高铁项目自 2014 年扭亏后持续盈利，2014—2017 年，4 年时间内收获利润共计 311.7 亿元，并于 2016 年进行了首次股利分红。在西部地区，任何一条高铁线路开通，都不会缺乏乘客，有的热点线路开车密度不断加大，就算短期内无法实现传统意义上的利润，长期来看，一定可以有非常好的经济回报。哪怕是少数线路不能实现盈利，需要国家补贴，但是，补贴可以被经济外部性所取得的社会效益所弥补。第三，中央政府有总体的全局考虑和部署。中国高铁建设的目的不是希望每条铁路都能盈利，而是希望通过高铁打破落后地区的发展瓶颈，使各种生产要素的发展潜力在全国范围内都能充分体现出来，而不是让经济的发展都集中在少数地区。①

11.1.2　中国基础设施行业的优势

近年来，中国在公共交通运输、居住建筑、能源系统、水利工程等领域成功开展的一系列大规模基建工程与“超级工程”，使中国“基建狂魔”的称号响彻全球，也同样吸引世界众多国家寻求与中国

① 姚树洁. 中国高铁对经济发展影响有多大？答案超出想象. 腾讯网・原子智库. [2018-11-23].

的基础建设合作。根据商务部统计数据，2018 年 1—10 月，中国对外承包工程业务完成营业额 7 976.7 亿元人民币（折合 1 216.7 亿美元，同比增长 2.5%），新签合同额 11 027.2 亿元人民币。总体而言，中国在原材料、资金、技术等方面的领先优势，助力中国庞大的基础建设规模以及中国的海外基建投资活动。

1. 原料生产能力强

中国基础设施建设能力较强，这首要体现在中国对于基础设施建设原材料的强大生产能力，以及领先于世界的能源供给能力上。中国对于基础设施建设所必需的钢铁、水泥等原材料的生产能力，远远走在世界的前沿水平。根据国际钢铁协会（World Steel Association）发布的报告，2018 年，全球粗钢产量为 18.086 亿吨，其中中国产量为 9.283 亿吨，占全球产量的 51.3%，而世界排名第二的印度粗钢产量仅有 1.065 亿吨，由此可见中国的钢铁生产在全球举足轻重的分量。除钢铁以外，基建另一重要原材料水泥同样不可忽视。2016 年，中国水泥产量 24.03 亿吨，占全球 60%，在运熟料生产线 1 563 条，产能约 18 亿吨，前十强水泥企业熟料产能世界占比达 55%。[①] 除此之外，在煤炭生产、电力供给等方面，中国同样具有领先世界的能力。强大的原料生产能力与能源供给，为中国基础设施建设的飞速发展提供了良好的保障。

① 2017 年中国水泥行业发展现状及未来发展前景分析．中国产业信息网．[2017-12-15].

2. 资金充足

基础设施建设是一项需要长期不断投入大量资金的工作，中国拥有数额高达 3 万亿～4 万亿美元的外汇储备，而这些外汇储备有相当一部分投资于回报率极低的美国国债。历年来，中国不断将其中的一部分投资于海内外基础设施建设，以调整外汇储备的投资结构。

除此之外，2014 年以来，中国参与发起设立了金砖国家新开发银行、亚洲基础设施投资银行（以下简称亚投行）、丝路基金等金融机构，为亚洲乃至亚太地区的基础设施建设提供资金。根据亚洲开发银行测算，未来 10 年，亚洲基础设施建设投资至少需要 8 万亿美元，平均每年需投资 8 000 亿美元。其中，68%用于新增基础设施的投资，32%是维护或维修现有基础设施所需资金。这意味着在未来很长一段时间内，亚洲国家将面临基础建设资金无法满足日趋加快的城市化、现代化进程下日益增长的基础设施建设需求的情况。仅在亚洲地区而言，巨大的基建资金缺口亟需区域性金融机构的资金支持。亚投行的成立为亚洲国家创造了专业、平等、开放的投融资平台，通过吸收投资来弥补亚洲国家在基础设施建设上的巨大资金缺口以及项目管理经验的不足。虽然仅凭以亚投行为代表的区域性金融机构远远无法满足亚洲国家巨大的基建资金需求，但亚投行通过成为连接发展中国家与发达国家的纽带，使得众多拥有雄厚资金力量及先进技术经验的西方发达国家得以有机会参与到亚洲国家的基础设施建设中来，实现金融资源的流通共享。

3. 技术水平一流

从基础设施建设能力上看，中国拥有世界一流水平的技术团队与项目人员，从基础设施项目的规划、设计、施工到相关机械设备和自动控制系统的研发、安装、运营与管理，乃至设备维护和人员培训，中国的优势贯穿基建全产业链。除此之外，近年来丰富的海外基建投资合作经历也使中国积累了丰富的相关领域建设经验，尤其是与非洲、东盟等地的发展中国家以及英国、美国、加拿大等发达国家的基建合作，使中国在成本控制、海外投资、合作建设等方面都有足够的能力保证。

如今全球基建市场普遍看好“中国施工”，中国凭借多样化的基建优势，目前在能源、机场、通信、公路、铁路、高铁、口岸、港口等领域的建设方面表现出众，甚至在部分领域已经超越了发达国家的水平，处于世界一流地位。

11.1.3 中国基础设施行业的不足

尽管中国在基础设施建设能力上已处于世界一流水平，但仍然存在一些不可忽视的问题，在未来的发展中亟待解决。例如，在交通网络一体化、数字化发展、满足新能源需求的能力以及应对发达国家高标准、高要求等方面还需要不断努力。

1. 交通网络一体化、数字化发展较为落后

尽管中国近年来在交通网络建设尤其是高铁建设上取得了瞩目的成就，“中国高铁”也成为中国在世界引以为傲的标签，但从整体

来看，交通网络一体化建设以及与高新技术产业的结合方面仍比较落后。从英美等发达国家的交通网络发展历程，同时纵观当今全球形势来看，以互联网一体化、计算机网络控制、数字化技术为主导的交通系统运作方式势必成为每个国家交通建设所追求的核心方向与核心竞争力。

如今，中国的铁路运营在数字化与互联网应用方面仍处于稚嫩阶段，尽管已经在这个领域逐渐取得一些成就，在偏远地区建立了不少大型交通枢纽，但整个体系的运作仍旧是靠传统的人力支持，在高效运营、无缝衔接、降低能耗、提升物流人流效率等方面，仍和很多发达国家有较大的差距。众所周知，以色列是以科技创新、高新技术著称的科技强国，拥有领先于世界水平的数字化技术及互联网一体化技术。

2018 年 10 月 29 日，在以色列特拉维夫举行的第 6 届“国际智能交通峰会”上，与会专家表示，电动化、数字化和智能化将是未来以色列交通发展重要方向。[①] 这也为中国在以色列的基础设施建设投资提供了良好的契机与便利的条件。相比于以往中国投资非洲、东南亚等发展中国家既要投资金又要投技术的情况，投资以色列将为中国方面的建设团队提供先进的技术学习机会，同时极大地提升成本控制效率。

---

① 第 6 届“国际智能交通峰会”在以色列举行，“三化”将是未来交通发展方向. 中国质量新闻网. [2018-11-01].

2. 满足新能源需求的能力亟待提高

尽管中国在能源供应、能源基础设施建设方面快速发展，但满足新型能源需求的能力仍亟待提高。以电力基础设施建设为例，进入 21 世纪以来，在电网建设方面，截至 2015 年年底，全国电网 220 千伏及以上输电线路回路长度、公用变电设备容量分别为 61.09 万千米、31.32 亿千伏安。与 2005 年相比，10 年间输电线路回路长度增长了 2.4 倍，变电设备容量增加了 3.69 倍。①

在肯定中国电力基础设施建设的同时，也必须看到能源基础设施还有很多不适合社会发展的地方。电网设施相对不足且电力服务效率较低是中国面临的一大主要问题。在这方面，以色列人正用智慧在智能电网领域寻求能源的独立。以色列发展智能电网主要从经济层面考虑，技术进步是生产力和经济增长的最终源泉。一方面，发展智能电网可以提高电力服务水平，通过实施实时电价来调节电力消耗，主动服务于电力用户，为客户减少电费的支出。另一方面，以色列可通过输出相关电力技术和设备来促进经济的增长。以色列的半导体、电力电子、通信电子技术实力很强，有 2 000 多家公司可以提供智能电网项目的产品和服务。② 这为中国在以色列的基础设施建设提供了良好的机会，同时也可以将先进技术引入国内，改善国

---

① 李鹏飞．中国基础设施建设与供给侧结构性改革. China Economist，2016 (4)：84-103.

② 张晓燕，韩雪姣．以色列：能源独立源自科技创新——专访以色列智能能源协会 CEO Elad Shaviv. 供用电，2014 (7)：44-47+4.

内配电网发展滞后、智能电网发展受阻的状况，实现两国双赢。

另一个鲜明的例子是新能源汽车。如今新能源汽车已成为国家重点发展的战略性新兴产业，但充电桩等基础设施配置不足极大地制约了新能源汽车产业的发展。在以色列举行的“第 6 届国际智能交通峰会”上，以色列总理办公室燃料选择与智能交通项目负责人博恩施蒂恩表示，将来自动驾驶、云平台、大数据分析、网络安全等技术都将充分运用在汽车上，实现交通出行“无缝连接”，虽然以色列与中国在燃料选择和智能交通领域的合作尚处初级阶段，但中国有着巨大的市场和合作机会，且在电动汽车推广和充电设施建设方面走在世界前列，以色列期待与中国在这一领域展开全面、务实的合作。①

3. 中国投资发达国家基础设施建设的挑战

对于中国来说，投资发达国家的基础设施建设大大不同于投资非洲、东盟等地区的发展中国家。发达国家的基建市场十分成熟且具有较强的竞争性，因此中国应以更强大的自身实力克服打入发达国家市场的“水土不服”问题，充分调研地区之间的差异，熟悉市场环境，对风险的预估要留出充分的提前量。

数年前中铁折戟波兰高速公路建设的教训，足以为中国企业投资发达国家基础设施建设敲响警钟。2011 年，中铁因“低价竞争”

---

① 第 6 届“国际智能交通峰会”在以色列举行，“三化”将是未来交通发展方向. 中国质量新闻网. [2018-11-01].

遭当地众多原材料供应商、建筑商联手抵制等，最终兵败波兰高速公路项目，损失惨痛。另一个例子，2006 年，中信泰富以 4.15 亿美元全资购得西澳 Sino-Iron 和 Balmoral Iron 两个分别拥有 10 亿吨磁铁矿开采权的公司。然而，这一命运多舛的合资项目不仅投产时间推迟四年，开发成本超出预算五倍，到头来还迎来铁矿石价格暴跌的窘境以及中方的巨额赔偿。究其原因，则是中国企业没有能对当地实际情况、文化观念等做到提前深入的调查了解，一味用以往在亚非发展中国家的方式贸然施工，从而埋下祸根。

未来，中国企业应避免此类由调研不足、风险预测不足导致的失败，充分考虑发达国家不同于发展中国家的实际情况，以此获得在发达国家市场的成功。

11.1.4 中国基础设施建设公司的海外突破

根据国务院国有资产监督管理委员会 2020 年 6 月公布的央企名单，国资委共管理 97 家中央企业，其中建筑施工类央企（含下属建筑施工企业）共有九家，这九大建筑央企分别为中国铁路工程集团有限公司（简称中国中铁）、中国铁道建筑集团有限公司（简称中国铁建）、中国交通建设集团有限公司（简称中国交建）、五矿集团有限公司所属中国冶金科工集团有限公司（简称中国中冶，已于 2015 年并入五矿集团有限公司）、中国建筑集团有限公司（简称中国建筑）、中国电力建设集团有限公司（简称中国电建）、中国能源建设集团有限公司（简称中国能建）、中国化学工程集团有限公司（简称中国化学工程）、中国安能建设集团有限公司（简称中国安能，为 2019 年新组建中央企业）。

美国麦格劳-希尔公司的 ENR（*Engineering News Record*），中文名称译作《工程新闻记录》，是全球工程建设领域最权威的学术杂志。2018 年 7 月 12 日，美国《工程新闻记录》发布 2018 年国际承包商 250 强和全球承包商 250 强两个榜单，69 家中国企业入围 2018 年 ENR 国际承包商 250 强榜单，上榜企业数量再创历史新高。54 家中国内地企业上榜 2018 年 ENR 全球承包商 250 强，相比 2017 年的 49 家入围企业增加了五家，且在前十强中占据七席。①

其中“全球最大承包商 250/225 强”是根据企业的全球工程营业收入总额（国内和国外营业收入之和）进行排名，“全球最大国际承包商 250/225 强”是根据企业在海外市场的工程营业收入额来排名。由于中国能建集团所属的葛洲坝集团、中电工程、天津电建分别参与 ENR 排名，所以选择其余的七家中央建筑企业（中国安能，为 2019 年新组建央企，故不含在内）。

如表 11-1 所示，在 2012—2018 年，全球承包商前十强排名中有六家中央建筑企业上榜，其中又以中国电建近几年的发展最为迅猛，相比之下中国化学工程排名出现下滑，其余五家企业排名总体稳定。

① 李芳芳．2018 年 ENR 国际承包商和全球承包商 250 强榜单发布．建筑时报，2018-08-24.

表 11-1 2012—2018 年七家中央建筑企业 ENR 全球承包商排名对比

年份	2012	2013	2014	2015	2016	2017	2018
中国建筑集团有限公司	3	3	1	2	1	1	1
中国铁路工程集团有限公司	1	2	3	1	2	2	2
中国铁道建筑集团有限公司	2	1	2	3	3	3	3
中国交通建设集团有限公司	5	6	4	4	4	4	4
中国电力建设集团有限公司	14	14	14	7	6	5	6
中国冶金科工集团有限公司	9	9	10	10	8	8	10
中国化学工程集团有限公司	32	29	32	36	38	38	39

注：企业名称以 2018 年度全球承包商排名先后为序.

如表 11-2 所示，在 2012—2018 年，全球国际承包商排名中七家中央建筑企业排名总体上呈上升趋势，尤其在 2018 年，中国交建、中国建筑、中国电建均进入前十大全球国际承包商行列。这说明虽然中央建筑企业的主要市场依然在国内，但是其国际化程度和对国际市场的重视程度已越来越高。

表 11-2 2012—2018 年七家中央建筑企业 ENR 全球国际承包商排名对比

年份	2012	2013	2014	2015	2016	2017	2018
中国建筑集团有限公司	22	24	20	17	14	11	8
中国铁路工程集团有限公司	39	34	28	23	20	21	17
中国铁道建筑集团有限公司	30	53	39	58	55	23	14
中国交通建设集团有限公司	10	10	9	5	3	3	3
中国电力建设集团有限公司	/	20	23	11	11	10	10
中国冶金科工集团有限公司	42	51	68	49	49	48	44
中国化学工程集团公司	77	82	82	76	67	50	46

注：企业名称以 2018 年度全球承包商排名先后为序.

通过表 11－1 和表 11－2 可以看出，七家中央建筑企业全部入选 ENR 全球承包商 250/225 强和国际承包商 250/225 强，且排名大体上呈现逐年上升趋势，其国际化程度和国际竞争力在逐年提升。①

11.2　基础设施是制约以色列发展的因素

以色列临地中海海岸线长度为 196 公里左右，其中只有大约 53 公里是天然的开阔海滩。以色列超过 40%的人口居住在离海岸线不足十公里的狭长地带。由于土地稀缺，以色列不得不在沿海地区修建海水淡化工厂、发电站和其他基础设施。而海洋是未来以色列扩张空间，弥补其战略纵深不足的选择之一。

11.2.1　住房短缺与高房价

截至 2017 年年底，以色列有 871.24 万人，人口密度为 402.7 人/平方公里，世界人口密度排名第 21 位。过去十年，以色列的人口增长速度约为 2%，是经合组织成员国中人口出生率最高的国家，预计到 21 世纪中期，其人口密度将达到 700 人/平方公里，很可能成为世界上最拥挤的国家。人口的增长除了要求分配住宅用地外，还要求建设公共基础设施，其中一些基础设施必须建在有水的地方。自 2009 年在以色列专属经济区发现天然气以来，以色列公众围绕在

① 王嫣．一带一路背景下中国基建企业国际化发展研究．对外经济贸易大学，2017.

哪里铺设连接海岸的燃气管道展开热烈讨论，但没有一个市政府同意在其辖区内铺设燃气连接设施。这反映了沿海地区土地稀缺的程度，即便讨论建设的是重要民族工业和公共基础设施，也很难落地。

沿海地区国家解决土地短缺问题的一个可能的方案，也是其他国家普遍采用的方案，是在海上和人工岛上开发土地。修建人工岛可以有效解决以色列大型工业设施空间缺乏的问题，也为建在海岸边的设施提供了一个建设地替代选择。这些设施不仅抢占了宝贵的土地资源，还对环境造成了破坏。在十多年的时间里，以色列政府一直思考在以色列海岸对面建造人工岛的可能性，直到 2012 年，以色列才对面向工业和基础设施集群的人工岛建设展开可行性研究。

根据以色列银行的数据，以色列的房价自 2008 年起一路飙升，严重影响到了人们的生活成本。2011 年 9 月 3 日，以色列爆发了当时有史以来最大规模抗议活动，参加人数超过 40 万人，人们走上街头抗议高房价和高物价。[①] 2015 年 5 月，内塔尼亚胡受命组阁后表示，他将努力降低房价，取消市场垄断。针对日益上扬的高房价，为了应对国民未来对住房的需求，以色列政府采取了三项措施：一是为降低年轻夫妇买房成本，启动了“购买者价格”。二是充分考虑到以色列快于其他发达经济体的人口增长速度因素，未雨绸缪。过去十年，以色列人口平均每年增长 1.9%，受人口增

① 张乐. 以色列 40 万人抗议高房价 . 新京报网. [2011-09-05].

长预测的影响，2017 年 2 月住房部门制订了 2017 年—2040 年满足 150 万人住房需求的计划，同时该计划包括建设完善配套的基础设施。三是引进外籍劳工，降低住房建造成本。2017 年 3 月，以色列总理内塔尼亚胡访华期间，中以签署了历经三年谈判期的《中华人民共和国商务部和以色列国内政部关于招募中国工人在以色列国特定行业短期工作的协议》和《关于招募中国工人在赴色列国特定行业短期工作的实施细则（建筑行业）》两项文件。协议生效后会有 6 000 名中国工人抵达以色列工作。当时制约内塔尼亚胡加快住房建设政策措施的主要瓶颈是以色列缺乏技术娴熟的建筑工人。

11.2.2　以色列公共交通

以色列公共交通不足为代表的基础设施建设落后，导致以色列外围地区失业率较高，造成以色列经济和社会失衡。根据经合组织的调查，居住在以色列外围地区、没有大专学历的求职者，其就业情况往往低于预期值。以色列公共交通尚不足以支撑所有求职者远距离进行工作。公共交通不发达降低了偏远地区、低廉住房的吸引力，加剧了住房短缺，也减少了外围地区弱势群体的就业机会。有鉴于此，以色列银行认为，提高以色列公共交通质量将有效促进劳动力市场发展，对提高以色列劳动生产率产生积极影响。

11.3 中以双方的合作及前景

11.3.1 中以双方的合作

根据中国国家统计局的数据，如图 11-1 所示，中国建筑企业在以色列的工程承包营业额不断攀升，2012—2016 年平均增长率高达 64.2%。

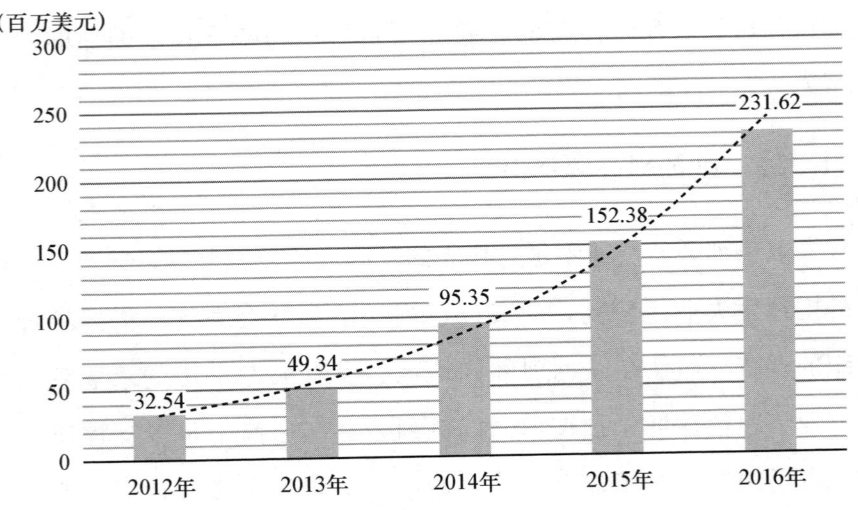

图 11-1 2012—2016 年中国对以色列承包工程营业额

资料来源：中国国家统计局.

2014 年 9 月 23 日，中国港湾工程有限责任公司（CHEC）与以色列港口发展和资产公司（IPC），在以色列总理府签署阿什杜德南港口建设项目承包协议。阿什杜德南港口项目合同金额近 10 亿美元，是中国企业在以色列承包的大型工程项目之一。港口建成后，预计吞吐量 100 万 TEU（20 英尺标准集装箱），将成为以色列南部最为重要的港口。[①] 2022 年扩建后的阿什杜德港将成为欧亚之间的桥梁，已被纳入以色列政府规划蓝图：货船从中国出发到达红海北部，在埃拉特或亚喀巴卸货，之后货物再由火车运往阿什杜德港，或经海运至欧洲国家和地区。

2015 年 3 月 25 日，以色列港口公司决定将海法湾新港 25 年运营权授予上海国际港务（集团）股份有限公司（简称：上港集团）。海法新港造价约 40 亿新谢克尔（约 64 亿元人民币），港口公司董事长所罗莫-布里曼表示，上港集团将投资数十亿新谢克尔，将新港建设成为面向全球的国际货运中心。

海法湾位于地中海东南岸，是以色列第一大港，与希腊比雷埃夫斯港隔海相望。新港将于 2021 年正式投入运营，以色列政府对该港战略前景雄心勃勃，希望海法湾能借此发展成“以色列的巴塞罗那”。以色列正计划建设一条连接红海和地中海的高铁，建成后，海法湾将处于地中海与红海货运通道的中心位置，来自亚洲的海运货物可以绕过苏伊士运河，直接通过铁路转运至地中海海港，再转运至欧洲。届时，以色列将成为中国出口欧洲市场的贸易通道，不仅能减少对苏伊士运河的依赖，而且还能缩短运输时间。海法湾新港

① 中国驻以色列大使馆经济商务处．中国港湾工程公司承建的阿什杜德南港口建设项目成功签约．中国驻以色列大使馆经济商务处网站．[2014-09-24]．

运营权的获得，是中国企业在"一带一路"节点港口合作取得的重要突破。

上港集团总裁严俊表示："'一带一路'给上海港带来了难得的发展机遇，公司将重点把握海上丝绸之路带来的机遇。上港集团和整个海上丝绸之路节点上的港口城市，都保持良好的沟通和友好的往来。最近我们正在计划，通过某个形式，把海上丝绸之路的这些港口聚在一起，共同交流探讨港口如何为本国的贸易、为船公司做好服务。我们也不排除和这些港口合作，如果可能的话，我们还会进行一些投资，以帮助当地港口提高软硬件水平。"①

2017年11月13日，北京建工集团与以色列卡拉索房地产开发公司在以色列特拉维夫正式签署了一份住宅建设项目施工总承包合同。这是中国企业和以色列房地产开发首次签署此类合同，表明北京建工集团将作为施工总承包商进入以色列建筑市场承揽住宅类项目，该项目的实施对以后的长期合作有着奠基性的意义。

2018年2月19日，中铁隧道集团与中铁电气化局集团合作组成竞标方，成功中标以色列特拉维夫轻轨红线铺轨及机电系统。这是中铁隧道集团在成功中标并执行红线西段土建项目后，在以色列取得的又一重大项目，也是中国公司在设计、制造、供货、施工、维护等全产业链负责的项目，可以很好地优势互补，是在整合本地及

① 彭金美. 上港获海法新港运营权 中企取得"一带一路"港口合作. 中国经济网. [2015-03-25].

全球资源上取得的又一次突破。据悉该项目的质量和规模在同类项目中处于世界领先水平。这一工程造价约 45 亿人民币，资金由以色列政府预算全额拨款。红线轻轨作为特拉维夫公共交通系统的主干网，通过城市地区最拥挤的地区，也是目前规划的线路中为最多乘客提供服务的线路。该轻轨计划预计于 2021 年 10 月投入运营，建成后年输送旅客在 7 000 万人次。①

2017 年 3 月 20 日，以色列总理内塔尼亚胡访华，并签署多项合作协议。合作之一就是中国将向以色列输出建筑工人，以加快以色列国内建筑工程进度和抑制持续上涨的房价。根据中国对外承包工程商会（以下简称“承包商会”）和以色列人口移民局（以下简称“以方”）《关于招募中国工人赴以色列国特定行业短期工作的实施细则》的有关规定，以色列从中国招募大约 6 000 名工人，工种及人数分别为建筑模型工（具有识图能力），约占 30%，即 1 800 名；钢筋工（具有识图能力），约占 30%，即 1 800 名；瓷砖工（地砖铺设和墙砖镶贴），约占 20%，即 1 200 名；抹灰工，约占 20%，即 1 200名。

中国建筑工人在以色列劳务市场十分受欢迎，而且在基建技术、设备方面，中国占有绝对优势。以色列交通部部长卡茨表示，以色列目前还处于基建快速发展阶段，正在建设新的机场、码头、铁路

---

① 郑萃颖. 中铁 45 亿中标以色列特拉维夫轻轨工程 为该市首条轻轨途径繁华商业区. 界面新闻. [2018-03-01].

和公路，每年投资额 40 多亿美元。

11.3.2 中以未来的合作前景

2014 年，以色列交通部宣布放弃原仅建造一个新港口的计划，同时建造阿什杜德和海法两座新港口，其中阿什杜德的新港口由中国港湾工程公司建造，由瑞士 TIL 集团经营；海法新港口由以色列沙皮尔集团建造，由上海国际港务集团经营，两座港口将于 2021 年投入运营。

随着新港口启用的截止日期临近，原有港口的管理人员正在研判如何扩大进出港口航运流量。自 1995 年以来，以色列各港口的货物处理量每年平均递增 3%，过去 10 年平均增长 5%。但是，这种增长还远远不足以满足 2021 年建成的两大新港口的货物吞吐量要求。两个新港口的投入使用，会造成以色列国内市场运力过剩，市场供应要远超以色列国内市场的需求。港口转运，是目前以色列港口管理方找到的应对方案。如果该方案能顺利实施，以色列将成为区域贸易中心。21 世纪拥有先进港口的以色列，凭借其极高的安全性、高效的物流能力、优质的服务和靠近欧洲市场的优势，通过提高自身与国际海运业的关联度，将很快会在海运业中有革命化的提升。以马耳他自由港为例，该港口建成于 1988 年，它是地中海地区第一个转运枢纽。目前该自由港超过了 95%的集装箱运输都是转运业务，它在欧洲顶级港口中排名第十二位，也是地中海地区第三大转运和物流中心。根据中国商务部欧洲司 2018 年 2 月 24 日公布的数据，2017 年中国与欧盟（28 国）的贸易总额为 6 169.16 亿美元，同比增长 12.7%，其中中国向欧盟（28 国）的出口额为 3 720.42 亿美元，同比增长 9.7%，中国从欧盟（28 国）的进口额为 2 448.74 亿美元，同比增长 17.7%。将以色列作为中国商家向欧盟国家出口航线上的转运站，符合两国的共同利益，前景看好。

小　结

21 世纪以来，中国在基础设施建设方面取得了举世瞩目的成绩，特别是在港口、机场、铁路、公路以及房屋建造等方面，中国的建筑工程公司在世界上的竞争力不断增强。以色列在基础设施建设方面具有较大的市场需求，中国和以色列之间在基础设施建设方面具有广阔的合作前景。

第 12 章/*Chapter Twelve*

中以商业合作的风险管理：文化因素

尽管中国和以色列之间充满了商业合作机会，但由于中以两国之间在社会文化等方面的差异较大，中国企业在以色列的商业活动具有许多意料之外的挑战和潜在的风险。本章首先分析社会文化差异带来的挑战，后面部分再探讨其他方面的挑战。

12.1 中国企业可能遭遇的犹太文化风险

12.1.1 犹太节日

犹太人的节日很多，其来源和含义各不相同，但有两个共有的基本特征：

一是所有的节日都与整个犹太民族相关联，而与任何个人的业绩和生平无关。[①] 犹太新年和赎罪日是犹太人开始新的生活时对过去一年的反省和忏悔。住棚节是为纪念逃出埃及一事和感谢上帝赐予的丰收而设的。光明节主要是纪念马加比族犹太人对希腊文化的胜利。光明节共持续 8 天，它的典型特征是每晚点燃蜡烛，第 1 晚为 1 支，第 2 晚为 2 支，第 3 晚为 3 支，依此类推。逾越节和除酵节是纪念整个民族摆脱奴役和获得自由。哈努卡节（光明节）和普珥节都是庆祝犹太民族免于灭亡，并最终战胜对手。[②] 其中个人的罪过应由集体承担责任，个人的命运取决于民族的安危。

二是所有的节日都是宗教节日，节日有大小之分，但没有世俗的节日。犹太新年被视为“敬畏十日”的开始，首先是忏悔、赎罪的日子，然后才是喜庆的日子。[③] 这一天称为“审判日”，因为人人都要接受上帝的审判。每周一天的安息日，为纪念上帝创世的圣日，但又被视为上帝与犹太民族订约的标志。就连以色列新增的节日，以色列独立日和耶路撒冷节，也曾得到以色列大拉比院的承认，从而有了宗教色彩。这些节日成为犹太人反复重温民族历史，反复接受宗教教育的精神纽带。

总之，犹太教对于犹太人来讲，不仅仅是宗教，而是一种生活方式，更是一种民族意识。它是一种全面而复杂的东西，包括了历

---

① 周燮藩．论什么是犹太教．世界宗教研究，2000（2）：1-12＋156.

② 谭再文．以色列的犹太节日．国际观察，1997（6）：53-54.

③ 黄陵渝．犹太教节日．世界民族，2000（1）：70-77.

史、文学、语言、社会组织、民间道德的约束、行为准则、社会和精神理想以及审美价值等一系列因素之间的相互联系。犹太教本身作为一种文明的事实，决定了自犹太民族形成以来，犹太教便不可避免地成为犹太文化核心的事实。

对于到以色列开展商业合作的中国企业而言，对犹太教的了解和犹太文化的尊重是值得注意的，这其中犹太节日又是十分关键的一点。如每周一天的安息日，即在犹太历每周的第七日（每逢星期五日落到星期六日落），犹太人谨守安息日为圣日，不许工作。① 这对于习惯了周一至周日每天都有商业活动的中国企业来说将会是需要适应的一点。安息日时，没有公共汽车或火车，即没有公共交通工具（不过出租车正常营业）。只有非犹太餐馆和咖啡馆开放，少数商店开门营业。②

在赎罪日期间，犹太人地区包括世俗地区的几乎一切设施都会关闭。犹太人会尽量避免开车，包括高速公路在内的道路将让人们骑自行车或只是走路。

此外，根据犹太日历，日期每天晚上变化。确切的时间取决于太阳什么时候下山并且夜空中至少能看到三颗星。因此，假期以及安息日的开始和结束在晚上，而不是我们习以为常的午夜。③

---

① 黄陵渝．犹太教节日．世界民族，2000（1）：70－77．

② Holidays in Israel and how they can affect your travel plans. https://tripmemos.com/holidays-israel/.

③ 同②．

12.1.2　犹太法律文化

西方学术界有一个共识，认为犹太文化对西方文化具有重大影响，这种影响的重要方面之一便是在法律领域。西方法律文化中的一些至关重要的观念，如原罪的概念、契约的观念、法律面前人人平等的观念、法律中心主义的观念；甚至一些具体的法律制度，如债务担保制度、破产制度、陪审团制度等等，都是直接来源于以犹太教为中心的犹太文化。[①]

犹太教认为唯上帝是立法者。法律是上帝的命令，是上帝对人类的启示，是上帝用来指导人们在生活中的一言一行的规则；同时，上帝又为自然万物立法，以法律来规范自然界的一切。犹太教的宗教经典，同时也是犹太人的法典。

犹太人的法律最主要的便是《圣经・旧约》，而核心部分便是旧约的首五卷（也称“律法书”），即《创世记》《出埃及记》《利未记》《民数记》《申命记》。在希伯来语中，这五卷又称为“妥拉”。“律法书”中包含的诫命、律例、礼仪、规则、典章、制度，对人与上帝的关系、人与人的关系以及社会生活的方方面面，都作了非常严密的规范，其中包括著名的“摩西十戒”。在犹太人的观念中，法律是神圣的，它代表着公平与正义，其目的是为了制约人的罪恶、贪婪、

① 顾俊杰．犹太教与犹太法律文化．同济大学学报（人文・社会科学版），1998（1）：23-27.

不义和人世间的不平，辨别善恶，指定每个人的职责，借以形成整个人类的文明。

中国古代社会可以说是一个以伦理道德为本位的社会，而法律则是道德的附属品。犹太教的原罪说却使得犹太社会成为一个法律中心主义的社会，法律是犹太社会的主体规范。它在犹太社会良好秩序的形成中起着至关重要的作用。犹太人对犹太法律文化的重视，也提醒着中国企业在以色列进行投资时需要提前做好准备。如果法律遇到通过现行立法、法律先例仍无法裁决的法律问题，那么其应根据自由、公正、廉正以及和平原则进行裁决。

此外，犹太法律保护圣地免受亵渎和其他一切伤害，反对任何可能妨碍宗教成员进入圣地的活动，或可能冒犯其对这些地点情感的行为。因此，中国企业及员工在参访犹太圣地时，尤其要注意自身的言行，避免引起犹太人的不满甚至敌对。

12.1.3 《犹太民族国家法》

2018 年 7 月 19 日，以色列议会以微弱优势通过一项备受争议的法案——《犹太民族国家法》。该法全名为《基本法：以色列是犹太人的民族国家》，称以色列是“犹太民族的国家”，并规定七权烛台（犹太教象征）为以色列国徽，耶路撒冷为以色列首都，兴建犹太人定居点符合国家利益，希伯来语为以色列唯一官方语言，阿拉伯语被降为“特殊地位”的语言。尽管该法案暂时未引发巴以局势大规模动荡，但国际舆论大都严厉批评以色列政坛，认为此举是民主的倒退。①

以色列没有独立、单一、完整的宪法，承担宪法角色的是多部基本法和法院裁决案例，以及 1948 年的《独立宣言》。《独立宣言》中规定，犹太人有权建立自己的主权国家，并承诺将“充分保证所有公民在社会和政治领域的平等”。以色列建国时，首任总理本-古里安也宣布以色列拥有“全世界犹太人家园所具备的犹太属性”。但随着历史的发展，以色列通过多次中东战争占领了大量原本属于阿拉伯人的土地，并通过不断兴建犹太人定居点蚕食了属于巴勒斯坦国的领土。

截至 2017 年年底，以色列境内人口总数达到 879.3 万，其中犹太人 655.6 万，占总人口的 74.6%；阿拉伯人 183.7 万，占总人口的 20.9%；其他族裔 40 万，占总人口的 4.5%。在过去一年中以色列人口增长 1.9%，其中 82%（18 万新生儿）由人口自然增长造成，18%（2.7 万人）来自国际犹太移民。②

历史上，以色列政坛对于未来国家发展方向始终没有定论，但自内塔尼亚胡 2009 年再次担任总理以来，以色列政坛右倾化程度不断加深，在对待国家前途问题上也更加保守化，支持“犹太属性”与“大以色列领土”的政客声音越来越强大。

---

① 王博文. 以色列通过“犹太民族国家”法案引争议. 新华网. [2018-08-16]. http://www.xinhuanet.com/globe/2018-08/16/c_137371424.htm.

② 罗伯特·辛格. 2018 年全球犹太人状况//张倩红. 以色列发展报告（2018）. 北京：社会科学文献出版社，2018：34-55.

《犹太民族国家法》的通过具有巨大的象征意义，将改变以色列建国以来的民族关系。虽然该法短期内不会直接影响阿拉伯人在以色列的生存权，但是中长期的负面影响不容小视。长期以来，处于以色列实际控制下的阿拉伯人本来就生活在阴影下，他们在教育、住房、就业等各个方面都遭到犹太人的歧视与压制。许多人担心，随着《犹太民族国家法》获得通过，此前针对他们的歧视性政策将合法化、固定化、长期化，他们将“正式成为种族隔离制度的受害者”。①

除了阿拉伯民族，该法也引发其他少数族群的抗议。2018 年 8 月 4 日，5 万多名以色列民众聚集在特拉维夫的拉宾广场抗议该法，德鲁兹人是其中的主要组织者。②

此外，既然该法通过后以色列名义上已经成为“犹太人的民族国家”，那就意味着以色列的价值观将代表全球所有犹太人的意识形态。在美国，大多数犹太人支持“两国方案”。该法最终会让越来越多的美国犹太人对以色列的心态产生变化。从长远看，这部法律或将加剧了以色列国内的政治动荡和民族纠纷。对于中国企业来说，如何在以色列不同种族、不同政见持有者之间进行商业合作，是一个要当心的问题。

---

① 龚正. 以色列通过《犹太民族国家法》恐后患无穷. 世界知识，2018（16）：48-49.

② 王博文. 以色列通过“犹太民族国家”法案引争议. 新华网.［2018-08-16］. http://www.xinhuanet.com/globe/2018-08/16/c_137371424.htm.

12.2　犹太民族商业文化精神

12.2.1　契约精神

契约是犹太教中一个非常关键的概念。犹太教的核心是源于上帝从人类各个族群中选择了犹太人，与自己立下契约，因此便有“上帝的选民”这一说法。“选民”是犹太教中的核心概念，是犹太人信仰模式中的基本教义之一。这一契约显示了犹太人对上帝需要信守诺言，从而由这一过程决定自己的族群得到的是福报或者是祸患。犹太人将该契约视作自然规律一般的存在，约束力极强，并且不能废止。犹太人务必履行该契约，践行上帝赋予的责任。如果他们违背契约中的规定，就会为自己的族群招致祸患。①

由于犹太人对契约精神的重视，在商业活动中，他们也十分到位地用契约来约束经济行为。犹太人做生意时，签订契约之前一定要对交易的每一个环节都做详细的讨论，在签约时更是谨小慎微。他们会推敲合同的每一个条款，甚至对各条款中的每一个概念都详加考虑，力求字斟句酌。一旦签约，不管发生任何困难也要履行契约，绝不毁约。

另外，犹太教的契约精神使犹太人确立了交换意识。交换意识

---

①　刘佳依．犹太教中的契约与生死．安徽文学（下半月），2018（9）：47-48.

是犹太民族成为商业民族的直接原因。犹太人将交换意识深入到宗教信仰中，就使他们的商业活动得到了信仰的支持，犹太民族成了商业化民族。

契约是对交换的一种法律保证，契约之中包含着对交换的肯定。犹太人和雅赫维（即耶和华，《旧约全书》中以色列人对造物主的称呼）签订的契约是“假若犹太人信守雅赫维的约定，雅赫维就护佑犹太人”。人和神的这种契约关系说明犹太人理解的人神关系是一种交换关系，将人神关系理解为交换关系意味着在他们的文化价值系统中交换观念具有充分的正价值，以积极的态度来理解交换导致了他们用交换的态度来处理各种社会关系。

对交换作积极评价，使得交换深入他们的信仰，之后又促使他们更积极地从事商业活动。犹太人既善于从事经商与借贷，又安于其中的法律与道德的限制。因为经商与放贷既是经济活动，同时又是人与人之间的一种法律关系，其中渗透着一种契约精神，它不仅在当时调节着人与人之间的借贷关系，使之符合法律与伦理规定，而且在后来的市场经济中被加以运用和发挥。

犹太人的契约精神对于中国企业可谓有利有弊。利在于和犹太人签订契约后无须太担心对方毁约甚至干出商业上不道德的事。犹太人对契约精神的重视使得和犹太人的商业合作可以具有一定的结果保证。弊在于这也为中国企业与犹太人企业签订契约时提出了挑战。犹太人做生意时谨小慎微，签订契约之前一定要对交易的每一个环节都做详细的讨论，这使得中国企业准备合作方案时需要事无巨细，并提防自己不谨慎从而导致自身收益被犹太人夺去的风险。

12.2.2　质疑精神

《创业的国度：以色列经济奇迹的启示》中有这样一段笑话：有四个人站在街角，一个美国人，一个俄国人，一个中国人，还有一个以色列人。一位记者走向这群人跟他们说："打扰一下，你们对肉类短缺有什么意见?"美国人反问道："什么是短缺?"俄国人反问道："什么是肉类?"中国人反问道："什么是意见?"而以色列人却反问道："什么是打扰一下?"

犹太人敢于质疑的精神十分出名，在以色列这被称为：虎刺巴。这个词在希伯来文中的意思是"大胆质疑，无论是好的或是坏的"。从坏的方面来看，这种大胆就是"厚颜无耻、无理、挑衅、没有礼貌"；这种大胆用在好的地方，就会成为"不畏权威、勇敢面对困难、颠覆既有思考、超越常规"。这其实是一体之两面。①

基于这种认知，犹太人教育小孩时，从小就竭力教导他们学会质疑、提问和辩论。

《巴比伦塔木德》是犹太教经典。该法典规定，如果公会（古代犹太最高法庭）所有的法官一致认定被告有罪，则被告无罪。这是为什么呢？因为根据《巴比伦塔木德》的精神，当所有的法官一致

---

① 吴维宁．犹太教育的精髓：用对抗式家教培养质疑精神．腾讯教育．[2016-05-05]. http://edu.qq.com/a/20160505/061275.htm.

认为案件是板上钉钉时，法官之间就不会有分歧，因而就不可能会对案情进行有效辩论。而没有有效的辩论，法官们就可能忽略对被告有利的证据或疑点，这种情况下做出判决非常不谨慎。[①] 为了让反对意见有机会出现，案件必须隔天再判，因为当夜某位法官可能会发现被告无罪的理由。

这个例子说明，对犹太人来说，有分歧、有反对意见、有争论不只是可以容忍的，而且是必需的。犹太俗语说：“三个犹太人就会有四种想法。”一位专门研究犹太文化的专家则说，犹太人是“没有反对者就活不下去”。

因此，中国企业在以色列投资时，可能会遭遇这种和中国传统文化十分不同的文化冲突。对中国人来说，有争论、有分歧是非常糟糕的事。对犹太人来说，没有争论、没有分歧才是最糟糕的事。因此，在和犹太人的商业合作中，犹太人常常会表现出一种咄咄逼人的讨论风格，会一直提出质疑，会试图和你辩论。其实，这并不是犹太人对合作伙伴本身的质疑和看不起，而是犹太文化倡导这种质疑精神。如果中国企业能够适应这种质疑文化，那么后续合作中就会发现它带来了众多的好处。

12.2.3 其他商业文化精神

在《犹太人·犹太精神》一书中，作者张倩红教授曾将犹太人

① 呼涛. 以色列科技成就的民族精神特质. 哈尔滨工业大学，2008.

的理财经验归结为以下几点：一是树立目标，寻找契机；二是大胆创新，敢于冒险；三是信守合同，讲究信誉；四是重视情报，把握信息；五是精明大度，谈判制胜；六是预测市场，随机应变；七是善于促销，热衷厚利；八是苛求质量，树立形象；九是投资政治，巧取利润；十是活用商法，立足赚钱。

犹太人对金钱的重视，使他们可以和任何人打交道成为伙伴。犹太人一坐到谈判桌上，总是摆出一副笑脸。然而，一当进入谈判，进展却相当慢。犹太人对金钱得失，细心得让人厌烦，甚至第一天谈判会以吵架告终。第二天碰面时，会仿佛没有发生过这回事一样，仍然摆出一副坦诚的姿态，微笑问候；然而一进入谈判，又变回了面红耳赤。

金钱至上的思想使犹太商人往往能在其他民族商人囿于种种成见而不愿进入的地方获得垄断地位。尤伯罗斯①首次对奥运会进行商业运作，结束了奥运会作为“赔钱会”的历史。乔治·索罗斯②做空英镑造成欧洲汇率危机，引发了墨西哥和东南亚的金融危机。罗恩

---

① 彼得·尤伯罗斯，曾任美国奥林匹克委员会主席。1980 年至 1984 年，尤伯罗斯担任第 23 届夏季洛杉矶奥运会组委会主席。其凭借天才的商业头脑和运作手段，在没有任何政府资助的情况下，首创了奥运会商业运作的“私营模式”，不仅令该届奥运会扭亏为盈，创造了 2.25 亿美元的盈利，还促进了奥运经济和体育产业的诞生。因此，被称为“奥运商业之父”“奥运会企业赞助之父”。1984 年，尤伯罗斯获得国际奥委会颁发的杰出奥运组织奖。

② 乔治·索罗斯，1930 年 8 月 12 日生于匈牙利布达佩斯，本名捷尔吉·施瓦茨（Gyoumlrgy Schwartz），慈善家，货币投机家，股票投资者，曾任索罗斯基金管理公司和开放社会研究所主席，其率领的投机资金在金融市场上兴风作浪，翻江倒海，刮去了许多国家的财富。2018 年 12 月，乔治·索罗斯获评 2018 年英国《金融时报》年度人物。2019 年 10 月，在《福布斯》美国 400 富豪榜上乔治·索罗斯位列第 56 名。

斯坦[1]假借列支敦士登国籍避税，假借美国国籍获得施华洛饰品公司的产品独家代理权。这些在今天看来已不算什么，但犹太人作为首创者来说，无疑是十分精明和成功的。

犹太教还教导人们要懂得珍惜自己，而不是如基督教宣扬的那种博爱。犹太教认为，虽然在现实生活中有不可避免的灾难与痛苦，在来世的幸福中可以得到补偿（即不否认来世），但不要仅把希望寄托于未来，而是要关注今世的生活。它很少有超越人世的性质和神秘主义的迹象。它不专注于来世，而是注重今生。它的目的在于社会和伦理方面——推进正义与和睦的社会，消除人与人之间的不人道行动，而不是使人在来世得到拯救。犹太人既不相信有天堂地狱，也不相信有上帝的劲敌撒旦。

犹太商人大多稳健理性，在商业活动中只相信自己根据客观事实及人生经验做出的判断，一般不受对手及他人的情绪干扰。犹太商人非常注意饮食和休息，在用餐时不谈工作，周末不谈工作，是废寝忘食的坚决反对者，讲究以效率取胜。

中国企业在和犹太商人打交道时，对犹太商人的习惯要多加注意。知己知彼，百战百胜，通过加强对对方的了解，既可以增加对

---

① 罗恩斯坦是二战期间的犹太人，购买了列支敦士登的国籍，把公司注册在该国，因不在该国实际做生意，每年只需缴纳十万元税费即可；他在美国做生意，办公室地址在纽约，因公司不在美国注册而无须向美国缴纳税费。当时在美国做生意时，如果公司不在美国注册，不需要向美国交各种税款。二战时奥地利的施华洛公司曾为德军生产望远镜，二战结束后法军曾要接收这间公司，罗恩斯坦借助其美国国籍与法军谈判避免了公司被接收，还借机索要该公司在美国市场的独家代销权。

方的认同，也可以熟悉对方的节奏并开展商业活动。

12.3　犹太文化风险的防范与应对策略

中国企业在以色列进行商业合作的时候，可以从以下三个角度来防范犹太文化风险。

1. 树立正确的文化意识，做好文化调研

投资前对以色列的政治、经济、文化、市场等做深入调查和分析，树立文化意识，认识、尊重和利用文化差异。同时，企业要构建一套风险监控系统，随时掌握东道国环境的变化，以便及时做出应对。

2. 积极开展跨文化交流活动，建立合作信任

积极开展跨文化交流活动，使员工了解他国的文化习俗、思维模式、信仰和追求的行为标准等文化背景，减少因文化差异而造成的冲突。使员工短期内达成共识，尊重文化差异，互相理解，凝聚和激励员工朝着共同的目标努力。

3. 制定文化风险管理策略，规避文化风险

面对以色列的犹太人文化，企业可以这样做：

（1）强化共同目标。当企业内部由于文化背景的差异而产生摩擦和冲突时，决策者应当遵循企业的文化价值体系，运用其所产生的影响力和号召力，加强内部人员对于企业共同目标的认识与理解。在此基础上，相互协调，减少文化摩擦，使企业得以高效运作。

（2）进行共同决策。共同决策是企业应对文化风险时又一项重要的管理策略。在企业的决策过程中，要结合实际情况，有意识地加强企业内部不同文化之间的参与和交流。通过采取共同决策，在本质上达到各种文化相互理解与融合的效果。由此，既能使企业站在更为宏观、更加周全的角度做出决策，又有利于将由文化差异而产生的风险的影响度限制到最小。①

（3）培养文化风险管理人才。与一般企业的标准有所不同，在跨国经营的中国企业里，更需要具备文化适应能力和实际应对能力均很强的优秀人才。对他们而言，除了具有良好的外语语言能力外，对以色利国情的深入了解，尤其是对处理特定情况的行为模式的掌握，更是不可或缺的基本素质。

小 结

犹太教是当今世界最古老的宗教之一，是犹太人的宗教。而以色列作为犹太人的国家，犹太教的氛围浓厚。中国企业到以色列进行投资合作时，不但需要注意以色列的节日、法律、文化和民族情绪，还需要明白以色列的商业思维，即看重契约、爱好质疑、金钱

① 罗良忠．企业跨国经营的文化风险及防范对策．学术论坛，2007（5）：88-90+96．

至上、注重自我等。中国企业在以色列投资时，可以通过树立正确的文化意识，做好文化调研；积极开展跨文化交流活动，建立合作信任；制定文化风险管理策略、规避文化风险等措施来防范犹太文化风险。

第 13 章/*Chapter Thirteen*

中以商业合作的风险管理：知识产权因素

中国的知识产权制度和专利保护体系形成较晚，中国企业在这方面的意识相对淡薄，在与知识产权保护相对完善的西方国家打交道时容易遇到挑战。以色列已经跻身于西方发达国家之列，其知识产权和专利保护体系十分完善。中企在以色列投资时容易遇到这方面的挑战。

13.1 以色列知识产权相关政策和法律

13.1.1 以色列知识产权法律体系

以色列以技术创新著称于世，高科技在其经济发展中占重要地位，受到了众多中国投资者的青睐。以色列积极的创新政策、世界领先的研究机构、高科技创业公司都依赖于对知识产权的保护。以色列具有健全的知识产权保护法律体系，以色列企业保护知识产权的意识很强。了解以色列知识产权保护制度，对中国企业到以色列投资具有重要意义。

在以色列，知识产权同时通过成文法和普通法制度予以保护。[①] 在过去十几年里，由于数字化和新兴技术的飞速发展，知识产权保护的重要性日益凸显，在以色列受到高度关注。以色列 1967 年制定新《专利法》，并于 1995 年 8 月修订；1972 年开始实施《商标条例》，1990 年制定了商标标准。工业设计方面的立法可追溯到建国之前英国托管下的巴勒斯坦地区实施的《专利和设计条例》（1924 年），后经修订。2007 年，以色列制定了新的《版权法》[②]。

作为《专利合作条约》（PCT）和世界贸易组织的成员国，以及《保护工业产权巴黎公约》、《与贸易有关的知识产权协定》（TRIPs）和《保护文学和艺术作品伯尔尼公约》等条约的签约国，以色列享有包括专利、外观设计、商标和著作权在内的全面知识产权保护。[③] 具体来说，以色列是以下条约的签约国[④][⑤]：

---

① 吴清发．投资以色列高新技术产业：不可不知的知识产权保护．中伦律师事务所·中伦观点．[2018-01-08]. http://www.zhonglun.com/Content/2018/01-08/1915143853.html.

② 中国驻以色列大使馆经济商务处．以色列知识产权法律制度介绍．中国驻以色列大使馆经济商务处网站．http://il.mofcom.gov.cn/article/ztdy/201307/20130700202737.shtml.

③ 以色列知识产权概况．中国知识产权，2012，9（67）.

④ 同①.

⑤ 同③.

(1)《保护工业产权巴黎公约》;

(2)《制止商品产地虚假或欺骗性标记马德里协定》;

(3)《商标注册用商品和服务国际分类尼斯协定》;

(4)《保护原产地名称及其国际注册里斯本协定》;

(5)《商标国际注册马德里协定有关议定书》;

(6)《与贸易有关的知识产权协定》;

(7)《世界贸易组织协定》;

(8)《保护文学和艺术作品伯尔尼公约》;

(9)《世界版权公约》;

(10)《专利合作条约》;

(11)《专利法条约》;

(12)《国际专利分类斯特拉斯堡协定》;

(13)《保护录音制品制作者防止未经许可复制其录音制品公约》;

(14)《为专利申请程序的微生物备案取得国际承认的布达佩斯条约》;

(15)《国际植物新品种保护联盟》;

(16)《建立世界知识产权组织公约》;

(17)《保护表演者、音像制品制作者和广播组织罗马公约》。

以色列与其他国家签订的很多双边协定也包括知识产权相关条款。如1989年与德国签订的《知识产权领域合作协定》、1992年与欧洲自由贸易联盟签订的协定、1997年与土耳其签订的《兽药领域合作协定》、1995 年与欧共体签订的《欧洲一地中海协定》、2010 年与美国签订的《美国贸易代表办公室一以色列政府协定》，以及与美国、墨西哥和约旦签订的自由贸易协定[①]。

以色列司法部下属的专利局负责知识产权的管理，负责注册专利、设计、商标和原产地名称；下设专利、专利手续办理、设计、商标和专利合作条约（PCT）五个部门。以色列专利局已成为专利 PCT 申请国际检索机构。以色列海关可以扣押涉嫌侵犯知识产权的进口产品。[②]

13.1.2　专利、商标和版权

我们从专利、商标和版权三个方面分别分析以色列的具体情况。

1. 专利

根据以色列法律，专利是赋予专利所有权人对“新颖的、有用的、适于工业且非显著性的发明——无论其是任何技术领域的产品或流程”的垄断权利。达到法律标准且已在以色列专利局登记的发明，自申请之日起享有 20 年的保护期。[③] 通过专利登记，专利所有权人在保护期内享有排他使用该发明的权利。专利可用于任何技术

---

① 中国驻以色列大使馆经济商务处. 以色列知识产权法律制度介绍. 中国驻以色列大使馆经济商务处网站. http://il.mofcom.gov.cn/article/ztdy/201307/20130700202737.shtml.

② 中国驻以色列大使馆经济商务处. 以色列服务贸易发展情况. 国际技术装备与贸易，2012 (2)：62-64.

③ 吴清发. 投资以色列高新技术产业：不可不知的知识产权保护. 中伦律师事务所·中伦观点. [2018-01-08]. http://www.zhonglun.com/Content/2018/01-08/1915143853.html.

领域的产品或工艺。

官方语言：英语和希伯来语。

待审批申请的平均期限：3—5 年①。

反对流程：审查后的专利发表在以色列官方专利杂志上，3 个月的期限内可接受异议。如无异议，或只要异议被驳回，专利将被授予。

专利保护期：最早优先权日起 20 年（专利期可续展，制药专利的专利续展期最多为 5 年）。

通信地址：以色列的专利申请人必须提供在以色列的通信地址。

国际协定：以色列是《保护工业产权巴黎公约》成员国和《专利合作条约》（PCT）成员国，同时也是权威检索地。相较其他国家，以色列因为专利只有在得到许可后才能公开而具有独特的优势。在以色列，国外和本国的专利申请别无二致。专利申请人几乎自动享有澳大利亚、奥地利、美国、德国、英国、丹麦、俄罗斯、日本、欧盟、挪威、加拿大和瑞士对其专利的认可。同样，任何有 PCT 国际检索报告认证的专利都将自动获得以色列专利机构的认可。②

以色列最高法院认为专利法的制定主要是为了实现三个目的：③

① Foreign and Commonwealth Office，GOV. UK. Overseas business risk—Israel. https://www. gov. uk/government/publications/overseas-business-risk-israel/overseas-business-risk-israel—3#intellectual-property.

② 以色列知识产权概况. 中国知识产权，2012，9（67).

③ 吴清发. 投资以色列高新技术产业：不可不知的知识产权保护. 中伦律师事务所·中伦观点. [2018-01-08]. http://www. zhonglun. com/Content/2018/01-08/1915143853. html.

（1）鼓励有技艺的人使用其发明的技艺；

（2）鼓励有技艺的人向专利和商标局披露其复杂的发明，以使得到期的专利成为公众领域的一部分；

（3）将发明的早期使用转让给愿意为使用发明而支付许可费的专利受让人或第三方。

1967 年的《专利法》纳入了绝对新颖性要求等原则，并为反映以色列的国际义务（如《专利合作条约》）做出修改。2011 年和 2012 年以色列进一步修改了专利法，其中重大变化之一是引入了专利申请的早期公开。专利申请及其文件包装件自提交日或优先权日期起 18 个月内将开放供公众检查。该修正案还引入了对在专利申请的早期公布和公布受理之间发生侵权行为收取合理损害赔偿金的权利。2014 年 1 月，《专利法》再次修订，对专利期限延长制度进行了重大改革。①

申请人在提出申请时可以选择对其专利进行全面实质审查，或者依据在其他国家（如美国或欧盟）申请已被接受而进行简化审查。2009 年，以色列专利局为申请“绿色”专利（指有利于保护环境的专利）开通了“快车道”程序，满足条件的申请将在分类之后 3 个月内开始审查。2011 年 1 月起，为加快程序，专利申请公布由书面公布改为在专利局网站上公布，且应在申请提出 18 个月后即予以公布。② 全

---

① SAUNDERS L. Doing business in Isael: legal and business guide 2015. Nishlis Legal Marketing.

② 中国驻以色列大使馆经济商务处. 以色列知识产权法律制度介绍. 中国驻以色列大使馆经济商务处网站. http://il. mofcom. gov. cn/article/ztdy/201307/20130700202737. shtml.

球专利审查高速公路（GPPH）是2014年1月生效的一项计划，是通过在其他国家的有利审查来加速该专利在本国的审查程序的一种方式。以色列专利局是17个参与机构之一，其他机构还包括美国专利商标局（USPTO）等。[①] 因此，申请人可以通过该种方法来加速在以色列专利申请的程序；同样，在以色列成功通过审查后也可用于加速在其他计划参与国的审查。

由于以色列是仿制药生产大国，其关于药品专利保护的规定受到很大关注。根据以色列现行法律，如果药品上市批准期限延长，对该药品专利的保护期可以延长最长5年[②]。如果存在"参考专利"(reference patent)，则只有该专利在美国和至少一个欧盟的参考国都延长保护的情况下才能在以色列也延长保护。如果专利药品在其中一个参考国获得了上市批准，则只要在一个参考国延长保护，在以色列也可以延长保护。根据2005年的新规定，参考专利保护延长期为参考国中延长期较短者。在这种情况下，当在参考国专利保护期结束时，在以色列的保护期也结束，以色列制药公司就可以开始生产不再受专利保护的药品。2010年，以色列与美国达成协议，将参考国数量由原来的21个减少到6个（美国、英国、西班牙、德国、法国和意大利）。2012年4月，与美国的协议内容被立法部长委员会批准，

---

① 戴琳. 专利审查高速路（PPH）的发展状况与优势分析. 中国发明与专利，2014(7)：9-12.

② 中国驻以色列大使馆经济商务处. 以色列知识产权法律制度介绍. 中国驻以色列大使馆经济商务处网站. http://il.mofcom.gov.cn/article/ztdy/201307/20130700202737.shtml.

进入立法修订程序。对于试验数据的保护，2005 年通过的《药剂师条例》规定了数据专有期制度，保护保密的试验数据免遭不当商业使用。2011 年，专有期被延长到从在任意参考国注册起最高 6.5 年。仿制药可以在专有期期间申请上市批准，审查期限为 12 个月。因此，如果及时提出申请，仿制药在以色列可以获得 5 年的保护期。[①]

此外，在应对假冒产品方面，专利持有人可以执行其知识产权，迅速得到有效的司法临时救济以及可能的政府机构（如警察和海关当局）的协助。

2. 商标

1938 年颁布的《英国商标条例》是以色列商标保护的基本法。该法令经过几次修改，主要是为了履行以色列根据《与贸易有关的知识产权协定》等条约和公约所承担的国际义务（对知名商标实行立法保护）。[②] 该条例为商标注册提供额外保护，规定了虚假商业说明书或假冒商标商品的刑事责任。

商标可通过专利和商标局在以色列注册。注册过程需要提交申请、支付申请费、由管理局审查、出版以及处理可能的反对意见。有效的注册可以赋予所有者对其注册的商品或服务的商标的专有权。根据以色列法律，商标注册自申请之日起有效期为 10 年。注册可以

---

① 中国驻以色列大使馆经济商务处．以色列知识产权法律制度介绍．中国驻以色列大使馆经济商务处网站．http://il.mofcom.gov.cn/article/ztdy/201307/20130700202737.shtml.

② SAUNDERS L. Doing business in Israel：legal and business guide 2015. Nishlis Legal Marketing.

每10年续期一次。以色列是《商标国际注册马德里协定有关议定书》的成员国，执行该议定书条款的立法已颁布，允许在以色列提交国际商标申请。①

《以色列商标条例》保护已登记的或驰名的商标。根据该条例，登记商标的基本要求是：该商标必须具有显著特征，使得申请人的商品或服务区别于其他商业经营者的商品或服务。商标登记使得商标所有权人享有禁止其他人在类似商品或服务上使用类似商标的排他权利。② 现行审查前的等待期约为一年，商标登记自申请之日起有10年的有效期，并可以续期。然而，第三方可在商标所有权人不再使用商标的情况下请求取消。拒绝商标申请的理由可以是相对的，如冲突的商标；也可以是绝对的，即商标必须具有独特性而非描述性。

注册商标不要求实际应用，但是连续三年不使用的商标，该商标将被注销。以色列实行多类注册制，即不需对每一类商品和服务都单独申请商标。按照《保护工业产权巴黎公约》可申请6个月的优先权。在商标登记前将公示3个月，以便第三方提出异议。从申请日算起，每10年需进行一次商标展期（适用于2003年8月6日以

---

① Foreign and Commonwealth Office，GOV. UK. Overseas business risk—Israel. https：//www. gov. uk/government/publications/overseas-business-risk-israel/overseas-business-risk-israel—3＃intellectual-property.

② 吴清发．投资以色列高新技术产业：不可不知的知识产权保护．中伦律师事务所·中伦观点．［2018－01－08］. http：//www. zhonglun. com/Content/2018/01－08/1915143853. html.

后注册的商标）。商标申请人在 10 年期满后有 6 个月时间续展其商标。①

在以色列，产品和服务的分类适用《商标注册用商品和服务国际分类尼斯协定》。任何能区分特定商品、服务的字母、数字、图案、口号或其他标志及以上多种元素的组合，不论是二维或三维，都可以注册为商标。原则上，《以色列商标条例》设想了注册三维（3D）商标的可能性。2015 年 3 月，以色列专利办公室发布了一份新的通知书，阐明了关于由产品结构或包装组成的 3D 标志注册的政策。② 因此，产品或包装的 3D 标志需要同其他任何商标一样进行全面检查，并且如果该商标包含可以识别货物来源的附加元素，或在展示时，该商标表现出以下三个特征：3D 标志的形状用作商标、该形状本质上不具有美学或功能作用、该形状已经获得了引申含义，那么该 3D 标志将有资格作为商标注册。

以色列法律允许平行进口，即指未经相关知识产权权利人授权的进口商，将由权利人自己或经其同意在其他国家或地区投放市场的产品，向知识产权人或独占被许可人所在国或地区的进口。以色列最高法院界定了平行进口商允许使用注册商标的范围，对平行进口采取了相对自由的做法。③ 只要是商标持有人同意生产的合法货

① 以色列知识产权概况．中国知识产权，2012，9（67）．

② SAUNDERS L. Doing business in Israel：legal and business guide 2015. Nishlis Legal Marketing.

③ 同②．

物，且包装和贴标符合要求，则该货物的平行进口不构成商标侵权。出现纠纷时，适用“先到先得”原则。尽管如此，法院对平行进口等活动进行了一定的限制，来禁止商标注册人产生混淆。

如需查扣假冒商品，可以通知以色列海关。而一旦他人侵犯了商标权，商标所有权人便有权就其已经证明遭致的损失进行索赔。在大多数情形下，商标所有权人可以要求发布禁止令以禁止进一步侵犯其商标权。通常，商标侵权亦被视为假冒侵权，商标所有权人有权请求总金额高达人民币 169 000 元的法定损失赔偿金。①

3. 版权

2007 年，以色列议会通过了新的《版权法》，并于 2008 年生效，该法律加强了对版权和相关权利的保护，吸纳了法律和技术方面的最新情况。这部法律适用于原创作品，包括计算机程序、代码和编辑以及艺术、戏剧和音乐作品。以色列最高法院认为，除非一项作品具有某种原创性，否则其将不受保护。同样需要强调的是，法律不保护思想、工艺、配方、数据或数学概念。以色列《版权法》所规定的保护无须登记，保护期限是自受保护作品的创作者终生及其死亡之日起算 70 年。②

该法律还有以下几个特征：③

---

① 吴清发．投资以色列高新技术产业：不可不知的知识产权保护．中伦律师事务所・中伦观点．[2018-01-08]. http://www.zhonglun.com/Content/2018/01-08/1915143853.html.

② 同①.

③ 中国驻以色列大使馆经济商务处．以色列知识产权法律制度介绍．中国驻以色列大使馆经济商务处网站． http://il.mofcom.gov.cn/article/ztdy/201307/20130700202737.shtml.

第一，关于版权保护例外与限制，用“合理使用”原则取代了“合理交易”原则，增加了版权使用例外的弹性。合理使用的情况包括：个人学习、研究、批评、评论、新闻报道和引用等。

第二，引入了关于受雇完成成果的权利归属问题。版权原则上均归作者所有。在无其他约定的情况下，雇员在工作过程中取得的成果，其版权归雇主。但是受委托完成成果的版权归作者。由于规定版权原则上归作者所有，且以色列司法实践倾向于保护作者权利，认为雇员无权放弃法定权利，所以这将影响雇主尤其是国际公司的利益。

第三，引入了直接侵权和间接侵权问题。间接侵权包括对受保护作品复制品的商业使用。

第四，关于平行进口，如果受保护产品在以色列完成，进口该作品的复制品将构成侵权。如果权利人在生产国授权生产，则不构成侵权。

以色列是《保护文学和艺术作品伯尔尼公约》和《世界版权公约》的成员国，也是《与贸易有关的知识产权协定》的签署国。因此，以色列《版权法》根据这些公约的规定对外国作品提供保护。原创作品的著作权保护期始于作品诞生之日，终于作者逝世后 70 周年。著作权不需登记，但是建议在律师事务所备份。著作权保护适用于文学、动画、音乐、录音、软件、数据库、建筑、图标和摄影在内的各种作品。以色列对文学、戏剧、音乐、艺术表演者的著作权保护期为自其表演之日起 50 年。[①] 以色列法律认可道德权利，尤其是署名权（要求在引用其他作者的作品时标注其姓名）和保护作品完整权（作者有权阻止他人对其作品扭曲、篡改和歪曲等可能影响其声誉的行为）。

13.1.3 其他政策和法律

其他受到知识产权和专利保护的内容还包括地理标志、设计、商业秘密等，并且有一些国家的特殊规定。

1. 地理标志

以色列签署了《保护原产地名称及其国际注册里斯本协定》，对地理标志的保护力度很大。保护产品范围包括农产品、工业产品和手工制品，严格禁止模仿地理标志。出现纠纷时，适用“先到先得”原则。[②]

2. 设计

在以色列，设计保护可用于任何具有新颖性、原创性、独特形状或装饰的物体和产品。以色列对设计有 5 年的保护期限，保护期可展期两次，最长达到 15 年。在以色列，设计的新颖性指其在以色列没有发表过（但是，通过互联网的发表可能会被考虑在内）。

每项申请只适用于一项外观设计，但是允许一次申请用于整套

---

① 以色列知识产权概况．中国知识产权，2012，9（67）.

② 中国驻以色列大使馆经济商务处．以色列知识产权法律制度介绍．中国驻以色列大使馆经济商务处网站．http://il.mofcom.gov.cn/article/ztdy/201307/20130700202737.shtml.

出售或使用项目的外观设计。以色列的著作权法不保护工业产品的设计元素，所以，后者应视为外观设计得到保护。至于其他知识产权，设计者有使用、生产、供应、进出口该设计的排他权利，并且有权禁止第三方不经许可擅自使用该设计。①

3. 商业秘密

商业秘密指为使商业秘密所有权人相对于其竞争者而言享有优势的任何信息，例如客户联系表、商业计划等。以色列 1999 年《商业侵权法》对商业秘密的保护进行了规定，并对与知识产权诉讼有关的假冒、虚假描述等商业侵权行为进行了限制。②

根据《商业侵权法》，侵权包括：（1）未经商业秘密所有权人许可，以非法手段获取商业秘密；（2）违反合同或勤勉义务使用商业秘密；以及（3）明知或推定商业秘密是不当获取的，仍接收商业秘密。对于商业秘密侵权行为，法院可裁决高达人民币 169 000 元的法定损害赔偿金。③

4. 特殊规定

以色列法律规定，官员、军人和国有医院的医生取得的发明专利等知识产权归国家所有。在以首席科学家办公室支持下取得的知

① 以色列知识产权概况．中国知识产权，2012，9（67）．

② SAUNDERS L. Doing business in Israel: legal and business guide 2015. Nishlis Legal Marketing.

③ 吴清发．投资以色列高新技术产业：不可不知的知识产权保护．中伦律师事务所·中伦观点．［2018－01－08］. http://www. zhonglun. com/Content/2018/01－08/1915143853. html.

识产权应留在以色列国内，不能转让出国。[①]

总的来看，以色列知识产权保护是以各种法律和判例法为基础，通过不断修订和更新来符合技术进步和国际发展。以色列作为众多国际条约和公约的缔约国，通过其国家立法，为确保切实、有效、优先地保护知识产权提供了安全并有保障的环境。

13.2 中国企业可能遭遇的知识产权风险

13.2.1 被控侵犯知识产权

以色列知识产权保护较为完善，相关风险不得不留意。遭受知识产权侵权诉讼是中国企业可能面对的一大风险，即以色列企业在法院起诉，控告中国企业侵犯了其知识产权，具体可分为专利侵权、商标侵权或者商业秘密侵权。

例如中国企业的技术、商标被他人在以色列抢先申请知识产权，申请者获得授权后又反过来控告中国企业的出口产品侵权。或者中国企业将以色列技术改进后在国内生产出口产品，产品出口到以色列时有可能与向中国企业提供技术的以色列企业在本国的专利权产生冲突。虽然以色列法律允许平行进口（即未经相关知识产权权利人授权的进口商，将由权利人自己或经其同意在其他国家或地区投

① 中国驻以色列大使馆经济商务处. 以色列知识产权法律制度介绍. 中国驻以色列大使馆经济商务处网站. http://il.mofcom.gov.cn/article/ztdy/201307/20130700202737.shtml.

放市场的产品，向知识产权人或独占被许可人所在国或地区的进口），但在实际经济活动中仍存在一定的限制，并在出现纠纷时，适用“先到先得”原则①。因此，被控侵犯知识产权风险需要得到关注。

13. 2. 2　遭遇知识产权壁垒

知识产权壁垒，是违反世界贸易组织有关协定、侵害国际正常贸易与投资的构成知识产权保护的措施。相比反倾销、反补贴、保护措施和特保措施这四大非关税壁垒，知识产权措施更具优越性，表现形式更多样化，逐渐成为发达国家惯用的贸易保护工具。在实践中，知识产权壁垒是指产品进口国通过高标准的知识产权要求增加产品进口的难度或者成本。随着中国经济影响力不断增强，出口产业结构逐步优化，高新技术产品比重日益提高，所遭遇到的专利诉讼等知识产权保护措施也日益增多，出口企业被迫承担巨大的贸易风险。数据显示，中国有 60％的出口企业遭遇过国外的知识产权壁垒，每年损失达 170 亿美元以上。②

知识产权壁垒的典型形式是进口国将进口国企业所拥有的高水平技术纳入进口标准的范围，使进口产品难以达到相关标准或为达

① SAUNDERS L. Doing business in Israel：legal and business guide 2015. Nishlis Legal Marketing.

② 陈晓红，黄峰，司超，等. 浅谈国外知识产权壁垒对中国制造“走出去”的影响. 中国经贸导刊，2016（17）：7-8.

到标准出口企业不得不向进口国的专利拥有者支付高额使用费。比如，欧盟要求企业销售的打火机加装防止儿童开启的装置，而涉及儿童安全锁的专利技术大多由欧洲一些公司控制。①

13.2.3 自身知识产权遭受侵害

中国企业在以色列进行投资时，避免自身知识产权遭受侵害也是需要关注的重点。自身知识产权遭受侵害主要可分为以下三种情况：

一是被他人抢先申请知识产权，即中国出口产品的商标被以色列企业抢先申请注册，出口产品涉及的技术成果被以色列企业抢先申请专利。中国商标在海外遭到抢注早已不新鲜，即便有些企业花费巨额资金打造的知名品牌也会落入他人之手。康佳、海信、联想等品牌都曾有过此种困境，最终不得不买回商标或者诉诸法律，甚至抛弃原有商标从头再来。② 在专利方面，某些竞争对手不仅抢先将中国企业的技术申请专利，还会跟踪和研究中国企业的专利技术，进行后续改进后申请新的专利，借此对中国出口企业实行专利围堵和技术超越。

二是知识产权申请受到不当影响。为了在当地进行知识产权布局或防止当地企业抢先申请知识产权，中国一些出口企业近些

---

① 董新凯. 企业“走出去”的知识产权风险及防范. 江苏知识产权研究基地网站. http://ipr.njust.edu.cn/86/c2/c7102a165570/page.htm.

② 同①.

年积极在对方国家申请相关知识产权，但这种行动却往往受到当地企业的恶意阻挠。比如，在为高铁技术申请专利时，竞争对手会以公知技术、在先技术等名义，通过专利异议、专利无效方式，阻止本国专利审查部门对中国企业的专利申请进行授权，有时即使无法阻止授权，也会利用专利审查程序延缓目标专利的授权时间。①

三是知识产权受到当地企业侵害。如果目标国家是知识产权保护水平较低的国家，中国的出口企业会面临先进技术、注册商标得不到有效保护的风险。中国企业在国外参加展览会时，会遭遇由于当地企业的抄袭而被迫撤展。2008 年，在德国汉诺威国际信息及通信技术博览会（CeBIT）、柏林国际电子消费品展览会（IFA）举办期间，当地执法部门大规模没收参展企业展品、查封展台，其引发的现场冲突和抗议行动，成为出展史上的标志性事件。② 中国企业在与当地企业合作过程中常有商业秘密被泄露的情形。在对外投资过程中企业还会遭受形形色色的知识产权资产流失。尽管以色列具有健全的知识产权保护法律体系，但这种风险仍需要留意。

13.2.4　并购活动中知识产权风险

最近几年中国企业的海外并购活动时有发生，但不少企业的海

---

① 黄贤涛. 中国高铁“走出去”的知识产权机遇和挑战. 中国发明与专利，2011 (8)：20-22.

② 出国参展必读：老外查封了我们的展位！该如何应对?. 搜狐号：CROV 开锣网. [2017-07-27]. https://www.sohu.com/a/160423059_726518.

外并购并不算成功。由于海外知识产权并购影响因素众多，运作过程复杂，目前虽然有一些企业已经关注到海外知识产权并购的重要性，却没有一套完整的针对知识产权获取的处理机制和应对方案，从而制约着中国企业的海外并购。①

中国企业海外并购近几年高达 70%～75%的失败率，以及所遇到的普遍困难，大多数均源于法律风险交流方面的障碍。② 中国企业到以色列进行并购活动时，需要特别注意的知识产权风险有四种：一是知识产权价值评估风险。企业并购时往往要先确定知识产权价值评估的基准日，但是，并购谈判时间经常很长，知识产权实际获得时的价值可能与基准日价格有较大偏差，再加上知识产权价值评估本身的复杂性，中国企业在并购时为相关知识产权所支付的金额很可能远高于其实际价值。二是所获的知识产权质量低的风险。一些企业在并购中所获知识产权的价值或质量要比预期低得多。比如，有些企业通过并购所获得的专利接近期满或相关的技术已经显得落后。三是知识产权权属不确定的风险，有时处于被收购企业控制或拥有的与其业务关联的知识产权可能是个假象，其真正的权属实际上归其他企业。四是所获知识产权与原有知识产权或者财产整合的风险。有些企业通过并购获得的知识产权与企业的业务或者其他知识产权并不匹配，不能发挥应有作用。

---

① 彭辉，史建三. 海外知识产权并购风险的防范. 理论视野，2013（8）：36-39.

② 黄贤涛. 中国高铁“走出去”的知识产权机遇和挑战. 中国发明与专利，2011（8）：20-22.

以色列的高新技术企业常常是中国企业的并购对象，因此并购活动中的知识产权风险需要得到较大的关注。

13.3　知识产权风险的防范与应对策略

中国企业走出去时，遭遇知识产权风险，多是由于企业事先的准备不足，对境外知识产权相关情况以及战略谋划认识不清。而且，在遭受知识产权侵权指控后，中国企业如果积极应诉，则不仅可以及时查明受到侵权指控的原因，也可以积累有效应对侵权指控的经验，从而在以后避免类似行为，减少给当地企业进行知识产权侵权指控的借口和机会。为了更好地防范中国企业在以色列进行投资可能遭受的知识产权和专利风险，建议考虑以下五个应对策略：

1. 构建完善的知识产权风险防范体系

企业知识产权风险的防范是一项系统工作，要有一套完整的风险防范体系才能产生全面、持续防范效果。企业的知识产权风险防范体系主要涉及四个方面：一是专门的知识产权战略，该战略应与企业整体的发展战略有机融合。二是专项规章制度。规章制度应覆盖企业面临的主要知识产权风险点。三是稳定的知识产权专业队伍，这是长期跟踪和分析知识产权风险的需要。四是综合运用多种防范机制的方案。企业可以运用的知识产权风险防范机制，包括企业的自我防范体系、政府的公共防范平台、行业组织的社会防范资源和中介机构的服务力量，企业应当有一套整合运用这些防范机制的方案。

2. 加强知识产权信息检索与分析

知悉知识产权的实际状况是企业防范“走出去”知识产权风险的基础，加强知识产权信息检索与分析也就成了知识产权风险防范的常规工作。企业要加强本行业知识产权状况的搜集与分析、竞争对手知识产权行动的搜集与分析、知识产权法律规则的搜集与分析以及知识产权执法情况的搜集与分析。基于前述检索分析，企业还应对其知识产权体系进行专项“体检”，找出防范和应对知识产权风险的短板、漏洞。

3. 做好知识产权尽职调查工作

企业每一项具体经营活动所涉及的知识产权事项都有特殊性，弄清企业在每一个特定交易活动所涉及的知识产权事项，就能有针对性地防范该交易活动涉及的知识产权风险。针对特定交易的知识产权尽职调查也就显得尤为必要。特别是像跨国并购这样涉及面广、利益关系重大的交易，知识产权尽职调查更是一项核心事务。知识产权尽职调查不是锦上添花的表面文章，而是企业收购及并购，特别是跨国企业并购中生死攸关的事项。知识产权调查可以由企业自己的人员进行，也可以由企业委托专业机构调查，应当充分发挥目标市场当地知识产权中介服务机构的作用。

4. 科学进行知识产权布局

除了尽可能获取更多知识产权授权外，企业还应对这些知识产权进行科学布局，才能对当地竞争对手形成强大制约。企业应就知识产权类型、知识产权数量、知识产权申请时机等作差异化的布局，根据自己使用、构筑防护体系及应对竞争对手等不同需求，谋划和申请不同层次、不同功能的知识产权，并应在国际技术标准的制定中争取主动，努力将自主专利技术标准化，从而提高其专利在国际市场上的地位，借此制约其他拥有标准必要专利的竞争对手。此外，企业还可以与其他企业达成专利联盟或实现交叉许可，以便使用更多自己需要的互补性技术，减少侵权的概率，并可利用联盟的力量对抗其他竞争对手。

5. 有效利用外部知识产权资源

企业还可以适当借助外部的专业力量和资源，如借助知识产权中介服务机构、行业组织和政府部门的力量；加强与高端知识产权中介服务机构的合作，进行知识产权战略策划。中国政府知识产权主管部门和其他相关部门也可以为“走出去”企业防范和应对知识产权风险提供形式多样的资金支持（如发起组建专项风险基金）、必要的信息支持（如构建信息平台、提供海外活动指南等）及专业人才培训支持等帮助。①

小　结

以色列以技术创新著称，高科技在其经济发展中占重要地位，

① 董新凯．企业“走出去”的知识产权风险及防范．江苏知识产权研究基地网站．http://ipr.njust.edu.cn/86/c2/c7102a165570/page.htm.

也受到了众多中国投资者的青睐。以色列具有健全的知识产权保护法律体系，以色列企业保护知识产权的意识很强。了解以色列知识产权保护制度，有助于中国企业到以色列投资规避知识产权的风险。中国企业在以色列可能规避的知识产权风险有被控侵犯知识产权、遭遇知识产权壁垒、自身知识产权遭受侵害和并购活动中知识产权风险等四种情形。其中中国在对高科技技术投资时，并购活动中的四类风险需要尤其关注，如高估专利价值、专利价值降低、专利归属不确定以及专利整合困难等。为了更好地防范中国企业在以色列进行投资可能遭受的知识产权和专利风险，中国企业需要构建完善的知识产权风险防范体系，加强知识产权信息检索与分析，做好知识产权尽职调查工作，科学进行知识产权布局，以及有效利用外部知识产权资源。

第 14 章/*Chapter Fourteen*

中以商业合作的经验教训

近十年来，随着中国企业在以色列商业合作的不断增多，既出现了一批较为成功的案例，也有许多失败的教训。总结这些经验教训有助于让更多的中国企业在以色列取得成功。

14.1 成功经验

14.1.1 成功经验概述

自 2013 年以来，中国对以色列投资盛况空前。大型投资项目不断出现，投资形式多样化，交易结构日趋复杂。特别是海外股权并购、基金投资、风险投资等形式的投资占较大比例，逐步取代早期的“绿地投资”，成为对以投资的主要方式。① 2014 年，中国对以色列高新技术产业投资总量为 3.02 亿美元，2015 年升至 4.67 亿美元，2016 年增至 6 亿美元，2017 年为 5.96 亿美元。②

中国企业对以色列的投资经历了一个从以电子、钻石、化工等传统产品贸易为主，不断向高科技、新能源、生物技术、现代医药等方向发展转变的过程。这个过程伴随着“一带一路”倡议的提出而不断推进。

工程承建是中国对以色列投资最重要的方式之一。在“一带一路”倡议之下，中资企业广泛参与了以色列公路、铁路、港口、住房、市政工程等基础设施建设，承建了海法公路隧道、吉隆铁路隧道、阿什杜德新港、特拉维夫红线轻轨、海法新港、“10 万平方米住宅”等多项施工条件复杂的工程。

在这股投资以色列热潮中，自然也诞生了许多成功的经验，值得其他中国企业借鉴和学习。

14.1.2 典型成功案例

案例一 中国化工集团收购以色列安道麦公司③

安道麦是全球最大的非专利农药企业之一，成立于 20 世纪 40

① 陈谢晟. “一带一路”背景下赴以色列投资的问题与对策. 国际经济合作，2017 (12)：44-47.

② 邓伟. 中资企业在以色列：投资环境及风险评估//张倩红. 以色列发展报告 (2018). 北京：社会科学文献出版社，2018：379-385.

③ 当中国国企收购以色列企业后，意外发生了……. 中国日报中文网. [2017-03-21]. http://world.chinadaily.com.cn/2017-03/21/content_28623520.htm.

年代中期。安道麦的业务遍布全球 120 多个国家，在 45 个国家拥有超过 50 个分支机构，全球设有 4 个总部基地、5 个研发中心、8 个开发和登记中心，在 100 多个国家拥有本地登记实力，并有 12 个生产基地。而中国是世界上第三大农药市场，也是增速最快的市场之一。2011 年安道麦被中国化工集团公司（以下简称“中国化工”）收购 60%股份，加入中国化工后，其全球化战略改为了“立足中国，联通世界”。

2016 年 9 月，安道麦其余 40%股份也纳入中国化工囊中，安道麦成为中国化工旗下最重要的全资农化公司，是中国化工农化板块的核心企业。在这个全新的起点上，安道麦确立了全新的目标：成为中国农化行业唯一一家整合中国与全球资源的作物保护综合解决方案提供商，剑指全球农化行业规模最大且最具竞争力和差异化的非专利作物保护产品供应商。

中国化工将安道麦与公司旗下的农药企业进行整合协同，更好地利用中国资源和市场优势。为了促进安道麦的进一步发展，中国化工努力推进安道麦上市工作。通过将安道麦注入沙隆达（湖北沙隆达股份有限公司，隶属于中国化工农化总公司），中国化工实现了农化业务的整体上市，安道麦也由此成为第一家在中国上市的全球公司，也是第一家全球化的中国农药企业。

在资产整合的同时，业务整合也同时开展。以安道麦为统一平台，中国化工全面整合公司现有销售资源、渠道优势等，展开中国市场的深度开拓。农药业务的深度整合，新的研发中心、新的运营中心及包装制剂工厂的建立，将成为安道麦为中国和全球提供创新性及差异化产品的强有力支撑。

从业绩结果来看，中国化工收购安道麦后的整合是成功的：自被中国化工集团收购以来，安道麦进入了一个稳定的增长轨道。公司持续增加利润和盈利能力，并在全球获得更多的市场份额。2015年不利的气候条件、汇率波动及农产品价格下跌等对全球农化市场造成了严重影响。全球六大领先农药公司以美元计农药销售额全线下跌。排名第7位的安道麦以美元计销售额仅小幅下跌4.8%，在行业中保持领先。2016年前三季度，全球领先的几大农药公司以美元计销售收入下降的势头仍未止步，其中某巨头公司降幅达17%。安道麦公司则逆势走强，前三季度以美元折算的销售额达到24亿美元，与2015年同期持平。2017年安道麦销售收入已是全球第六，累计32.59亿美元。

中国农药产业由于起步晚，技术落后，长期处于小、乱、弱的局面，远远无法与国际领先公司比肩，因此推进结构调整和产品升级，培育研发创新能力和自主知识产权任务紧迫。

从这个案例中来看，中国化工对全球农化行业领先公司安道麦的收购，在挖掘业务潜力、实现产业转移、优化研发布局、节约市场营销成本等环节实现了显著的协同效应，加快了企业发展，并为提高农业生产力、食品安全水平和促进经济发展做出贡献。同时，安道麦也给中国化工带来了新的发展机遇。中国化工的本国农化实体借助安道麦的全球分销网络得以进军全球市场。安道麦在诸多关键农业市场上拥有产品销售渠道，如美国、澳大利亚、印度以及不久后将成为世界最大农业市场之一的巴西。

案例二：上海光明食品集团收购以色列 Tnuva 公司①

Tnuva 公司成立于 1926 年，是以色列最大的食品公司和乳品制造商，主营业务包括乳制品、禽蛋制品、肉制品、冷冻蔬菜、糕点等。其中乳制品是 Tnuva 公司的业务重点，销售额占公司整体销售额的 60%以上，占以色列全国乳制品市场的 50%以上。2015 年 3 月，上海光明食品集团收购 Tnuva 公司 77%股权，使得 Tnuva 公司的市场价值达到 86 亿谢克尔（按当时汇率，约 25 亿美元）。收购完成后，上海光明食品集团成为 Tnuva 公司最大单一股东，拥有绝对控股权，剩余 23%股权由以色列农业合作社基布兹和莫沙夫共同拥有。2016 年 3 月，大股东光明食品集团将 Tnuva 公司交由光明乳业托管。此次收购将为光明乳业带来技术协同效应、经营协同效应和管理协同效应。

（1）技术协同效应方面：以色列先进的农业及农业机械化技术世界闻名。光明乳业可以汲取以色列高效现代农业的经验，促进全产业链的精细化发展。同时，以色列也是全球奶牛养殖技术最先进的国家，应用计算机管理奶牛牧场的模式是其一大特色。其奶牛养殖业产值占农业总产值 14%，本地选育良种奶牛单产达到每年 12

① 梁圆皓．光明食品集团并购 Tnuva 公司协同效应分析．商场现代化，2018（7）：20-21.

吨，为全球第一，而国内奶牛平均单产每年 5 吨多，光明下属牧场奶牛单产每年 9 吨多，仍有较大差距。光明乳业可以引进 Tnuva 公司先进的牧业管理技术和经验，提升下属牧场经营水平。以色列企业长期以来跟美国市场结合比较紧密，有较强的国际化视野，这些也是中国国内企业所缺少的。

（2）经营协同效应方面：在生产上，Tnuva 公司原奶供应商包括 116 家大型养殖场以及 544 家小型养殖场，可为光明乳业提供强大的资源保障。而光明乳业及其子公司可以为 Tnuva 公司供应工业奶粉等相关原材料，从而使 Tnuva 公司在以色列本土奶源淡季等情况下拥有充足的原材料保障。内部资源调配和协同效应将逐步增强。在市场上，光明乳业将利用 Tnuva 公司在酸奶、奶酪、黄油等新品类以及奶牛饲养方面的先进技术和市场培育经营经验，拓宽产品线的深度和广度，探索国内细分市场以扩大销售额。在渠道上，Tnuva 拥有 12 个工厂和 9 个配送中心，产品除本土市场外，还外销至中东、欧洲和美国等地。Tnuva 美国子公司已正式注册成立。光明乳业可借助 Tnuva 公司开拓以色列、欧美国际市场。光明乳业的莫斯利安等明星产品也有望受到以色列市场的关注。同样，借助光明乳业的渠道和网络，Tnuva 公司的黄油、奶酪等优质乳制品全面进入中国市场和中东市场，通过合作的方式，进一步发挥协同效应。

（3）管理协同效应方面：Tnuva 公司的以色列管理团队与新的董事会一起继续领导 Tnuva 公司的经营活动，高管将给予中长期股权激励。Tnuva 公司的管理团队将会给光明带来大量的国际经验，由此带来的管理协同效应得到发挥。

案例三：上港集团获得海法新港码头 25 年特许经营权

2015 年 3 月，经过激烈竞标，上港集团击败四家竞争对手，成功中标以色列海法新港自 2021 年起 25 年的码头经营权。

海法新港位于特拉维夫的北侧。海法新港预计于 2021 年投入营运。全部建成后码头岸线总长 1 500 米，设计年吞吐能力 186 万标准箱。码头总占地面积 78 公顷，前沿最大水深 17.3 米，具备接卸目前世界最大集装箱船（19 000 标准箱型集装箱船）的能力。上港集团此次通过投标方式成功获得海法新港码头的特许经营权，将负责该码头的后场设施建设、机械设备配置和日常经营管理。

上港集团计划利用其多年积累的港口管理经验、管理技术以及和诸多航运公司建立的长期良好合作关系，将海法新港打造成地中海的枢纽港。投资海法港是上港集团在国际化道路上迈出的重要一步，更加有利于推动上海港和“海上丝绸之路”港口之间的业务联系。上海港现在和海法港以及欧洲的众多港口，都有很多的业务往来。上港集团投资海法港之后，有助于把这些港口连成一个更加密切的物流网络。

本次成功中标将进一步拓展上港集团的国际营运网络，强化港口核心业务的竞争力，并加深与国际港口及航运企业的战略合作。

案例四：光大控股与以色列 Catalyst 基金合资设立股权投资基金[①]

2014 年 2 月，中国光大控股有限公司与以色列 Catalyst 基金合资成立光控中国-以色列私募股权基金。该基金是中国金融企业同以色列基金公司合资设立的第一个专注于投资以色列本土科技公司的大型私募股权投资基金。主要投资对象是已进入市场应用阶段的以色列高科技企业，并将技术引入中国市场。截至 2018 年年底，该基金已募集三期，累计在以色列投资达 3 亿美元。

案例五：中国百度、平安等公司与以色列 Carmel 基金合资设立种子基金[②]

2014 年 10 月，中国互联网搜索公司百度以及金融集团平安公司共同投资 1.94 亿美元与以色列风险投资公司 Carmel 基金合资设立种子基金。该种子基金将专注于投资以色列处于初创阶段的科技公司，并提供进一步的技术孵化，所投资领域包括企业软件、数据中心基础设施、大数据、网络安全、金融科技、数字传媒和消费者应用等。

案例六：深圳光启集团在以色列设立 3 亿美元基金投资初创企业[③]

2016 年 5 月，中国深圳光启集团宣布在以色列设立光启 GCI

---

① 中国驻以色列大使馆经济商务处．光大控股与以色列 Catalyst 公司合资组建私募股权基金．中国驻以色列大使馆经济商务处网站．http://il.mofcom.gov.cn/article/jmxw/201310/20131000373855.shtml

② 中国驻以色列大使馆经济商务处．中国百度、平安投资以色列 Carmel 风险投资基金．http://il.mofcom.gov.cn/article/jmxw/201411/20141100781629.shtml.

③ 中国公司在以色列首设科技基金及孵化器，总投资 3 亿美元．腾讯科技．[2016-05-06].http://tech.qq.com/a/20160506/052396.htm.

（全球创新共同体）基金和孵化器，对高科技初创企业进行投资。光启 GCI 基金和孵化器结合了对以色列和全球处于早中期发展阶段公司的投资和孵化项目，通过重点投资在生物识别、通信、机器人以及增强现实技术等高科技领域表现优异的以色列公司，帮助初创企业提升技术水平和商业化水平。新基金的启动金额为 5 000 万美元，计划在 3 年内将金额提升到 3 亿美元。

14.1.3　成功案例的经验总结

随着越来越多的中国企业走出国门，到以色列寻找投资机会，谋求发展，利用世界资源和全球市场为企业的持续发展寻求新的机会。以创新为立国之本、强国之道的以色列无疑成为了许多中国企业的目标。从上述成功的案例中可以总结出以下四个方面的经验：

1. 建立明确的战略体系

企业在开展并购活动之前，要仔细研究行业发展趋势和规律。每个企业都有自己独特的财务状况、市场地位、管理特点、技术水平、战略目标，企业应结合自己这些独特的情况来建立明确的战略体系。例如，光明集团首先建立了成为本土化跨国公司的战略目标，完全依照市场化逻辑和规则推进国际化战略。现在，光明集团经过近几年一系列的跨国并购，已经形成上下联动的工作机制，建立了走出去战略的人才队伍，形成了走出去战略的研究体系，储备了一批符合集团核心主业方向的目标公司，为好中选优、精中选精奠定了基础。

2. 及时转换管理思维

从管理协同的角度来看，中国企业进行跨国并购的目标不应仅局限于获取资源、扩大规模，还要学习国外的先进商业模式、核心技术、管理经验，重视软实力建设与提升，建成职业化、专业化、国际化和市场化的管理团队。许多中国企业在完成并购后虽然成为大股东，但在运营时还是小股东思维。光明集团通常将并购标的定义为集团公司的下属子公司，从集团的产业背景去看问题，帮助并购标的进行协同整合，重新进行公司定位。

3. 加强投后管理，积极参与被投资企业生产经营活动

高水平的投后管理对企业并购的成败至关重要。目前，一些中资公司尚未在被收购企业中派驻中方经营管理人员，这对并购后企业的长期发展不利。一年有限次数的董事局会议或短期去以色列出差考察，难以对企业的整体经营状态全面掌控。因此，在以色列开展投资并购的中国公司应该加强并购完成后的投后管理，加紧寻找和培养能适应海外工作需要的国际化人才，积极参与被投资企业的生产经营与监督管理。

4. 拓宽企业融资渠道，采取灵活的资本运作方式

政府应积极倡导银企合作，鼓励企业与相关银行或其他金融机构以相互参股、签订合作协议，或新建、收购等方式，拥有自己的风险投资公司和银行。银行也可采取同样的方式，拥有自己的产业公司，实现产融结合。随着中国企业国际化程度不断提高、金融市场不断完善，私募股权投资基金将成为产业资本进行海外并购的重要合作伙伴。另外，政府应鼓励国有企业与民营企业合作，这有利于将民营企业的灵活性、高效率与国有企业的资金优势相结合，成功实现跨境投资。

中国企业还可采取另行注册公司和挂靠一些品牌公司等办法，或者把资金直接投资到拥有丰富跨国并购经验的外国私募基金，获得其实际控制权，再向海外间接实施并购，从而有利于减少政治障碍、促进并购成功以及并购后整合的顺利进行。

14.2　失败案例与教训

14.2.1　失败教训概述

中国企业对以色列的大额投资频频出现，尤其是针对以色列食品、金融、资源类垄断性企业的并购，一度让中国企业站上舆论的风口浪尖。[①] 以色列农药化工企业巨头安道麦，食品乳业巨头 Tnuva 公司都已经被中国企业全资控股或绝对控股。这些大手笔的并购一方面展现了中国企业的雄厚实力，但另一方面也给以色列人造成了一定的危机感。中国企业被推上以色列舆论的风口浪尖，呼吁管理甚至限制中国企业在以色列并购的声音一时间甚嚣尘上。这既不利于中国企业并购的顺利进行，也不利于并购后企业的经营和管理。

① 陈谢晟. “一带一路”背景下赴以色列投资的问题与对策. 国际经济合作，2017 (12)：44-47.

以色列保险公司凤凰控股公司的三笔与中国有关的收购交易就是在监管部门的压力下相继失败。2016 年，中国复星集团试图进行收购凤凰控股，最终遭遇失败。2017 年，中国阳光控股对凤凰控股的收购也未能获得批准。2018 年 7 月，凤凰控股向思诺国际保险集团出售控股股权的交易亦被取消，而思诺国际保险集团是中国民生投资集团的子公司。①

此外，以色列地处中东乱局的中心，形势错综复杂。在以色列投资需要对政治、经济和商业风险进行全面评估。中国企业在以色列开展投资并购的过程中，不仅要考量被收购企业或品牌的商业价值，更要密切跟踪地区形势变化，充分了解地区局势，全面评估投资并购的政治、经济和商业风险，避免在有争议的领土或地区开展投资活动。对于并购企业资产涉及争议领土或地区的，要妥善处理，以免影响投资收益。

对于中国基建企业来说，中国企业在海外承建的项目主要涉及住房建设、水电、道路、机场、公共交通、通信等。这些项目投资规模大，一般由政府部门组织建设，或由国际社会援建，具有鲜明的政府背景和政治色彩。因此，一旦东道国发生政治动荡、政权更迭或者经济形势恶化等风险事件，这些政府项目很容易受到冲击。以色列虽然经济稳定，但其地处中东乱局的中心，地区局部冲突不断，对于争议地区的处理和地缘政治的考虑更是应当思考的问题。

① BINDMAN R，BAHUR-NIR D，BAUMER L. Why Israel stopped all attempts by Chinese companies to buy local insurers. https://www.calcalistech.com/ctech/articles/0,7340,L-3744295,00.html.

早在 2012 年年初就获批通过的红海-地中海高速铁路项目至今仍未落地，透露出的便是背后诸多地区利益的角力。

此外，国际工程承包项目的建设周期长，这无疑会增加项目运营过程中遭遇风险的可能性。工程承包项目合同管理难度大，也就更易遭受合同风险等。另外，工程承包项目施工周期长，项目借款日期和方式一般事前约定，使得项目结汇自由度受限，加上项目部分人工、采购成本变动大，工程承包容易受汇率波动风险的影响。①

在以色列开展投资并购绝不是光看商业收益的“一锤子买卖”，而必须是全面综合考察多方因素后做出的成熟决策。对失败案例进行分析和反思，有助于中国企业到以色列进行投资时树立风险意识，避开前人踩过的雷。

14.2.2　典型失败案例分析

案例一：费尔康预警机毁约事件

预警机事件是中以投资合作时中国受到的一个严重教训。② 以色列人研究了从美国购买的预警机系统，以美国技术为基础，融合本国技术，创造出了有本国特色的以色列费尔康预警机系统，并以其独特的性能在国际军火贸易中赢得了名声。因此，当以色列主动由

① 世界经济与政治研究所，中债资信评估有限责任公司．中国对外直接投资与国家风险报告（2017）．北京：社会科学文献出版社，2017：260-270.

② 钟方．美干涉中以预警机交易内幕．国防时报，2011-08-10（22）.

政府出面，向中国政府发出明确的信号时，中国军方立刻对这笔采购投入了极大的期望和热情，并且派出专家到以色列考察谈判。同时，中国军方由于经费紧张，放弃了和俄罗斯的谈判以及自己对预警技术的进一步研究。

1996 年 6 月，中以达成由以色列帮助中国建造费尔康预警系统的协议。根据协议，每套费尔康系统的售价为 2.5 亿美元。中方预先支付一套系统的款项，以方将在 4 年内交付第一架预警机。

到 1999 年下半年，距以色列交货的日期只有不到一年的时间，预警机交易越来越受到美国国会的重视，美国利用各种手段向以色列施加的压力日甚一日。在距离以色列向中国交付预警机的时间已不足一月之时，以色列厂商最终难以承受来自美国和以色列国内的双重巨大压力，公开宣布暂停执行向中国出售预警机的计划。

以美关系远重于以中关系，以色列的外交底线就是不能真正开罪美国。尽管当时中以关系友好，以色列也需要中国在中东问题上发挥影响，同时单方面取消合同也会影响以色列自身的信誉，不过在以美关系面前，这些考虑都可以被放弃。

自以色列建国以来，美国一直在不同程度上作为以色列地缘战略概念和大厦的基石存在着。① 长期以来，美国在中东地区执行亲以

① 奥代德·埃兰. 2017 年以色列与美国的关系//张倩红. 以色列发展报告（2018). 北京：社会科学文献出版社，2018：265-266.

色列政策，在多数国际场合公开偏袒以色列，美以之间长期保持着一种特殊关系。①

虽然中国之后获得了以色列的道歉和 25 亿元人民币的赔偿加退款，但放弃自主研发所带来的时间上的损失也是给了中国一个严重教训。

案例二：红海-地中海高速铁路项目长达 7 年无进展

2012 年 7 月，中国和以色列签署了一项具有战略意义的合作备忘录。以色列交通国家基础设施和道路安全部部长伊斯拉尔·凯茨和时任中国交通运输部部长李盛霖签署了有关以色列铁路等基础设施建设的谅解备忘录，以推动两国交通基础设施领域的合作。②

以色列媒体将其形容为具有历史意义的合作文件，因为两国将建设一条连接地中海和红海的铁路项目。特拉维夫至埃拉特港高速铁路项目长约 350 公里，其中 260 公里需要新建。这是一条打通欧亚大陆、连接“地中海-红海”的铁路线。有评论甚至称这是一条陆上的苏伊士运河。凯茨部长认为，这条打通地中海和红海的铁路，将使以色列能够规避经过苏伊士运河的风险和复杂局面，具有“战略意义”。③ 此外，建成后两座城市的车程将减少到 2 个小时，将有助于港口城市埃拉特的发展。

---

① 刘志杰.“后伊核协议时代”美以特殊关系浅析. 世界经济与政治论坛，2016 (4)：108-124.

② 中国竞争以色列“红海-地中海”铁路项目 可绕开苏伊士运河. 观察者网. [2014-03-28]. https://www.guancha.cn/Project/2014_03_28_217807.shtml.

③ 同②.

“红海-地中海高铁”对于中国来说同样也具有重要的战略意义，它将使中国的货物能够更加便利地抵达北非和欧洲，而苏伊士运河航线将不再是唯一的途径。[①] 现在中国大部分从非洲进口的石油均需经苏伊士运河运往中国，与非洲、欧洲的进出口商品也必须经过这一“咽喉”要道，每年都有上千艘中国船只通过苏伊士运河。而埃及国内频繁的局势动荡使得中国经苏伊士运河的运输线路受到影响。2013 年 8 月底，在苏伊士运河曾发生对中国的“中远亚洲号”货轮进行恐怖袭击的事件。从经济角度来看，承建这一项目也有助于中国的资本、技术和企业走出去，并可为中国劳动力提供海外就业机会。

因此，对于中以双方来说，“红海-地中海高铁”都应该是一个互利双赢的合作项目。2013 年 10 月初，以色列内政部批准了埃拉特铁路线路规划。[②]

然而，由于复杂的地缘政治环境和地区形势，这一项目迟迟无法开动。[③] 该铁路一旦结成，将改变中东的战略利益格局，埃及苏伊士运河的作用将弱化，埃及和沙特对于红海的控制价值也将有所弱化，而以色列的地位将大大提高。以色列顾忌埃及和美国的反应，迟迟不敢实质性推进该项目。以色列地处中东乱局的中心，地缘政

---

① 肖宪．“一带一路”视角下的中国与以色列关系．西亚非洲，2016（2）：91-108.

② 中国竞争以色列“红海-地中海”铁路项目 可绕开苏伊士运河．观察者网．[2014-03-28]. https://www.guancha.cn/Project/2014_03_28_217807.shtml.

③ 王永．“红海-地中海”高铁至今仍无任何进展，取代苏伊士运河？难!．中国国家地理，2015（10）．http://www.dili360.com/cng/article/p5677b206b19e681.htm.

治的复杂和诸多势力的角力将会是中国企业在以色列投资时十分头疼但又不得不面对的问题。

案例三：复星国际收购凤凰控股有限公司失败①

复星国际作为一家在中国香港联交所主板整体上市的大型综合类民营企业，业务涉及医药健康、房地产等多个领域。2016 年，复星国际位列《福布斯》全球 500 强的第 434 位。凤凰控股有限公司（以下简称凤凰控股）成立于 1949 年，是以色列最大的金融集团之一，业务涉及保险和金融服务。其资产管理规模至 2014 年年底达到 418.8 亿美元。凤凰控股旗下的凤凰保险公司提供寿险、非寿险、健康保险、长期存款业务，其寿险、非寿险市场份额分别达到 16%、14%，在以色列分别位列第四位、第三位。保费及年金收入作为凤凰保险公司的主要收入来源，呈现明显的逐年上升趋势。

复星国际一直将保险视为其投资能力对接长期优质资本的上佳途径。收购凤凰控股可深化复星国际“中国动力嫁接全球资源”的投资模式，继续拓展全球保险市场。除了可与集团保险及再保险业务实现协同效应外，还有助于进一步完善集团的资本架构，降低综合账目层面的融资成本。

通过这次并购，复星国际和凤凰控股可以通过在所擅长领域的互补和市场渠道的共享，实现协同发展。复星国际既可提升获取长

① 张文佳，午于晨．“一带一路”与民营企业跨国并购——以复星国际收购以色列凤凰控股有限公司为例．经营与管理，2017（11）：34-38.

期优质资本的能力，进一步拓展海外保险和投资业务，还可协助凤凰控股把握以色列保险市场的增长机遇，并将业务拓展至其他市场。

然而，2016 年 2 月 17 日，复星国际宣布，因为交易的一些相关条件尚未达成，经与凤凰控股友好协商，决定终止收购凤凰控股的股份买入协议。失败的原因可总结为凤凰控股员工罢工以及来自监管部门的阻力。

凤凰控股员工罢工加大了复星国际的收购压力。由于凤凰控股有限公司宣布向中国复星国际出售公司的大部分股权，公司员工收到此消息后发起罢工，表示他们“不会让新主人好过”。工会官员表示，此次罢工源于该公司拒绝商讨向员工发放赚取的部分利润，而员工也表示那是他们合同中的规定。复星国际担心和凤凰控股的员工产生劳工问题纠纷，要求收购价低于市场价，以预防可能向员工做出的赔偿。最终，复星国际和凤凰控股的股东均宣布由于条约中若干先决条件未能达成一致，该交易被取消。

以色列监管部门的顾虑则成为复星国际并购案的直接阻力。凤凰控股是一家在以色列具有领导地位的、多元化的金融控股公司，接管了很大一部分以色列民众的养老金。凤凰控股的交易必须获得财政部保险部门主管 Dorit Salinger 的批准。因此，作为以色列财政部旗下资本市场、保险与储蓄部门负责人，Dorit Salinger 需要确保对凤凰控股的收购符合国家利益。

另外，与复星国际关系密切的人士称，2015 年 12 月，郭广昌因被中国政府对原上海市副市长艾宝俊的反腐调查牵扯进去，从公众视线中消失了 4 天。以色列媒体报道称，郭广昌难以说服监管机构相信，尽管他曾遭拘禁，但这宗交易仍应继续推进。与该集团关系密切的人士表示，一些境外监管机构施加压力，要求得到关于郭广昌未继续受到中国政府调查的正式表态，但在中国，这种情况下一般无法得到这样的澄清。

此次交易的失败以及以色列媒体和公众普遍的抵制态度，显出中国企业到以色列投资面临的一大问题。以色列人民和监管层，对于中国企业缺乏基本的信任，中国企业不够透明、行动迟缓、不能及时决策等问题也广受质疑。

案例四：凤凰控股公司的三笔并购均失败①

除了复星国际收购凤凰控股遭遇失败意外，涉及这家以色列金融公司的三笔与中国有关的收购交易在监管部门的压力下纷纷失败。2017 年，中国阳光控股对凤凰控股的收购也未能获得批准。2018 年 7 月，凤凰控股向思诺国际保险集团出售凤凰控股股权的交易亦被取消，而思诺国际保险集团是中国民生投资集团的子公司。

其他失败案例②

2017 年 8 月，私募股权公司 Xio Group 对以色列第二大投资公司 Meitav-Dash 的收购遭遇失败。虽然 Xio Group 的总部设立在伦

① BINDMAN R，BAHUR-NIR D，BAUMER L，Why Israel stopped all attempts by Chinese companies to buy local insurers. https://www.calcalistech.com/ctech/articles/0,7340,L-3744295,00.html.

② 同①.

敦，但其主要业务均位于中国，在香港和上海都设有办事处，拥有深厚的中资背景。

2017 年 9 月，总部位于以色列的克拉尔保险控股有限公司宣布，同香港华邦金融控股有限公司签署了出售其 44.9%股权的谅解备忘录。独占期于同年 11 月结束。2018 年 2 月克拉尔官方宣布该项交易没有成功，同时没有给出原因。

14.2.3 经验总结

在以色列开展投资并购必须全面综合考察多方因素，若调查不充分即贸然进入很有可能遭遇竹篮打水一场空。这些失败案例也为我们带来了以下四点反思：

1. 增强风险防范意识，谨慎对待敏感行业的投资

对涉及能源资源类、金融等敏感行业的投资并购需要中国企业极其谨慎。由于以色列特殊的地理位置和以巴问题的历史复杂性，中国企业在以色列投资并购尤其要注意增强风险防范意识。对于可能存在争议的投资标的企业一定要全面考察、慎重决策，避免非商业因素影响投资收益。此外，尽管以色列是一个市场经济国家，但对于涉及国民经济命脉的能源资源类、金融等行业仍存在着较强的本土保护主义。因此，对以色列敏感行业的投资并购要慎之又慎，充分做好前期调查，避免造成损失。

2. 做好尽职调查，提高风险控制

中国企业面对以色列的各种潜在风险，应在并购前期做好详细的调查和策划。在对以色列企业进行并购中，中国企业应当了解当地金融市场状况和金融政策，通过实地调查，有效防范金融财务风险。通过制定切实可行的并购计划，更准确地掌握目标企业资产的潜在价值，降低资产评估风险。根据企业发展战略制定出富有弹性的计划，准备随时调整并购策略，将损失最小化。

3. 防范文化整合风险，避免外汇风险

跨国并购有着本身的优点，但也伴随着特殊的风险形式，例如文化整合风险、外汇风险等。从文化整合风险来看，跨国并购后并购企业与目标企业存在文化差异，会给企业整合带来较大的阻碍。如果被并购方的员工对并购方产生不信任感或不确定感，对企业缺乏认同，容易造成员工及客户资源的流失。从外汇风险来看，在并购谈判时，收购价格容易受到外汇波动影响。跨国并购完成后，企业业绩容易受国际市场波动的影响。企业可提前锁定汇率，运用套期保值等操作来降低损失。

4. 不过分宣传，又善于正面引导舆情

以色列是一个媒体高度发达的国家。近年来以色列媒体对中国企业在以色列的投资并购给予了极大关注。中国企业大手笔收购以色列公司的报道时常见诸报端，给以色列人造成了一定的不安全感。这既不利于中国企业今后的并购，也不利于对已投资企业的管理。因此，在并购过程中，企业应低调外宣，力争实现股权顺利交割、企业平稳过渡；在并购完成后的企业管理中，严格质量管理，提高安全标准，“多做少说”，用实际行动打消当地媒体的顾虑；同时企业应积极引导媒体多做正面宣传，营造良好的舆论环境。

小 结

2013 年以来，中国企业纷纷来到以色列投资，大型投资项目不断出现，投资形式多样化，交易结构日趋复杂。其中涌现出了许多成功的投资案例。以色列农药化工企业巨头安道麦、食品乳业巨头 Tnuva 都已经被中国企业全资控股或绝对控股。这些大手笔的并购一方面展现了中国企业的雄厚实力，但另一方面也给以色列人造成了一定的危机感。以色列凤凰控股的三笔与中国有关的收购交易在监管部门的压力下纷纷失败。此外，受到政治因素影响，费尔康预警机毁约、红海-地中海高速铁路项目停滞等，都警示着中国企业在以色列进行商业合作时要做好风险防范。

中国企业进军以色列时，要建立明确的战略体系，及时转换管理思维，加强投后管理，积极参与被投资企业生产经营活动，并尝试拓宽企业融资渠道，采取灵活的资本运作方式。同时，企业需要增强风险意识，谨慎对待以色列争议领土与敏感行业的投资。企业在投资前需要做好尽职调查，提高风险控制；在投资后需要积极防范文化整合风险，避免外汇风险。在并购过程中，企业应低调外宣，力争实现股权顺利交割、企业平稳过渡，并且积极引导新闻、电视和网络媒体多做正面宣传，努力营造友好有利的民间舆论环境。

第 15 章/*Chapter Fifteen*

中以合作的商业模式探讨

中国 2013 年提出“一带一路”倡议后，以色列政府对此积极响应。2014 年 10 月，中国发起成立亚洲基础设施投资银行，以色列没有受到美国的影响而选择成为 57 个创始成员国之一。以色列外交部声明“以色列意识到了加入这样一个亚洲国家间组织的重要性”。2016 年 9 月，以色列外交部经济司以中经贸关系小组组长希拉·英格哈德女士在接受中国记者采访时表示，“中国就像是一台大型计算机，以色列就像计算机里的一个芯片”。她说，中国是以色列重要的投资来源地，以色列非常期待未来与中国的合作。2017 年 3 月，以色列总理内塔尼亚胡对中国进行正式访问。在与国家主席习近平的会见中，内塔尼亚胡表示以方愿意积极参与“一带一路”框架下基础设施等合作。他还表示，中国的“一带一路”倡议无论哪里需要以色列，以色列都会全力投入。由以上可以看出，以色列政府对于“一带一路”倡议展现出强烈的合作意愿。

图 15－1 显示了 2018 年以色列的商品进出口贸易伙伴排名，从

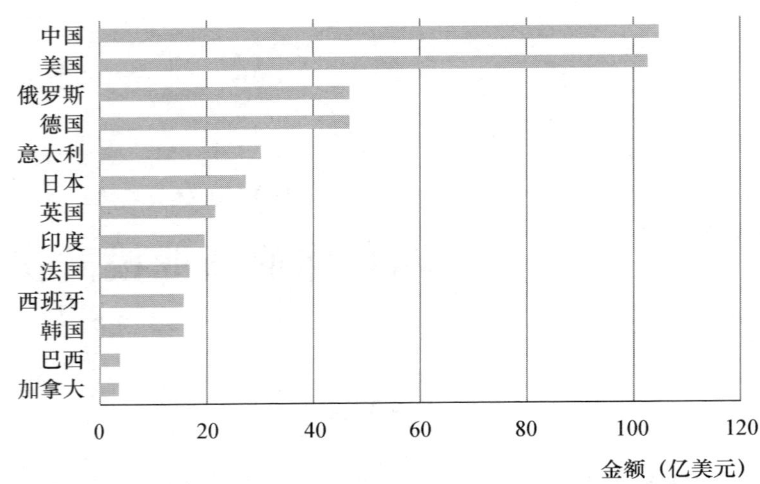

图 15-1A　以色列 2018 年进口商品贸易情况

资料来源：联合国商品贸易统计数据库.

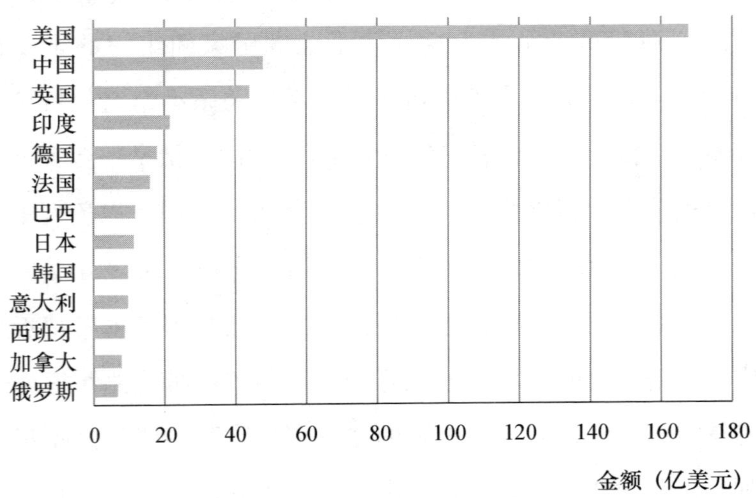

图 15-1B　以色列 2018 年出口商品贸易情况

资料来源：联合国商品贸易统计数据库.

图中可以看到，中国已经成为以色列第一大进口国，略超过美国，但与美国的数字之间没有较大差距；同时，中国也是以色列第二大出口国，与美国的数字差距较大，不到美国的 1/3。从这两张图可以看出，中国已经成为以色列非常重要的贸易伙伴。

图 15－2 显示了近年来中国和以色列之间进出口贸易的发展进程。

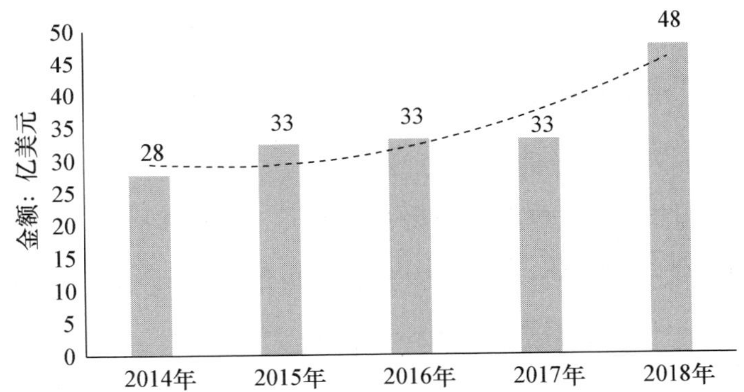

图 15－2A　中国从以色列商品进口贸易发展进程

资料来源：联合国商品贸易统计数据库.

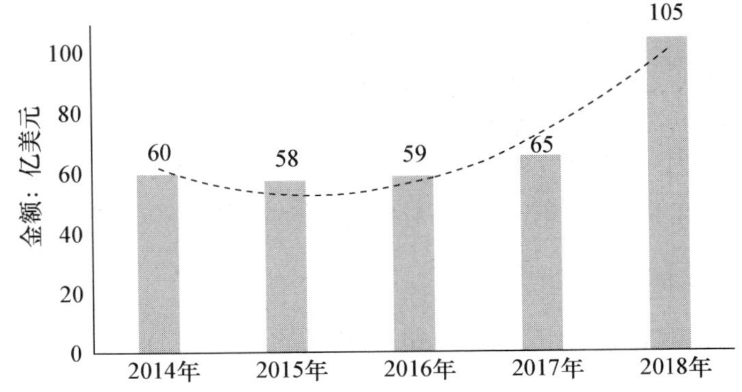

图 15－2B　中国对以色列商品出口贸易发展进程

资料来源：联合国商品贸易统计数据库.

从图中可以看到，2014 年以来，中国从以色列的商品进口总体上处于增长趋势。其中，2015 年相比 2014 年增长了 17.8%；随后的三年中，进口金额比较平稳；相比 2017 年，2018 年增势较猛，达 45.5%。在中国对以色列的出口方面，相比 2014 年，2015 年出口金额略有下降；2016 年略有上升；2017 年呈快速上升态势，相比 2016 年增长了 10.2%；而 2018 年出现了惊人的一幕，相比 2017 年暴涨了 61.5%，说明目前中以之间商品贸易发展态势良好，未来尚有不小的增长潜力。

以色列国土面积虽然远不及中国，但在技术研发和创新方面长期处于世界领先地位，在 2018 年全球竞争力指数中位列第三位①。而中国拥有广阔的市场，经济发展长期保持稳定，是以色列不可或缺的投资来源。两国之间的投资合作前景广阔，合作模式也值得多方位探讨。总的来看，中国在以色列的投资机会主要分两种：一种是中国具有优势而以色列处于弱势的领域，比如基础设施建设，具体来说就是高铁、光伏等；另一种是中国处于弱势而以色列处于强势的领域，主要包括中国比较缺乏的高新科技、农业、医疗以及军工等。

就目前的状况来看，中国对以色列的投资机会主要还是集中在前一种，这不仅仅和中国现有国情相关，也受"一带一路"倡议的具体方针影响。根据"一带一路"倡议的具体方针，中国对以色列

① 世界经济论坛（WEF）. 2018 年全球竞争力报告. https：//cn. weforum. org/reports/the-global-competitveness-report-2018.

的投资，会先推动大型国有企业在工业、能源、原材料等方面的投资，逐渐转移到民营企业对消费类、金融类、高科技方面的投资，从发挥中国的优势，到取长补短，促进中以两国的共同发展。

15.1 中国企业在以色列的投资机会探讨

15.1.1 中国推动以色列基础设施建设

以色列地处欧、亚、非三个大陆的交界处，濒临地中海和红海亚喀巴湾，其优越的地理位置使得基础设施建设对国家的发展和对外经贸往来方面有着极其重要的推动作用。作为一个商业、金融、科技都非常发达的国家，以色列有完备的数据网络，以色列电话线路、计算机和互联网用户的数量就人均水平而言名列世界前茅，邮政服务也非常发达。而以色列的海陆空交通还处在一个发展更替的阶段，路上公路铁路不断发展，海上交通方面海港设施日益完善；航空方面机场在不断扩建，但国内的小机场仍局限于欧洲的包租班机和国内飞行服务。[①] 总体而言，以色列在基础设施上仍有相当大的发展空间，以及与国际合作的机会。

自从中以就“一带一路”主题下展开合作以来，中国已经和以色列合作实施了几个大项目，并已成功摘得硕果。凭借中国基础设

① 以色列的基础设施．以色列玫瑰旅游集团官网．http://www.veredgo.cn/以色列的基础设施/.

施建设的丰富经验与超前的技术水平和服务水平，这些中以合作项目极大地促进了以色列交通运输方面的建设，充分发挥了其地理位置的优势；同时帮助中国进一步打破美国对中国的地缘性封锁，促使中国在“走出去”的战略上走得更远。下面分别从港口、铁路、光伏以及核电等四个方面探讨中以之间的商业合作机会。

1. 港口

以色列作为一个临海国家，港口是以色列对外交流的重要通道。以色列的雅法、凯撒利亚和阿卡等老港口已经逐渐被海法、阿什杜德和埃拉特三大现代化深水港替代。在新港口的建设中，以色列也借助了国际合作，其中，阿什杜德新港口和海法港口都有中以合作项目。就港口建设项目而言，中国企业已经不仅仅参与到基础设施建设方面，还扩展延伸到港口管理和服务方面。这意味着中国“走出去”内容的深化和层次的提升。典型案例有阿什杜德新港口项目和海法新港码头项目。

案例 1：阿什杜德新港口项目

2014 年 6 月，中国港湾工程公司中标承建以色列阿什杜德新港项目。阿什杜德港位于以色列西部沿海的阿什杜德市，是以色列第二大港。该建设工程是中国企业在以色列建设的最大基础设施项目，也是以色列最大的投资项目之一，总投资额为 3 亿新谢克尔。以色列总理内塔尼亚胡评价此项目为“联通欧亚之间的桥梁”，对于促进以色列与周边国家的贸易往来、提高以色列人民生活水平具有重要意义。该项目的主要工程包括建造一座 1 230 米的集装箱码头岸线、600 米的主防波堤和 1 480 米的护岸以及相关填海造地和附属工程。项目建成后，年集装箱吞吐量预计为 100 万标准箱。①

案例 2：海法新港码头项目

2015 年 3 月，上海国际港务集团股份有限公司（简称“上港集团”）在四家竞标公司中胜出，获得以色列海法新港自 2021 年起 25 年的码头经营权。以色列交通部长卡茨表示，上港集团承接海法新港的经营体现出中国对于以色列的信心，有助于加强以色列和中国之间的合作。海法新港深水码头位于以色列北部，预计将于 2020 年建成。建成后的海港总岸线长 1 500 米，年吞吐能力将达到 186 万标准箱，是以色列最大的海港。根据以色列交通部的估计，海港投入运营后，不仅能满足本国货物的进出口，还会直接和间接提供 3 000 多个就业机会，将有利于促进当地的经济发展。②

2. 铁路

中国企业在铁路方面的优势主要体现在高铁和轻轨建设方面。

---

① 中国企业承建以色列阿什杜德新港　将成欧亚桥梁. 观察者网.［2015-09-12］. https://www.guancha.cn/Third-World/2015_09_12_333975.shtml.

② 上港集团中标以色列海法新港 25 年码头经营权. 新浪财经.［2015-03-27］.

案例 1：高铁

高铁作为现代新兴的交通形式，能极大地缩减路上交通的时间。中国作为一个拥有完善高铁交通体系的国家，具有对外承包高铁设施建设能力。2012 年，以色列计划实施"红海-地中海高铁"计划，中国企业积极参与其中。

该项目计划从以色列最南端濒临红海的城市埃拉特出发，穿过中部的内格夫沙漠，向北连接地中海港口城市阿什杜德、特拉维夫和海法，总长约 350 公里。建成后将可以绕过苏伊士运河，直接通过铁路将海运货物运至地中海或红海。这条铁路的建设不仅有助于以色列南部的开发，更重要的是可以避免长期以来依赖苏伊士运河进行运输的交通风险，这对于全世界各国而言都是一条打通欧亚大陆的重要陆上通道。以色列内阁于 2012 年 2 月正式通过该计划。项目公布后，许多国家都表示出了浓厚的兴趣，但只有中国在此项目上与以色列进行了深入协商。

2012 年，以色列交通部长卡茨访问中国时，双方签署了包含"红海-地中海高铁"项目的合作备忘录。以色列总理内塔尼亚胡也表示欢迎中国参与这一项目的建设。而这一项目事实上对中国也有同样重要的战略意义，中国运往欧洲的货物将不再只有苏伊士运河这一条途径。近年来埃及国内局势不稳，苏伊士运河这一航线不时受到影响。因此，对于中以双方来说，这是一个互利共赢的合作项目。遗憾的是，这条计划中的铁路由于削弱了苏伊士运河的重要地位而受到了中东地区各种利益方的阻挠。项目签约后迄今再也未能取得实质性的进展。

案例 2：轻轨

中国公司参与建设的以色列特拉维夫首条轻轨项目不久前开始盾构施工。由中国中铁旗下子公司与以色列公司组成的联营体两年前（2015 年）成功中标以色列特拉维夫轻轨红线项目 TBM 段西标段。据了解，该项目包括 6 座地下车站、10 560 米 TBM 隧道及 17 条横通道等工程。项目使用的土压平衡式盾构机全部由中国制造，盾构机安装、调试和操作等专业技术工作也都由中方技术人员完成，地铁隧道使用的混凝土管片也在中方的技术指导下进行生产。①

中国与以色列的基础设施合作在以上案例的基础上还可以进行更多方面、更深层次的探索。以色列自从与埃及、约旦签署和平条约，以及与巴勒斯坦达成奥斯陆协议后，就开始进入相对和平的新时期，大力发展基础设施建设，以上中以大型基础设施建设合作仅仅是拉开了序幕。

---

① 喻剑．中国企业承建以色列基建项目．经济日报，2017-06-28（8）．

3. 光伏面板

光伏产业作为中国在国际上颇具竞争力的能源项目，为中国在新能源开发的全球市场上争得一席之地。在“一带一路”倡议的带动下，中国的光伏企业一改以往依靠低价竞争、依赖欧美市场的现状，作为“一带一路”产能输出的重要组成部分，在“一带一路”沿线国家，迸发出新的生机。

以色列位于阳光充足的西亚，太阳能作为低碳能源，对以色列这个资源缺乏的国家也有深远的经济和战略意义。中国光伏产业与以色列当地的合作，能充分利用以色列充足的日照资源，完善并改进其电力供应系统。这不但是对基础设施建设的贡献，也在环境保护方面具有更加深远的意义。

就中国光伏产业对“一带一路”沿线国家的合作项目来看，主要集中在印度、越南等 14 国，其中以色列也是中国光伏产业面对的重要市场。中国光伏企业晶澳于 2017 年为以色列国会大楼光伏项目提供太阳能组件，2018 年 2 月为以色列 Ashalim 的 250 兆瓦太阳能电站供应单晶 PERC 组件。①

4. 核电

2018 年世界核电国家排行榜排名显示，中国作为榜上第三，仅次于美国和俄罗斯，以色列作为榜上第九，都是核电技术的强国。

---

① Energy Trend：“一带一路”先行者 光伏龙头企业布局盘点. 搜狐号：集邦新能源网. [2018-09-21].

而国际能源署署长法提赫·比罗尔在伦敦的一个会议上表示，随着中国在核能发电领域的发展，未来中国将取代美国成为全球最大核能国。中以在“一带一路”倡议的框架下在核电方面也有不少合作项目。

2016 年，在中国 A 股上市的首航节能公司与以色列 Ben-Dak/Galperin Team 签署在钍基核电反应堆方面合作的备忘录，预计双方以各占 50%投资额的形式，共同合作进入钍核联合研发阶段。如若合作能按照预期阶段顺利实施，双方有望在钍核电站及相关领域获得突破并占据领先地位。①

除首航节能公司，中国陕西中核地矿油气工程有限公司、中核（陕西）环境科技有限公司与以色列 BUVOCA 环境工程有限公司签订了战略合作协议，就污水处理厂升级改造、固体废物综合处理、环境化学材料与环境工程设备的市场推广、国内环境工程 EPC 项目等开展战略合作，组建合资公司。

就核电方面来看，中以之间仍存在着很大的发展空间。以色列作为一个资源匮乏的国家，核电等新能源的开发有极大的战略和环境意义。而中以作为核电领域领先的国家，在核电应用开发上，仍有很大的空间。

总的来说，中以之间已经就基础设施建设和能源方面进行过多方面合作。基于中国的“一带一路”倡议走出去的需求以及以色列

---

① 国际钍核技术“看上”中国资本. 中国核网. [2016-02-24].

对基础设施建设和改进的需求，中以就重要港口方面已经达成合作或计划进行国际合作。但就以色列重要的地理位置而言，除却三大新港之外，中以仍有更广泛的合作发展空间。例如，以色列地中海沿岸是与欧洲大陆联通的极佳口岸，中以双方若能够加强合作则能够进一步发挥以色列的地理优势。

15.1.2 以色列推动中国高新技术发展

以色列作为世界领先的创新驱动型国家，在精细农业、水处理、芯片设计、网络安全等领域处于全球领先地位，而中国作为世界上人口最多的国家，拥有巨大的市场、广阔的前景，目前正在进行产业结构转型，致力于建设创新型国家。因此，两国在研发创新这一方面有很强的合作动机。

以色列的研发投资 GDP 占比位居全世界第二位，巨额的研发投入显示出国家对此的重视。以色列的教育体系追求对创造力和创新力的启发，以色列的大学具有世界领先的科研实力，由此造就了世界最高的工程师密度。人才和政策的双重支持使以色列长期占据世界研发领域的领先地位。

在生命科学技术领域，以色列拥有包括魏茨曼科学研究所在内的众多相关领域研究机构，生命科学产品和服务的年出口额达到数十亿美元。以色列在数字成像、医疗和手术设备、制药和药物输送等技术方面处于世界领先地位。以色列一直致力于突破性治疗方法和药物，例如利比（Rebif）干扰素和克帕松（Copaxone）的研究生产。2016 年，中以创新中心在深圳成立，重点推动中国和以色列生物医药产业的融合发展。2018 年 7 月，中以生物技术国际研讨会在成都举行，探讨生物技术在医药、食品、环境中的应用。双方表示中以在生物技术领域的研究和产业创新合作上有很广阔的发展前景。

以色列的半导体行业一直领先于世界，苹果、三星、英特尔等全球领先的芯片企业在以色列都建有研发中心。1974 年英特尔在以色列设立了美国本土以外的第一个研发中心，至今已运营了 40 多年，被认为是美国之外最重要的研发中心。2016 年，以色列半导体出口额以 13.4 亿美元占据各类出口产品中的第一位。中国方面，2018 年中兴通讯遭到美国调查后被禁止购买芯片产品，国内通信行业因而暴露出严重的“缺芯”问题。中国的芯片市场需求巨大，但 90%依赖于进口，由于长期以来受《瓦森纳协定》的制约，无法掌握芯片制造的核心技术。《瓦森纳协定》的 42 个成员国都对出口中国的半导体设备及技术进行限制，而以色列是全球仅有的对中国没有芯片限制的发达国家，因而中以在半导体研发行业具有重大的投资合作机遇。

随着金融科技的快速发展，以色列在金融科技领域出现了大量新兴企业。2016 年，53 家以色列金融科技公司获得了 6.99 亿美元的融资，创下历史新高。同时有 6 家以色列公司入选毕马威最具创新力的金融科技公司 100 强。这些新兴企业致力于精简支付流程，完善欺诈检测、预防和安全管理方案，为客户提供个人财务规划，推动金融科技行业不断向前发展。例如，Tiidan 公司的业务处于支付处理和国际信贷转接的交叉点，其技术在海上丝绸之路的管理和进口货物方面可以发挥较大作用。Zotapay 公司为信用卡/借记卡提供了简单高效的在线支付解决方案。① 在中国逐渐深入参与国际金融市场的过程中，整合尖端金融科技的能力对中国的价值将越来越大，与以色列金融科技初创企业的合作将帮助中国投资者降低风险，实现金融结构的改造升级，从而中国资金在亚投行、丝路基金等金融机构中也能发挥更大的作用。

以色列还拥有先进的汽车技术，全国有 250 多家创新型企业，在智能移动、电动交通、替代燃料、自动化汽车领域进行研发。通用汽车技术中心在以色列设立了世界级研发机构，宝马、奔驰和丰田等其他汽车品牌也逐渐在以色列进行高级汽车零部件和先进设计技术开发。2017 年，英特尔以 153 亿美元收购了以色列自动驾驶汽车技术公司 Mobileye，使得以色列一跃成为全球汽车创新中心，吸引了世界目光。2017 年 3 月，中国上海汽车集团在以色列设立了创新中心。多项以色列智能汽车创新项目也前往中国寻找合作伙伴和投资机构。

以色列是世界航空航天产品出口大国，行业总收入超过 50 亿美元，产品流向 60 多个国家和地区。以色列全国遍布经验丰富的制造

① 以色列的创新金融科技在“一带一路”中的应用. 百度百家号：Lansky 电商. [2017-05-16].

商和供应商，向世界各地的航空业提供产品和服务，拥有 150 多家该行业创新型企业，在复合材料和高级金属、工业级无人机、卫星、民航等领域掌握世界领先技术。

根据瑞士洛桑国际管理学院 2013 年全球数字竞争力排名，以色列的网络安全产业排名第一，年出口额超过 30 亿美元。[①] 在以色列大约有 420 家网络安全公司，IBM、思科、通用电气等 40 家跨国企业在此设立了研发中心，在防火墙、信息安全和威胁监控、欺诈检测和预防、企业端点安全等领域进行重点开发。2017 年以色列网络安全行业融资额度达到创纪录的 8.15 亿美元，仅排在美国之后，占全球网络安全行业投资总额的 16%。

以色列的信息通信技术研发机构众多，在大数据、物联网、人工智能等领域取得令人瞩目的成果，信息通信产业产值占私营部门总产值的 20%。2016 年 12 月，以色列信息通信技术中国巡展在北京等地成功举行，以色列带来了世界领先的科技与项目，与国内多家信息技术企业和投资机构进行技术交流，有助于帮助国内企业拓展合作方式、开阔视野，推动地方科技转型升级。

15.2　中国企业在以色列的合作模式探讨

由于中国与以色列经济的强互补性，双方在合作模式上一般采

① 以色列经济部网站——Invest in Israel. https://investinisrael.gov.il/HowWeHelp/Pages/Resources.aspx.

取优势互补的方式。首先，中国可以提供大量资金，通过对以色列的初创型企业提供资金使其具备成长条件。其次，中国具有广阔的市场，可以为以色列的强势产品提供大市场，从而促进以色列的产品出口。最后，以色列由于在许多领域掌握世界性先进技术，可以吸引大量的中国企业与其合作，以色列可以作为西方技术转口中国的中间商，许多西方技术的出口被限制，无法进入中国，以色列则可以把一部分中国得不到的技术转口给中国。

与以色列高科技公司的合作方式包括直接投资、间接参股、并购等模式。目前中国企业已经采取了多种途径与以色列公司合作。从宏观数据上来看，以色列风险投资研究中心 2018 年 2 月发布报告指出，2013—2017 年，中国投资以色列的企业数量由 18 家上升到 34 家。从投资金额来看，2013 年中国与以色列科技公司完成了投资总额达 2.32 亿美元的 26 项交易，2017 年在科技领域的交易总额则达到 5.96 亿美元，共 43 项交易，呈现出稳步上升的趋势。[①]

15.2.1 中国强势领域

中国企业在基础设施建设、中低端装备制造业和能源设备等领域具有较大的优势。

1. 基础建设和装备制造业

就“一带一路”倡议的推进策略而言，中国对于基础建设和装

① 徐乾昂. 中国加速投资以色列科技公司，对方欢迎. 百度百家号：观察者网. [2018-7-20].

备制造业多倾向于绿地投资。绿地投资又称创建投资或新建投资，是指跨国公司等投资主体在东道国境内依照东道国的法律设置的部分或全部资产所有权都归外国投资者所有的投资。创建投资会直接导致东道国生产能力、产出和就业的增长。绿地投资有两种形式：一是建立国际独资企业，其形式有国外分公司、国外子公司和国外避税地公司；二是建立国际合资企业，其形式有股权式合资企业和契约式合资企业。

绿地投资既有优点也有其不足。其优点主要有三方面：一是有利于选择符合跨国公司全球战略目标的生产规模和投资区位。例如，海尔集团选择在美国南卡罗来纳州的汉姆顿建立生产基地是因为其众多的地理位置优势。汉姆顿生产基地是海尔独资企业，电冰箱厂设计能力为年产 20 万台，以后逐渐扩大到年产 40 万至 50 万台。二是投资者在较大程度上把握风险、掌握项目策划各个方面的主动性。例如，在利润分配上、营销策略上，母公司可以根据自己的需要进行内部调整，这些都使新建企业在很大程度上掌握着主动权。三是创建新的企业不易受东道国法律和政策上的限制，因为新建企业可以为当地带来很多就业机会，并且增加税收。例如，海尔在南卡罗来纳州的总投资额达到 1.26 亿美元，创造了 1 250 个工作机会。其不足之处主要有三个方面：一是绿地投资方式需要大量的筹建工作，因而建设周期长、速度慢且缺乏灵活性，对跨国公司的资金实力、经营经验等有较高要求，不利于跨国企业的快速发展。二是创建企业过程当中，跨国企业完全承担其风险，不确定性较大。三是新企业创建后，跨国公司需要在东道国自己开拓目标市场，且常常面临管理方式与东道国惯例不相适应，管理人员和技术人员匮乏等问题。①

就目前中以港口或高铁项目而言，中以就这些项目的合作更倾向于新型对外工程承包。阿什杜德新港口工程是中国“一带一路”倡议绿地投资的代表，而海法新港码头项目则是更为新型的合作方式 BOT（建设-经营-转让），中国企业在其中承担了经营的角色。在基建和装备制造业这个行业，中以双方可以开展更多新型的合作模式，将投资、融资、建设、运营更好地融合起来。除 BOT 以外，还有 BT（建设-移交）、TOT（转让-经营-转让）、PPP（公私合营）以及 F＋EPC（融资＋工程总承包）等。对于这些新模式，要依据以色列当地法律和市场基础等条件灵活使用。

2. 能源资源领域

不同于中东其他有丰富石油等矿物资源的国家，以色列矿产资源相对匮乏，但开发利用技术发达。因此，在能源资源领域，中国与以色列的合作战略就不同于在其他矿产丰富的国家所实行的就地开发合作。中以在新能源领域都位列世界前列，例如光伏产业和核电技术方面，因此在这方面的合作更倾向于股权合作、合资合作或者共同创建研究中心，共同研究，共同进步。

---

① 美国商会中文网站. http://aicc.org.cn/绿地投资.

15.2.2 中国强势领域探讨

对于中国的强势领域，我们认为主要有两方面非常关键：

1. 国家层面的政策扶持

高铁、光伏产业和其他基建或能源领域，属于回报较慢而成本很高的行业。在没有国家政策扶持的情况下，资本主义市场中的企业很少能承担该领域的进入成本，而且国家在这些方面的投入也很有限。不同于资本主义制度，我们得益于中国特色社会主义制度，可以在国家的支持和扶持下对这些领域进行研究、开发和建设。这是中国基础设施建设能力和光伏产业能位列世界前沿的重要原因。社会主义制度本身的优越性，使得中国在这些方面有得天独厚的基础。

2. 中国处于后工业时期，面临着产能过剩的问题

中国不少主要工业品自 2012 年就已面临严重的产能过剩问题。而环顾世界，亚洲基础设施建设的投资需求仍然是巨大的，这意味着中国在这方面仍然存在着非常广阔的区域市场以及极大的对外投资发展空间。在这一大背景下，中国和以色列之间的合作，也有利于进一步优化中国产能结构，达到互利共赢的目的。

15.2.3 以色列强势领域合作探讨

以色列在生物医药和信息科技等领域实力强劲。在这些以色列的强势领域，中以有不少合作项目。例如，2015 年 1 月，中国网络科技公司阿里巴巴集团斥资约 1 000 万美元投资以色列二维码技术创业公司 Visualead。Visualead 开发了一种具有专利技术的二维码，可以使用动画对用户实现更好的视觉吸引。随后 2015 年，阿里巴巴集团又投资以色列风险投资基金 Jerusalem Venture Partners（JVP），以有限合伙人的身份加入了 JVP 的第七只基金，投资额达到数千万美元。2017 年年初，以色列增强现实（AR）镜头制造商 Lumus 获得阿里巴巴集团 600 万美元的投资，Lumus 主要生产对 AR 体验至关重要的眼镜和头盔的关键部分——光学引擎。① 2018 年 5 月，中国风投企业耀途资本宣布在以色列已经投资了 11 家物联网和人工智能领域的公司，涉及智能传感等底层颠覆式技术。

中国企业在以色列的商业合作既有直接投资，也有间接投资。直接投资指投资者直接开厂设店从事经营，或者投资购买企业相当数量的股份，从而对该企业具有经营控制权的投资方式。直接投资的主要特征是投资者对另一经济体的企业拥有永久利益。永久利益意味着直接投资者和企业之间存在着长期关系，并可对企业经营管理施加相当大的影响。直接投资有如下四种主要形式：一是投资者开办独资企业，直接开店等，并且独自经营；二是与当地企业合作开办合资企业或合作企业，从而取得各种直接经营企业的权利，并派人员进行管理或参与管理；三是投资者只提供资本，不参与经营，

① 首次访问以色列的马云，都曾投资过哪些以色列公司?. 腾讯网. [2018-05-07]. https://new.qq.com/omn/20180507/20180507A1FYGF.html.

必要时可派人员任顾问或进行指导；四是投资者在股票市场上买入现有企业一定数量的股票，通过股权获得全部或相当部分的经营权，从而达到收购该企业的目的。直接投资和间接投资既有区别又存在着联系。第一，直接投资离不开间接投资，间接投资是直接投资发展到一定阶段的产物。第二，直接投资与间接投资同属于投资者对预期能带来收益的资产的购买行为，但二者有着实质性的区别：直接投资是资金所有者和资金使用者的合一，是资产所有权和资产经营权的统一，投资对象一般是生产企业，会形成实物资产。而间接投资是资金所有者和资金使用者的分解，是资产所有权和资产经营权的分离运动。第三，直接投资以进入外国的实体投资为主，间接投资是以金融市场的间接手段如购买金融证券这样的形式实现投资的投资行为。

直接投资可以快速向以色列中小企业提供大量资金，加快其研发进程。通过直接投资，中国企业可以实现在目的公司参股，并且可以为接下来的收购打下基础。但是如果对投资企业了解有限，则有可能造成盲目投资的情况，因此这种投资方式更加适合对目的公司十分了解的中国企业。

并购是另一种中国企业进行海外扩展时采用的典型策略。想要获得以色列高科技公司的真正核心技术，并购应该是所有投资方式的最终目的。以色列的企业多数规模较小，并购额并不大，收购起来成本相对较低，在收购后还可以作为中方企业在以色列的长期研发中心，可谓一举多得。

例如，2013年4月，中国上海复星医药集团斥资2.4亿美元收购以色列飞顿医疗激光有限公司95.6%的股权，以色列媒体将此称为是该公司公开募股以来的第一桩国际并购。飞顿医疗激光有限公司主营高端美容设备，年收入近1亿美元，拥有全球15%的市场份额。[①] 2015年3月，上海光明食品集团（简称"光明集团"）收购以色列最大食品企业Tnuva公司，这也是中国乳品行业在海外的最大规模并购。光明集团收购了Tnuva公司的大部分股份，对应市值达到86亿谢克尔（按当时汇率，折合约25亿美元）。2015年9月，以色列化妆品公司AHAVA的股东之一Gaon Holdings宣布AHAVA的主要股东达成协议，向中国上海复星医药集团出售其持有的AHAVA全部或部分股份，此次收购价约1.86亿元人民币。2016年5月底，阿里巴巴集团收购了以色列电子商务搜索技术企业Twiggle，利用其技术可以改善阿里巴巴的移动搜索、语音搜索和会话界面技术。2016年7月，巨人香港、云峰集团等中国投资企业联合以44亿美元收购了专注社交休闲手机游戏的以色列公司Playtika，刷新了中国公司在以色列单笔并购额的新纪录。

尽管中国近年来在以色列的并购活动越来越频繁，但中国企业的参与度仍排在美国、欧洲，乃至日本之后。《以色列时报》称，2015年中国在以色列的并购交易额仅占当年该国总交易额的8%；

---

① 王霄. 复星医药斥资2.4亿美元收购以色列医疗器械企业. 新浪财经. [2013-04-26]. http://finance.sina.com.cn/stock/s/20130426/230815297239.shtml.

2016 年借助巨人香港、云锋基金的 44 亿美元交易，占比升至两位数；2017 年又降至 1.1%。而在 2017 年，美国和加拿大作为最活跃的高科技投资者，共并购 39 家公司，占交易总额的 42%，包括俄罗斯和英国在内的欧洲企业并购这一占比达 13%。

15.3　中以军工方面投资机会、合作模式探讨

以色列拥有先进的军事技术，而中国有引进先进技术的诉求却面对美国等国的封锁。因此，中以两国在军工领域的合作潜力巨大。

15.3.1　中以在军工领域的历史合作

虽然美国一直在限制中国军工的发展，但早在中以正式建交之前，中以军工企业之间的合作就开始了。

20 世纪 70 年代末，以色列军工企业代表团秘密访问中国，与中方进行交流。在此之后的整个 80 年代，以色列都凭借其先进军工技术，寻求与中国合作。20 世纪 90 年代之后，以色列也一直推进在这方面同中国的合作，但由于受到美方军事制裁，伊尔-76 运输机改装“费尔康”雷达预警系统以及哈比无人机的升级最后都未能按照预期完成。①

除了武器方面的合作，中以在反恐军事技术方面也一直保持着密切的联系且技术转移并未受到影响。

---

① 严和. 中国-以色列科技产业合作研究. 四川外国语大学，2017.

15.3.2 中以军工合作模式探讨

中以之间的军工合作，由于以色列在军工方面占有较大优势，主要采取的合作模式还是中国单方面引进以色列的武器和军工技术，或者请以方改进装备。同时，以色列也派遣军工企业代表团来中国直接交流，帮助、促进中国军事工业技术的发展。但由于美国军事技术方面对中国的封锁和阻碍，中以军事技术合作仍遭遇多重困境。

小 结

总之，从整体看，以色列虽然国土面积较小，但在技术研发和创新方面长期处于世界领先地位，在 2018 年全球竞争力指数排行榜中位列第三位。而中国拥有广阔的市场，经济发展长期以来保持稳定，是以色列不可或缺的投资来源，两国之间的投资合作前景广阔。在中国强势领域，中国可以为以色列提供基础设施建设和能源合作支持。在以色列强势领域，中国可以通过直接和间接投资方式与以色列高新技术企业展开合作，为中小企业提供发展资金，从而最终通过并购获得世界领先技术。此外，以色列企业可以作为西方技术转口中国的中间商。许多西方技术的出口受限制无法进入中国，以色列企业可以把一部分中国得不到的技术转口给中国企业，比如芯片技术。两国通过互惠互利可以实现合作共赢。

后　记

以色列见闻轶事

2017 年秋至 2018 年初，作者曾在以色列本-古里安大学斯德伯克校区[①]的本-古里安以色列研究所访学。访学日程并不紧张，空余时间不少，作者注册了一些研究生课程，并参加了课程考试。遗憾

---

① 以色列本-古里安大学全称是内盖夫本-古里安大学，成立于 1969 年，坐落在以色列贝尔谢巴，是以色列著名的研究型大学。1973 年以色列第一任总理戴维·本-古里安过世后，改为现名。拥有贝尔谢巴（Beer-Sheva）、斯德伯克（Sede Boqer）和埃拉特（Eilat）三个校区。在校学生总人数约为两万人，其中博士生约 1 300 名，研究生 5 000 多名。本-古里安大学设有工程科学部、健康科学部、自然科学部、人文和社会科学部，以及管理学院、Kreitman 研究生院。在新能源、旱地农业、水资源等领域的研究居于世界领先地位，并且与工业界有着密切的合作，获得非政府资助经费居以色列大学首位。

的是，作者的希伯来语水平仅限于日常生活必需的最简单会话，因此只能选择那些以英语授课的课程，这就使得选择面小了许多。最终作者选择了学术研究方法、以色列近代史、人类学和犹太音乐等课程。另外，作者对于以色列和周边地区的社会文化风土人情颇感兴趣，参加了不少当地的活动。以色列国土面积并不像想象中的那么小，加上公交和铁路相对发达，因此依靠公交和铁路去了许多地方。然而，还是有一些偏远地区公交覆盖不了，作者只好租车，结果是跑遍了许多以色列当地人都未去过的地方。这些活动给作者留下了许多难忘的瞬间，这里分享给读者。本部分的时间均为以色列当地时间。

1. 戴维·本-古里安和妻子的墓地

墓地位于以色列贝尔谢巴市斯德伯克的大峡谷旁边，可以瞭望内盖夫沙漠。在墓地上面放置小石头是犹太人的一种习俗，表示纪念。

上图为作者与本-古里安的孙子的合影。岁月不饶人，本-古里安的孙子都一大把年纪了。

2. 以色列的中国政策年度研讨会

中国和“一带一路”倡议在以色列是热门词语，在新闻媒体上的出现频率很高。当地时间 2017 年 12 月 26 日，在以色列特拉维夫附近的赫兹利亚跨学科研究中心（IDC）礼堂举办了当年的中国政策研讨会。会议组织方邀请了以色列外交政策方面的智囊团和中国外交官员等。多数与会者希望进一步发展与中国的关系，也有人担心中国与伊朗的关系可能影响以中关系。当时一些以色列官员认为巴勒斯坦的哈马斯组织严重影响了以色列的安全，而哈马斯的后台是伊朗政府。下图为会议现场。

正式会议后，与会者又移师到特拉维夫中国驻以色列大使詹永新先生租用的大使官邸继续进行自由辩论。不过，当天詹永新大使回国述职去了，没能见到大使本人。大使官邸并不只是大使的家庭住所，更多的是用来举办一些非正式外交活动的场所。

大家都很习惯站着开会、辩论和就餐。不过作者累了，大使官邸内椅子数量不足，只好坐在地板上歇一会儿了。

3. 犹太人的教育捐赠仪式

当地时间 2017 年 11 月 22 日，来自加拿大的犹太富豪明茨伯格夫妇为本-古里安大学以色列研究所捐赠本-古里安档案馆办公楼。主持人为以色列研究所所长葆拉博士。葆拉博士是作者在本-古里安大学注册的以色列近代史课程的主讲老师。下图为捐赠仪式现场。

下图是作者作为捐赠见证人在捐赠书上签字，签的是中文。

4. 犹太人的光明节

光明节（Hanukkah 或 Chanukah），又称哈努卡节、修殿节、献殿节、烛光节、马加比节等，是一个犹太教节日。该节日为纪念犹太人在马加比家族的领导下，从叙利亚塞琉古王朝国王安条克四世手上夺回耶路撒冷，并重新将耶路撒冷第二圣殿献给上帝。点燃九支灯台是光明节的重要特征，每逢节日来临，家家户户和犹太会堂门前都要点燃九支灯台。九支灯台的最高一枝是供点燃其他八支之用，因为古代犹太人点的是油灯和蜡烛。其他八支在光明节每天点燃一支，直到第八天灯台全部点亮。犹太人用点灯来表明对光明的渴求和对马加比战士英勇斗争的怀念，因此，光明节也称灯节。光明节最大的美中不足是在八天节日中，上班族没有一天公假，白天忙工作，晚上又要熬夜过节，十分辛苦。

当地时间 2017 年 12 月 19 日，作者在本-古里安大学以色列研究所一位同事家里参加光明节活动，图为点燃的九支灯台。

5. 犹太人社区聚餐

当地时间 2017 年 12 月 10 日，作者有幸参加了以色列贝尔谢巴城郊一处犹太新移民安置点的社区聚会活动。

按照中国人的观点，食物很简陋，主要是面包、烤鸡、蔬菜沙拉和奶酪等，但大家的兴致却很高。就餐的人有来自加拿大、美国、印度和乌克兰的犹太人，以及唯一的一个非犹太人，来自遥远中国的作者本人。

饭后，兴致很高的印度裔犹太人穿上印度传统服装用印地语唱起了古老的犹太民歌。听到有人夸赞食物做得好吃（作者个人感觉是礼貌性的），乌克兰裔的犹太大厨高兴地即席跳起了乌克兰传统舞蹈。

作者的许多当地同事都有俄罗斯血统。从他们那里作者了解到，苏联解体后，境内有100多万犹太人趁机移民以色列，以色列政府组织他们在内盖夫地区兴建了许多新的移民定居点用来安置新移民。这批移民与早期来以色列的其他移民很不同，他们受教育程度较高，大部分人是工程师、科学家、医生和教师。他们讲俄语，办俄语报纸，开办俄罗斯超市等，导致俄语成了以色列的第三大语言。贝尔谢巴城里的俄罗斯超市是作者最喜欢去的地方之一，不仅品种丰富，而且价格公道，关键是能够买到猪肉和酱油、醋等其他以色列超市买不到的东西。作者甚至还学会了进超市时跟门口的保安见面打招呼说“哈拉少”（俄语，您好），结账后对收银员说一句“斯巴细巴”（俄语，谢谢）。俄裔收银员往往会露出一个甜美的微笑，并回给我一句“达斯维达尼亚”（俄语，再见）。

6. 内盖夫沙漠印象

以色列本-古里安大学斯德伯克校区附近的内盖夫沙漠大峡谷、极度干旱，难以见到绿色植物。

这是内盖夫沙漠的常见地貌，作者不是地质学家，但个人感觉这里更像是戈壁。下图中的大角野山羊（ibex）是内盖夫沙漠中最常见的大型野生动物，群居生活，身体颜色与地表一致，容易隐藏起来躲避天敌。

下图为通向本-古里安大学斯德伯克校区附近大峡谷深处的阿维登国家公园（Ein Avdat）的公路。作者数次沿着这条公路去往阿维登国家公园攀爬峡谷岩壁，每次出发时都雄心勃勃，回来时都无一例外地筋疲力尽。

2017/12/1 08:14

2017/12/1 09:13

阿维登国家公园是以色列本-古里安大学斯德伯克校区附近的内盖夫沙漠大峡谷中唯一一处绿洲，也许在以色列针对外国人的旅游手册上找不到这个公园。但它绝对是作者在以色列去过的最棒的自然景观之一。附近上山的路非常陡峭，有的地方甚至目测超过 80 度，需要手脚并用才能一点点地向上爬，可以一直爬到峡谷的最顶部，有惊无险，很刺激。

峡谷两侧峭壁的地貌很有特点，但作者不是地质学家，不知道峭壁上的大量横纹是由于什么原因形成的。

内盖夫沙漠中很多地方都有远古人类的石刻，这些石刻大多为驯养的动物形象或人类活动的场景。但是，跟随犹太教授 Kobi 进行田野调查的研究生们对上图这个石刻代表的含义意见有分歧。我认为是中国龙，遗憾的是，Kobi 教授不同意我的看法。

对于上图这个石刻所代表的寓意，大家的意见比较一致，认为应该是某种偶蹄动物，尤其像野生大角山羊（ibex）。

在内盖夫沙漠进行田野调查并不是一件轻松的事，在沙漠干燥崎岖的地面上步行非常消耗体力。最重要的是要带上足够的饮用水。

7. 巴勒斯坦印象Ⅰ——约旦河西岸

坐在行进中的大巴车上眺望约旦河西岸，看来是一片肥沃的土地（按照以色列标准），至少比内盖夫地区强太多了。

站在山上眺望约旦河西岸的大片肥沃土地，极远处的城市群就是以色列的商业和科技中心特拉维夫。

当地时间 2017 年 12 月 7 日，作者有幸与跟随研究所 Kobi 教授进行田野调查，拜访约旦河西岸一处巴勒斯坦人和犹太人混居的村庄。上图为一位巴勒斯坦妇女 Lady Lori 开办的儿童活动场所。Lady Lori 本科、硕士研究生均毕业于以色列最有名的希伯来大学，现在是一名社会活动家。

上图是村庄里巴勒斯坦人的祈祷场所，站在里面看向外面，作者总有一种奇妙的感觉。

8. 巴勒斯坦印象Ⅱ——纳布卢斯

为了能够看到巴勒斯坦大城市纳布卢斯的全貌，作者专门爬上了城市旁边的高山山顶（约瑟夫瞭望点）。

从山顶俯瞰巴勒斯坦的纳布卢斯，整个城市坐落在山谷里，似乎缺乏规划，城市布局显得有点凌乱。请注意看山坡上的房子，房子周围比较宽敞，不用与其他住户挤在一起，据说都是富裕人家的住宅。

注意城市中有一片非常密集低矮的区域，据说是约旦河西岸的巴勒斯坦难民聚集地。那里治安混乱，比较危险。难民区域的左下角有一个回形大楼，楼顶用大大的字母写着UN（联合国）字样，那里是联合国巴勒斯坦难民救济和工程处。

9. 游牧民族贝都因人印象Ⅰ——大妈和午餐

图为本-古里安大学斯德伯克校区附近内盖夫沙漠中的一处贝都因人家的帐篷，简陋、陈旧。利比亚前领导人卡扎菲也是贝都因人，据说很喜欢住在帐篷中，不过他的帐篷应该是豪华大帐篷，跟这里

的完全不是一个档次。

帐篷里面四处漏风，家徒四壁，这家人估计属于赤贫阶层。不过，作者是来蹭水蹭饭的，当然不能白占人家的便宜，蹭饭要交 35 新谢克尔，大约 65 元人民币，不算便宜。

这个贝都因帐篷里的厨房相当简陋，在地下挖一个坑，底下垫些石头，就是灶台了。自己动手，丰衣足食。

最后，还得是贝都因大妈帮作者盛饭。本来，大妈为作者一行人做饭时并未包上黑头巾。但看到蹭饭者举起手机要照相，大妈立即以令人眼花缭乱的速度裹上黑头巾。她告诉作者（同行人中有懂阿拉伯语的，翻译给作者听），穆斯林妇女的脸是不能暴露出去的，否则她的先生饶不了她，作者顿时无语。

饭食很简单，但足以吃饱，只是没有著名的阿拉伯羊肉米饭。羊是贝都因人的重要资产，一家人全凭羊来换钱。看来，每人 35 谢克尔不足以吃到羊肉米饭。

10. 游牧民族贝都因人印象Ⅱ——部落酋长及其孙女

图为内盖夫沙漠里的一处贝都因人定居点村庄，道路崎岖不平，两侧都是戈壁滩，交通实在不方便。

以色列的贝都因人原本是个游牧民族，主要在内盖夫沙漠中迁徙。以色列政府希望他们能定居下来，这样就可以为他们接通自来水、建学校和医院等。作者随着注册的人类学课程授课老师 Kobi 教授到内盖夫沙漠中的一处贝都因人定居点进行田野调查。上图中的人物是该村庄贝都因人的一位酋长和他的孙女。地上的火炉用于烧水和烤制贝都因人的传统阿拉伯面饼。

图为贝都因村庄酋长专门为作者一行人烤制的传统阿拉伯面饼，比中国新疆的馕要厚不少，也没有那么干燥。

掰开酋长烤制的传统阿拉伯面饼，里面是这样的（见上图），品尝过后作者感觉有点发酸，估计是发酵的问题。

作者用了两条巧克力“贿赂”酋长的孙女，她终于同意与作者一起合影。作者感觉自己有点像“大灰狼”。

这个内盖夫沙漠中的贝都因人定居村庄看起来很贫困，缺乏硬化道路，儿童的穿着也很破旧。不过，政府为村里通了水电，村里还有一座带有抽水马桶的公厕。照片中几株树木也显示村里有水源。在内盖夫沙漠地区，只要有水源人们就能在那里生活，没有水源的地方必定是无人区。

11. 游牧民族贝都因人印象Ⅲ——豪华帐篷

当地时间2017年12月11日，作者随同学、老师来到贝尔谢巴远郊的一处贝都因人Regional Council（可以理解为一处乡镇）进行田野调查。我到的开会地点是一顶豪华大帐篷。与作者见过的其他贝都因人的帐篷相比，这顶确实非常豪华，帐篷的布面和里面的地毯质地都很不错。

上图为豪华帐篷内部，一位来自加拿大蒙特利尔的犹太志愿者正在跟作者一行人讲述如何帮助这个乡镇的贝都因人学习养羊获得收入，以及如何帮助儿童上学。

乡镇学校放学了，贝都因孩子们陆续回家。作者远远地拍张照片记录了一下。

羊是游牧民族贝都因人最重要的资产，以前在沙漠里放牧自由散养，现在定居下来只能圈养。羊的品种很多，但作者并非养羊专家，只认识有限的几种。

12. 中以经贸关系演讲

2017—2018 年，经过以色列媒体的大力宣传，中国成为以色列的热门词语。作者应邀在本-古里安以色列研究所进行了中国与以色列经济贸易关系的讲座，会议室里座无虚席，提问和讨论热烈。

图为作者在演讲中回答以色列人提出的关于中以经贸关系的各种问题。

13. 本-古里安大学校园印象

图为本-古里安大学校园里的一块路标牌，不懂希伯来文的作者感觉很困惑。

图为本-古里安大学图书馆里的一间自习室，右下角有一只大狗正躺在地上懒散地睡觉。这所大学不太要求学生死记硬背知识点，但要求学生课上能够提出有意义的问题，并有自己的观点，强调质疑精神，与中国大学里的情况有所不同。

图为本-古里安大学斯德伯克校区里的大角野山羊。该校区没有围墙，它们在校园里可以成群结队大摇大摆自由进出，因为它们受

到法律保护，学校拿它们也没办法。最好别惹它们，否则一旦它们生气拿头上的大角顶一下，被顶的人可就受不了了。

图为作者访学的本-古里安大学以色列研究所办公楼，外观很有设计感，主要由石头建成，感觉很坚固。地下还有坚固的档案室，存放了不少珍贵的历史资料，作者进去过几次，里面都是一些泛黄的资料，但一本一本整理得很好，而且允许作者亲手翻阅。在管理档案的人看来，档案虽然珍贵，但如果不允许人们查阅，档案也就失去了保存的意义。

从本-古里安大学以色列研究所办公楼内向外望去，巨大的三角形外观非常有特点。窗外高大的植物经常使作者产生错觉，以为这里并非处于沙漠地带。其实，每株植物的根部都有至少一根滴灌管为其浇水施肥，离开了滴灌管浇水这里的任何高大植物都难以存活下去。

图为本-古里安大学以色列研究所门口的戴维·本-古里安雕像。独特的发型是这位领袖人物的明显标志。

致谢

本书主要研究中国企业在“一带一路”沿线国家，特别是在以色列的商业机会、合作模式以及相应的风险管理。

近年来中国对于以色列的研究呈现升温趋势。国内现有的以色列研究大体上分为政治外交、社会文化和经济贸易等几个方面。其中，经济贸易方面的研究总体上偏向宏观经济层面，微观经济领域的具体研究相对少见。宏观经济方面的研究固然重要，微观经济方面的研究同样具有实际意义。

中国与以色列之间没有历史遗留问题，这为两国在经济领域的深入交往打下了良好的基础。中国和以色列之间在许多行业和领域都具有极强的互补性，两国在经济合作中存在着许多有价值的商业机会。然而，中以之间在文化、宗教、经济管理体制和商业习俗方面差异巨大，落实这些合作机会需要合适的商业模式。同时，以色列深受美国等西方国家及其周边阿拉伯国家政治、经济、文化影响，中以之间的经济交往并非如想象中顺利。随着中以经济合作的不断深入，各种冲突和矛盾开始显现。因此，中以两国的经济合作面临诸多风险的威胁。

如何把握中以之间的合作机会？如何采取适当的商业模式？针对中以合作中的不利因素，如何进行适当的风险管理？这些问题是本书的主题和重点。

本书在具体分析过程中遇到了许多挑战：一是关于以色列方面的系统性资料来源不足。为此，我们广泛收集了中文资料，西方媒体和研究著作中的英文资料，以色列媒体、大学图书馆和许多政府机构网站的英文和希伯来文资料等，并进行了较为系统化的整理和分析。二是关于中国企业在以色列商业合作项目的细节严重缺乏，为此我们通过各种渠道收集了一些有价值的资料，补充了大量的细节内容。三是关于以色列的许多资料时效性不高，我们最大限度地利用可获得的信息对已有资料进行了大量的更新。四是一些资料内容互相矛盾，我们在可获得信息的基础上经过反复比对和筛选，努力甄别事实的真相。

在本书的准备过程中，许多人在资料收集、整理和分析工作中做出了重要贡献。他们是北京外国语大学的戴一爽、陈不凡、马洲、李安琪、杜承航、王海涛、张靖怡、杨钰苇、白杨、徐博微、周诗敏、潘劲洲、王一涓、邢琬函、张可心、王梦真、陈思宇、邢洺赫、林文富与王闻渤。在此特别向上述诸位表示深深的谢意！报告中涉及的文字信息、数据和图表均来源于公开发表的资料，在这里向这些资料的原作者和发表机构表示衷心的感谢！另外，还特别感谢北京外国语大学国际商学院牛华勇、孙文莉和宋泽宁在工作中的大力支持。本书受到北京外国语大学“双一流”建设经费资助。

需要指出的是，由于本书以中国和以色列企业之间的微观经济活动为主，兼顾部分宏观经济情况，包含了各行各业中海量信息，虽然仔细标注了主要信息的来源，小心核对了引用的文献，但因牵涉面较广，工作量较大，难免出现疏漏差错之处，恳请读者不吝批评指正。同时，一些分析仅代表作者基于已掌握材料形成的观点，难免存在一家之言的问题，欢迎读者争鸣。

王德宏

图书在版编目（CIP）数据

“一带一路”商业模式与风险管理 / 王德宏著. --北京：中国人民大学出版社，2020.12
ISBN 978-7-300-28831-4

Ⅰ.①一… Ⅱ.①王… Ⅲ.①企业管理-商业模式-研究-中国 Ⅳ.①F279.23

中国版本图书馆 CIP 数据核字（2020）第 258582 号

“一带一路”商业模式与风险管理
王德宏 著
“Yidaiyilu” Shangye Moshi yu Fengxian Guanli

出版发行	中国人民大学出版社		
社　　址	北京中关村大街 31 号	**邮政编码**	100080
电　　话	010－62511242（总编室）		010－62511770（质管部）
	010－82501766（邮购部）		010－62514148（门市部）
	010－62515195（发行公司）		010－62515275（盗版举报）
网　　址	http://www.crup.com.cn		
经　　销	新华书店		
印　　刷	天津中印联印务有限公司		
规　　格	170 mm×230 mm　16 开本	**版　　次**	2020 年 12 月第 1 版
印　　张	22.25 插页 1	**印　　次**	2020 年 12 月第 1 次印刷
字　　数	223 000	**定　　价**	79.00 元